法兰西情书

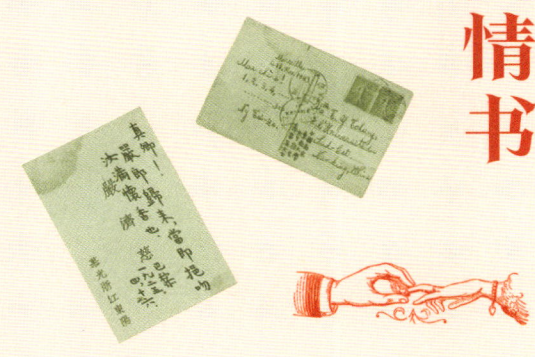

Lettres d'Amour de France

严济慈 著

商務印書館
The Commercial Press

涵芬楼文化 出品

严济慈在巴黎（1927年）

严济慈与张宗英结婚照（1927年）

严济慈在昆明（1946年）

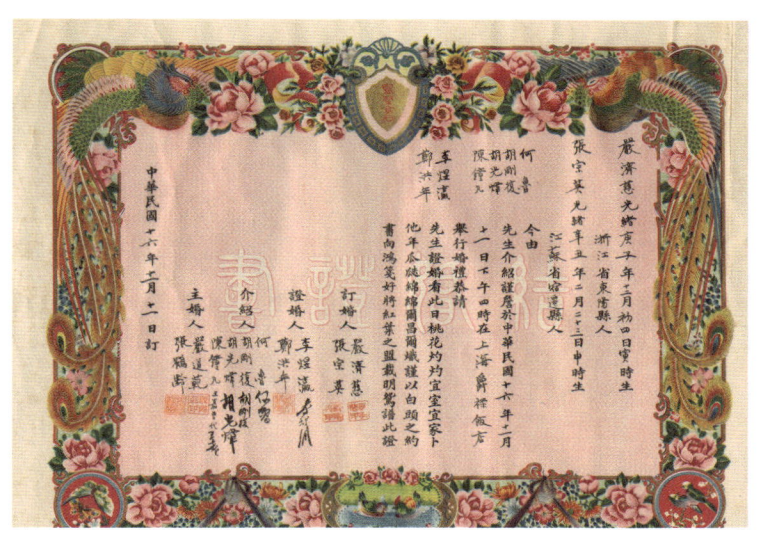

严济慈与张宗英结婚证书

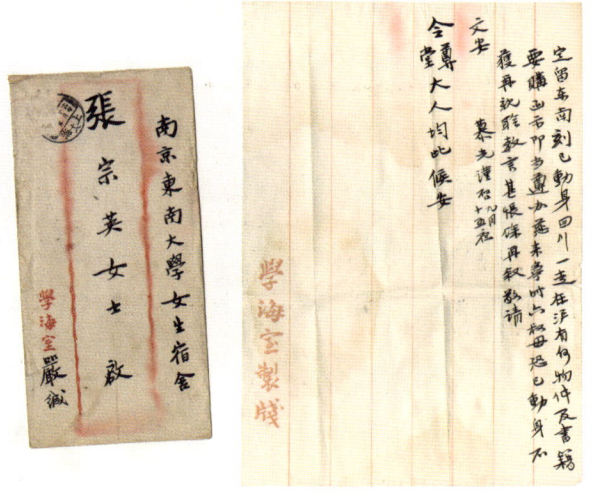

严济慈致张宗英信函（1925年）

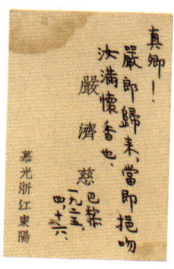
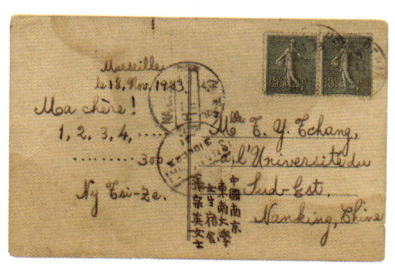

"双八节"严济慈与张宗英互赠的礼物（1924年、1925年）

严济慈的博士论文
《石英在电场下的形变和光学特性变化的实验研究》
（1927年，现存于法国国家图书馆）

徐悲鸿为严济慈所画速写"科学之光"（1927年）

严济慈（左三）与法布里实验室的同事们（1928年）

1934年8月12日北平学术界追悼居里夫人（第二排右二为严济慈）

INSTITUT DU RADIUM

LABORATOIRE CURIE
1, Rue Pierre-Curie, Paris (5e)

Tél. ODÉON 14-01

Paris, le 27 Juillet 1931

Monsieur NY TSI ZE
4 et 5 Ta Chu Tong Hutung PEIPING
(Chine)

Cher Monsieur,

    J'espère que vous avez reçu le sel étalon et le chlorure de plomb radioactif que vous m'avez demandés par votre lettre du 31 Mars 1931 et qui vous ont été expédiés le 1er Juin 1931.
    En ce qui concerne les questions que vous m'avez posées, je ne puis guère vous donner d'instructions précises sur le partage du radium, car cela peut dépendre des conditions dans lesquelles vous auriez à l'employer. Je ne vois pas de raisons particulières pour acheter un sel de radium plutôt qu'un autre, si ce n'est la question de solubilité, que vous signalez vous-même. Il est aussi à remarquer que la transformation du sulfate en sel soluble entraîne toujours le passage d'une petite proportion de radium dans la solution alcaline, résultant du traitement du sulfate par un carbonate alcalin. Il est donc préférable de ne pas acheter à l'état de sulfate le radium qu'on devrait ensuite faire passer en solution.
    Il est possible aussi que vous ayez avantage à réunir les deux solutions de 50 mg. de radium chacune, en une seule solution de 100 mg. Cela vous donnerait la possibilité d'obtenir une plus grande quantité de radon dans une opération d'extraction.
    Il me sera agréable de recevoir des nouvelles du laboratoire de radioactivité de l'Académie Nationale de Peiping. Je souhaite que ce laboratoire commence son activité avec succès et qu'il se transforme plus tard en un Institut du Radium important, ainsi que vous en exprimez l'espoir dans votre lettre.

    Veuillez agréer, Cher Monsieur, l'assurance de mes meilleurs sentiments.

M. C.

居里夫人致严济慈的信（1931年）

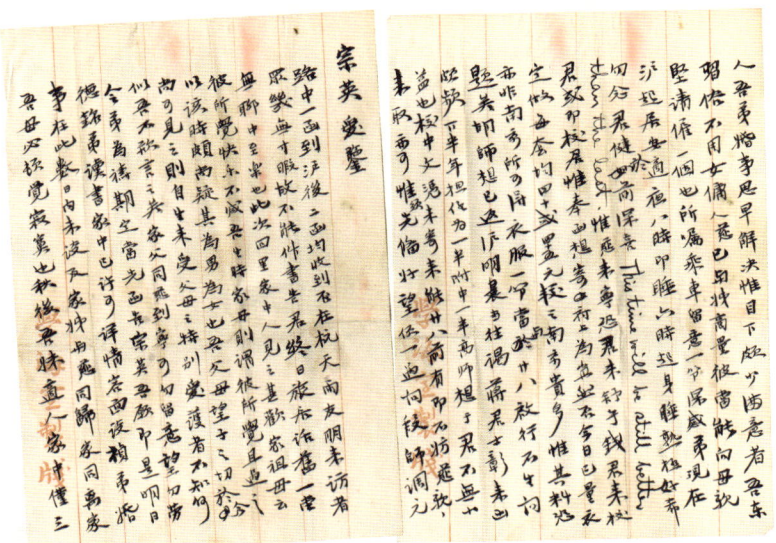

严济慈书信手稿

1958年9月中国科技大学开学,严济慈为学生授课

晚年严济慈

目 录

编辑的话 　　　　　　　　　　　　　　　　　　　*1*
思考严济慈——**罗来勇** 　　　　　　　　　　　*5*

我心似水志如舟

——寄自赴法旅途中 　　　　　　　　　　　　　*1*

我没有想你，却亦可说刻刻想到你 　　　　　　　*3*
人出生须先能唱国歌 　　　　　　　　　　　　　*7*
此次重读《西厢》最觉有味 　　　　　　　　　　*10*
我心似水志如舟 　　　　　　　　　　　　　　　*12*
月儿，请替我传话 　　　　　　　　　　　　　　*13*
途中散记 　　　　　　　　　　　　　　　　　　*14*
惟其难也才能使人努力 　　　　　　　　　　　　*16*
许身学术界 　　　　　　　　　　　　　　　　　*18*
人一离国门种族思想油然填胸 　　　　　　　　　*19*
愿于国际外做中国的科学事业 　　　　　　　　　*21*
蒙人重视，敢不勉哉 　　　　　　　　　　　　　*24*

无时不念吾爱
——寄自法兰西梅陵（附巴黎） 25

读书不易，总当吃点苦 27
离弃一切生命来到此地 30
无时以慈为念，无置慈于脑后 33
请求入学得准 37
远离祖国，置身士林 40
吾决不至乱用一个钱 42
各有其宜，当各勉其长 45
生不欲万户侯，但愿一握天下诸学者手 49
人生真正快乐惟是家庭 54
半个在南京，半个在法国 57
遥想前途，每用自喜 60
无时不念吾爱 64
读书尤当知择书 68
法兰西的春色 72
硬起心肠执笔写信 77
总不期有伤卿心 80
离国后方知我有一件东西叫国家 83
与爱以忧患，殊觉不安 92
忆去年樱桃时节 95
爱情惟其为理性的始为可贵 99

病来非朝夕，去尤需时日	103
惟此一笑足偿吾数月之功	105
不读普通肆坊所出之书籍	107
无钱时最不能省钱	109
最觉苦者，为前无去者，后有来者	112
相识穷困，无不如我	116
爱心神之所注也	119
吾心如裂	120
同学病死法国者有二百余人之多	124
公使的话毫不足惊奇	127

丹丹两心诚如天日

——寄自法兰西巴黎	131
来书所言，最入肺腑	133
还当大笑几口，稍舒郁气	136
你我结合有更高尚神圣者在	138
有一仙女下降	141
感念胡、熊、何诸师	145
我对汝病关心或有过己病	148
胡师资助大超过预许	150
对着何师的信，不知道流了几多眼泪	153
一生努力以稍尽人子之心	156
哭一场，笑一阵，意至真，情至深	158

人望成才,锻炼最不可少	*163*
一事举则百端理	*165*
登巴黎铁塔	*167*
以第一等考得算学文凭	*169*
真卿吾爱如抱	*173*
卿之爱我无所不至	*176*
寄上照片两张	*179*
凡事当努力,烦恼则不可	*181*
丹丹两心诚如天日	*184*
英雄气儿女情相助益长	*189*
天下事当留意者甚多	*193*
爱之于我诚万能也	*196*
际此时艰,还望镇静	*198*
吾民族阋墙之斗殊不合时宜	*200*
诸师爱我,一出至真	*201*
沪滨抱别,历历在目	*203*
赴欧周年庆	*206*
战事影响土匪又起	*208*
你是我的明星,我的一切	*211*
本学期功课表	*215*
倘若生活艰难我们就觅一荒岛过	*218*
叫醒国民者之为大	*220*
知识无涯,方法有限,创造全在于方法	*222*

我的爱呀！你听见否？	224
吾心碎了	225
汝全为我而受苦	227
我的心神顷刻不离你	229
不知此生当如何才不负你的爱	232
无时无刻不以爱的快乐为中心	234
岳父大人奖励勉嘱，爱护弥殷	236
不有离苦，哪知聚乐	238
趁着机会练练胆子	241
愿天无加汝病	244
天地间若有爱神必为你我祝福	246
诸事多从乐观着想	248
努力读书，努力健康	252
不宜为相对论而读相对论	253
今日吾爱生辰	255
口试重要	257
望早日学成来归	259
健康为人生第一要务	261
我将得四张文凭	263
参加许德珩的婚礼	265
爱情浓厚，流露于不知不觉处	267
留影凡尔赛宫	270
于考试无畏心	272

巴黎学潮	*273*
天以爱赐我	*276*
旦旦以爱书为念	*278*
爱的数学证明	*280*
主试人法布里教授	*284*
今晨受法布里教授物理口试	*286*
今相识将来之世界人物	*288*
考试终发,三课均获录取	*290*
领得硕士证明书,持往使署	*292*
致函法布里教授,得获回函	*294*
法布里教授为我择题指书,与我实验室位置	*297*
订婚纪念后三日	*301*
订婚纪念后十日	*302*
吾心常安,亦觉若有所失	*304*
附录一:万里飞鸿,相知相助	*307*
致居里夫人的信	*309*
居里夫人的回信	*311*
致法布里教授的信	*313*
法布里教授的回信	*315*
致法布里教授的信	*316*
法布里教授的回信	*317*
皮·克莱尔先生的来信	*318*

致法布里教授的信　　　　　　　　　　319

　　法布里教授的回信　　　　　　　　　　320

　　致法布里教授的信　　　　　　　　　　322

　　致法布里教授的信　　　　　　　　　　323

　　法布里教授的回信　　　　　　　　　　324

　　致法布里教授的信　　　　　　　　　　326

　　法国物理学会秘书长的来信　　　　　　327

　　致蒙皮利埃科学院杰·卡巴内教授的信　328

附录二：谆谆嘱咐，殷殷期盼　　　　　　329

　　谈谈读书、教学和做科学研究　　　　　331

　　致CUSPEA同学的信　　　　　　　　340

　　科学是国际的吗？　　　　　　　　　　342

附录三：缅怀师友，垂范学人　　　　　　347

　　悼居里夫人　　　　　　　　　　　　　349

　　科学先驱，民主勇士　　　　　　　　　356
　　　　——纪念杨杏佛先生殉难五十周年

　　纪念杰出的数学家和教育家熊庆来先生　362

　　深切悼念德珩同志　　　　　　　　　　368

附录四：慕光人生，百年伟业　　　　　　371

　　严济慈先生访谈录　　　　　　　　　　373

美丽的爱情始于心心相印，贵在天长地久　　413
　　——关于我爷爷奶奶的爱情故事

后记——严慧英　　417

编辑的话

风云际会的20世纪20年代，正是中国进入现代化启蒙及发展的一个重要阶段。图强思变的青年们，在"民主""科学"的感召下，开眼看世界，西风东渐。一时间，法兰西、英吉利、美利坚……遍布中华学子的足迹。多少风云人物，星光灿烂。

在这璀璨的星河中，严济慈无疑是那最闪亮的星辰之一。他从一个贫寒的农家子弟，到法国巴黎大学的物理学博士；从学成归国后的中国现代实验物理学的开拓者，到新中国的科学和高等教育事业的创建者、领导者，筚路蓝缕，功勋卓著。

然而，在成就斐然的光环下，谨言慎行的科学家又有着怎样不为人知的情感世界？是平淡，还是浓烈？是刻板，还是丰富？长期以来，人们盛赞科学家的爱国情怀，而爱家、爱人不也是同样值得赞美的情怀吗？为此，我们向大家奉上一本《法兰西情书》。这是我国著名的物理学家、教育家、中国现代物理学研究奠基者之一的严济慈先生于20世纪20年代赴法国留学期间写给未婚妻——当时东南大学为人瞩目的中文系"美女+才女"张宗英的家书汇编。在这些原汁原味的情书里，我们可以一窥科学家的爱恋情怀，了解科学家的恋人之爱、家人之爱、友人之爱、师生之爱、国家之爱、科学之爱。诸如：

  乡村穷小子如何远隔万里，凭借鸿雁传书，牢牢地俘获"白富美"佳人的芳心；
  两地书的爱情能否彼此相知，畅所欲言，有无误会小插曲；
  穷学生自费留学，高昂的费用从何而来，为此有着怎样的困顿焦念；
  何鲁、胡刚复、熊庆来、杨杏佛、段调元、段育华等师友如何慷慨解囊，倾力资助贫寒学子；
  这个生计窘迫的学子如何"令人瞠目"地一年拿下三个文凭；
  法布里-珀罗干涉仪的发明者、闻名世界的法国物理学家如何盛赞这个中国学子，仅于几十分钟的对话间决定将其纳入麾下；
  中国人最熟悉而敬仰的居里夫人，又是怎样关注、指导、支持这个中国学子的物理学事业……

  总之，在这本书里，你不仅可以了解一对热恋爱侣的万千相思，更可以领略一个乡间青年求学、求知、立身、立业的远大抱负和爱国、爱民的博大胸襟。还可以看到那个时代的众多杰出人物、重大历史事件，以及中国人早年留学的生活情形和窘迫境况。
  这是一部完整而珍稀的历史书简，极具史料价值。
  另外，在这本书里，你还可以看到一个标准的理科博士有着怎样深厚的国学修养。他的情书用浅近的文言写就，言简意赅，韵味醇厚。叙事繁多而不赘言，情感浓烈而不艳俗。
  假如，你对这浅近的文言文有些畏惧，那么，不要紧，你可以先读附录四中的"严济慈先生访谈录"。这是严老生前对采访的亲自作答,也恰是对《法兰西情书》的白话文诠释。回过头来,再读严老当年的情书,你会觉得是那么生动有趣、情意盎然。

还等什么?快打开这本书吧!开卷有益……

商务印书馆编辑部

2021年3月

思考严济慈

罗来勇

20世纪初叶，南京高等师范与北京大学为当时中国顶负盛名的学府。一南一北并驾齐驱。

1919年，何鲁先生自法国学成归来报效祖国，就教于南京高等师范，执鞭数学。何鲁，四川广安人氏，早年赴欧洲求学，后来成为我国近代著名数学大师，其所传弟子遍布江南。

何鲁初登南京高等师范数学讲坛，慕名而来听课者甚众。几堂课下来，听者日见凋零，及至后来听者无几。好心者告诉何先生："您的算学课取法西洋，艰涩难懂，仅几人勉力能听，不改课程怕无学生再听。"

何鲁所讲数学取法于法国中学课本。其时，法国中学教育较之欧美诸国为深，已融入一部分大学课程。在法国虽为中学教学程度，而在中国，这样的"算学"就显高深。其原因在于那时中国与世界现代科学教育的差距。

中国的现代教育真正起步，似应画线于清末的戊戌变法期间。1898年光绪皇帝下旨成立京师大学堂，旨意设立算学、格致学、政治学、矿学、工程学、卫生学、外语、地理学等门类。百日维新失败，光绪帝变法夭折。11月京师大学堂开学,仍以诗、书、礼、春秋为课程,复古儒学。延宕12年后,1910年京师大学堂终于成立大学分科课程,引入西洋课程名词:法律、化学、矿冶、地质……这便是北京大学的前身。又两年后的1912年,京师大学堂改名——北京大学。

屈指算来,中国引入西洋现代数理化诸等教育课程不过数年,至何鲁先生登台执教,乃是中国行现代教育内容的第一代人,听众亦为第一代现代教育启蒙生。听何先生的课"艰涩"不足奇。

何鲁一代人杰,奇风硬挺,全然无视座席上听者寥寥,讲学依然。

那日,何先生挟教案入课堂,满室虚席,竟只一人。这人便是后来名满天下的严济慈。

这年严济慈19岁,南京高等师范二年级学生。他听何鲁数学课竟是着迷上瘾,兴趣之大,热情之旺,日子略长让何鲁看到的严济慈并非为尊师重道而入席,亦非因有数学功底"听得懂"而来。何先生看到的是一位有天赋、有坐功、有恒心、有非常进取心的不凡学生。

这对师生由此不解之缘结下终生情谊。

何鲁在南京高师任教一年辄止,转赴上海中法通商惠工学院执教。虽处两地,二人书简往来不绝。何先生严谨学人,惜才如惜子,悠悠心悬神牵南京高师的这个年少才人。济慈初生牛犊,单纯求学求知,心无二心,然无二然。何先生的数学演教云高海阔,又见先生随手翻开法文原版种种数学文本,滔滔陈说间中法语汇交接,更晓得知识之深渊,世界之辽阔,仰慕敬重之心全由处子的双眼、处子的书简透出。

1920年至1922年,三年暑期,何先生夫妇年年往赴北京度夏,便把在上海的住宅小楼交给特邀请来的济慈。那满屋满壁的书海,一列一列的法文书籍,更使严济慈大开眼界。青春的精力和热情,求知的渴望和赴海外留学理想的萌生，促他读书如痴如狂。一连三个夏季用功不辍，其收获足以影响他的人生。

何鲁离开南京高师时，推荐自欧洲留学归国尚在南高甲科工业学校执教的熊庆来入南京高师创办算学系。此时该校已改名为国立东南大学。熊庆来任算学系教授兼系主任。时年熊庆来28岁，已游学比利时、法国7年，学成分析学、力学、天文学、高等物理学，以硕士学位归国。又10年后，熊庆来受聘任清华大学算学系主任，再任清华大学理学院代理院长。华罗庚便是因熊庆来的发现，并力主破格延聘入清华大学助理讲学。熊庆来的名气日后更甚于何鲁。这是后话。熊庆来的到来为严济慈又添一身侧名师指教。因何鲁的介绍及济慈自身的才学，熊先生对这位学生自然另有一番眼光。

对严济慈大学时期影响颇大的还有著名物理学家胡刚复先生。胡家祖上为官宦书香门第。祖父曾任江苏泗阳县教谕，父亲以读书出息创办实业，成为实业家和社会革新家。辛亥革命前后不惜倾产举债创办新学教育，振兴实业，围圩垦荒，兴水利建公园，建公共图书馆，开一时新风。胡刚复和哥哥胡明复在南洋公学中学时，被校长张元济称为一双"奇童"。

姐姐胡彬复1909年考取庚子赔款第一届留美生。1910年，胡刚复和哥哥胡明复双双考取第二届庚子赔款留学生。两届庚子赔款留美生录取胡氏姐弟及堂兄弟共五人，成为20世纪上半叶中国留学史上的一段佳话。

大哥胡敦复则在庚子赔款赴美留学考试前两年已入康奈尔大学主修数学。受国家之邀回国主持了一、二、三届庚子赔款赴美留学生的考试和选录工作。经他手选出了后来我国第一流学者，如：梅贻琦、竺可桢、胡适、姜立夫、赵元任、秉志、周仁，等等。胡敦复后来曾主持清华、复旦等名校教务，创建中国分科的现代教育方式，被誉为"中国第一流教育家"。

胡刚复和胡明复则是中国第一批留学哈佛大学的学生并是中国第一代哈佛博士。

胡家三兄弟在20世纪上叶中国科技界与教育界的卓越成就，被当时舆论称为"胡氏三杰"。

严济慈先受教于何鲁，再受惠于熊庆来、胡刚复等当世一流学人，这是他的福分和缘分。

近朱者赤不可疑。

然而，严济慈自身的天赋与攻读精神更不可或缺。

至1923年严济慈已完成东南大学学业。三年级时他已为慕名投考东南大学的中学生们在南京本校开办的"投考生暑期补习班"讲授数学。

何鲁读过济慈为补习班所备的教学课讲稿，评价颇高，便推荐给自己的早年恩师，时在商务印书馆的王云五先生。缘此，严济慈在商务印书馆出版了他的算学处女著作《初中算术》，并应约编写《几何证题法》。这时，严济慈还是四年级大学生。这两本书以后由商务印书馆多次再版。

是年夏季，严济慈大学毕业，人生又逢转折，他迎来两件大事。

一是订婚。

一是赴法国留学。

赴海外留学早已是他的梦想。

想归想，当然没官费名额，凭自己花银子就是一场空想。他家境贫寒。

严济慈一九〇〇年农历腊月初四（公历1901年1月23日）出生于浙江省东阳县横店下湖严村，字慕光。父亲严道范以务农为生，略识中医。七口之家，济慈排行第三，在男孩中是最大的。共是五个兄弟姐妹。两亩薄地难以糊口，父亲以行医兼卖中药，闲时也贩运买卖。母亲金庆龄则带孩子们种地。这样的家境如何能掏得出出洋留学的银子？

何鲁对济慈说："毕业了，出国去吧！"

济慈默然望着恩师。

"你法文已有基础，我意你去法国，补习半年法语，直考巴黎大学。"何鲁不在意严济慈的沉默，自顾自道："巴黎大学虽然名气鼎盛，学术严谨，不过入学不分贵贱，手续简单，凡有中学文凭的人均可报名注册入学，交纳少量报名费即列为该校学生，此后自选课程攻读，来听课者不拒，以考试成绩颁发文凭。巴黎大学分为5个学院，有理学院、文学院、法学院、医学院、药学院。理学院号称10万学子。虽说易入学，不限听课。一年两次考试十分严格，通过考试即颁发一门课的文凭，能者，一年过一门两门，两年拿下大学文凭者有之，三年五年拿下大学文凭者也有之。你的数学、物理我和熊先生、胡先生都谈过。巴黎大学难不住你。头一门课直冲数学，考下数学再攻物理。你的首选是理学院……"

严济慈少壮热血经恩师搅动直觉可展翅越洋发愤一番，成就大材，一双眼睛放光，一番跃跃欲试模样。冷静下来，家里哪有这笔资费？真是一文钱难倒英雄汉。

"我正和家父商量筹钱，那两本书的稿酬不足以赴法国船资和在法国的房租生活。家父说一时凑不齐，缓一年再去也可。"

思考严济慈　　9

何鲁听罢略沉吟，站起身说："你先回吧，明日这时再来。"

济慈第二天如约而至，何鲁正伏案工作，放下笔墨短短一句话："那边几方大洋是熊先生、胡先生和我们夫妇送你去法国的路费，不要讲什么感谢话了，去了学有所成，日后报效国家，先生们的心已足矣。"

这份师生恩情严济慈终身不忘。

这份惜才如子的治学风范，亦使严济慈铭心刻骨。

及至90高龄，身居全国人大常委会副委员长高位，思忆往事，言及何、熊、胡诸先生的恩遇，济慈仍不禁唏嘘再三。

堪与赴法留学并称的大事是严济慈的婚姻。

东南大学当时有一品貌绝佳的淑女，名张宗英。她出身于书香门第。父亲在南京一所工业学校任校长。这在教育尚属稀罕的年代，地位不低。其父思想维新，支持辛亥革命，主张新学，效法西洋先进科技，赞同女性走出家门与男性同享求学工作。有这样的开明父亲才有张宗英自小学便成为班上独有的女生。中学毕业后父亲又支持她远考北京高等女子师范。在北京她参加了李大钊、瞿秋白组织的一些政治活动。在北京一年后，她转学回到名气更炽的南京东南大学，她是当时东南大学惟一的女生。本来就万众瞩目，更因姿容美丽，气质华贵中透着现代佳丽的个性，穿戴脱俗绝尘，令东南大学男生为之倾倒。爱慕者之众，登门提婚者之多，不必言数。为何宗英独独将爱之绣球抛向严济慈呢？

以家庭境况，一为农家子弟，一为都市书香门第。两家可谓云泥之别。以世俗择偶，无论父母媒妁诸人断不会选中严济慈。然而世事难料，宗英偏偏中意于这位贫民后生。人说这是缘分，是前世之约现世相逢，拆不开分不散的天作之合。我且不予否辩。但是，严济慈以县考第一名、省考夺浙江一省状元郎入南京这所名校，不能不引人注目。在校学习又是遥遥领先前行，至四年级已有两本著作置于案头。宗英父女既是新派开明思想，当然以品学取婿。这是我之一见。婚姻爱情万般繁复，情感一物非常性可推断。爱之爱，好之好，相亲之相亲，又有机遇相逢并处，又有男儿之勇追，女儿之投缘，种种情缘只怕两位当事者也是解辩不清。

1923年8月8日，严济慈与张宗英在亲人面前正式订下百年之约。

10月12日，严济慈恋恋不舍辞别宗英和诸位亲人，登海轮赴欧洲留学。

严济慈与张宗英儿孙满堂，历经银婚、金婚、钻石婚，相濡以沫至高龄。张宗英寿至84岁，严济慈寿至96岁。这对伉俪婚姻之美满绵长人间稀罕。此是后话。

11月，严济慈登陆法国，步入巴黎郊区梅陵的一所中学补习法文口语。半年后他已基本掌握熟练的口语。书写阅读法文是在东南大学早已驾轻就熟的。

1924年夏，严济慈从默伦来到巴黎大学直接报名参加数学考试。

巴黎大学一年分夏秋两季考试。先通过笔试，再通过实验室课考，数学则以繁复的应用题代替实验课考。最后以庄严的面试答辩通过，才算一门课考试结束。面试时不仅考官在场，还有不少学生家长亲人在场，以法国风尚，许多考生邀自己未婚妻光临。这样既风光又紧张的考试结束才可领到一门课的毕业文凭。为了这一纸，学生们通常必得住入巴黎大学附近，按课程计划入学听课完成学业。

严济慈从自己的经费和时间上考虑再三，决定以半年补习法语时间自修巴黎大学数学。他计划以一年时间完成巴黎大学三门课考试，拿到巴黎大学的微积分、理论力学、普通物理成绩。

这一罕见而大胆的设想，由于严济慈的聪慧天赋及在国内大学早已打下的扎实功底，当年夏季他就顺利拿下了高等数学考试。

秋季开学时，严济慈于11月正式听课于巴黎大学，以全部的热情扑身于微积分、力学、普通物理学。1925年7月，在夏季考期中他一举拿下三门主课的文凭，获得巴黎大学硕士学位。

一年之间完成三门主课拿下硕士学位，这在巴黎大学建校以来尚无前例，严济慈一夜成名，令该大学师生瞩目。主持严济慈普通物理口试的主考官是法国当代著名物理学家夏里·法布里教授。结束考试时，他当面告诉严济慈："你的考卷是最好的一篇。"

此时，法布里并不了解严济慈在巴黎大学读了几年书。他后来与严济慈的交往缘分并结为忘年之交，起因于严济慈的一封真诚的求教信函。

拿到硕士学位几天之后，严济慈写了那封希望得到夏里·法布里指导的信。法布里回信是7月26日："我建议你29日，星期三，下午4点半左右来索邦大学找我。"

这次与夏里·法布里的见面，与当年相识何鲁教授引导他立大志、攻法文赴法留学一样，是他人生重要关头，即踏入社会投身何处事业的一次重大选择。

夏里·法布里先生1925年7月29日下午4点半后与他见面，当即表示聘他到自己主持的巴黎大学光学实验室从事物理学研究工作。

这项聘请决定了严济慈走上中国当代物理学家的求索之路。

法布里给他下达的第一个研究课题是"石英在电场下的扩展"。

这在当年是世界级难题的一个分支。

这道难题起源于皮埃尔·居里和其夫人玛丽·居里的指导老师李普曼的理论推测。李普曼认为从理论上分析晶体压电效应的正现象和反现象都是客观存在的,两个系数应该相等。

居里家族到皮埃尔·居里夫妇这一代及他们的女儿伊蕾娜·居里,女婿约里奥·居里,已经成为世界公认的现代物理学家族。皮埃尔·居里和他哥哥雅克·居里共同发现了晶体压力效应,研究发现了晶体的对称性,被称为"居里对称原则"。

随后居里兄弟发现水晶片加压后两面可产生正电和负电,这种晶体压力现象使一定面积的水晶片加诸一定压力产生的电量是一个常数。反之,水晶片的两面加上电场,水晶将发生拉长或缩短的反应。这称为晶体压电效应的反现象。居里兄弟通过实验研究测定,证明了晶体压电效应反现象的存在。由于数量上无法测定,难以用数量加以表达。晶体压电效应反现象如何从实验上测出准确的数据,验证它的存在,这是当时横亘在世界物理学界的难题。

解决这道难题的首要难关是必须建立一种崭新的实验方式,当水晶片两面通电以后其厚薄发生微小变化时,利用某种实验方式制造的精确测量手段,量出其微乎其微的变化。

严济慈进入巴黎大学光学实验室的第一道研究课题正是寻找这样一种精确的测量手段。

一位初出茅庐的硕士生,年仅25岁的小牛犊,能够胜任这样的课题吗?能够有所成就吗?

那时居里夫人接替丈夫在巴黎大学的教授职位已7年(玛丽·居里的丈夫,著名物理学家皮埃尔·居里,1906年因车祸中年去世),成为巴黎大学的第一位女教授。居里夫人在1910年研究钋时，首次向科学界提出了"放射性"这一术语。严济慈进入法布里主持的光学实验时，居里夫人仍在该校主持放射性研究。

当居里夫人知道一位叫严济慈的中国留学生承担了她十分关注的研究课题时，郑重地把她丈夫皮埃尔·居里和其哥哥雅克·居里兄弟使用过的石英样品借给严济慈，供其研究用。

1925年10月，严济慈进入实验室，他舍弃了一切社交，除了与张宗英及父母的通信，他把全部的时间都投入到研究之中。一年多的时光里，他以超常的智力和毅力创造了奇迹，完成了法布里授予他的课题。

根据实验中的数据分析，他采用了测量晶体片厚薄变化的单色光干涉现象，这是一把极为精确的"尺子"。他完善了法布里当初命题的内容，将《石英在电场下的形变》的题名依实验所得写成论文《石英在电场下的形变和光学特性变化的实验研究》。

1927年6月上旬，法布里当选法国国家科学院院士，他在就职仪式上宣读了他引以为荣的学生严济慈的这篇著名论文。这篇论文经过近百名专家学者的审读，于6月18日通过答辩使严济慈获得法国国家科学博士学位。

法布里在法国科学院宣读严济慈的论文，使他和严济慈成为轰动一时的新闻人物。第二天，巴黎各大报纸以醒目位置刊发了严济慈和他导师法布里并列的新闻及照片。严济慈成为第一位在法国科学院宣读论文的中国人，亦是第一个荣获法国国家科学博士的华人。

中国人说"三十而立"。严济慈27岁获当时世界科技强国之一的国家科学博士学位，立得很是响亮。

按照法国政府的规定，获国家科学博士者同时可以获得该领域高等职务的任命。但是，这项规定只限于取得法国国籍的人。严济慈没有遗憾，惟有归心似箭。

1927年8月，严济慈回到上海。他人生中最重要的求学阶段结束。

11月11日，他与相爱多年的张宗英小姐在上海完婚。证婚人是声名显赫的望族之后、大学者兼社会活动家李石曾。男方介绍人为恩师何鲁、胡刚复，女方介绍人为名流陈中凡、胡肖石。

严济慈以清贫苦学为起点，屡逢名师指教相助，至步入社会名流沙龙辉辉煌煌安家立业。

他这时的视野投向科学的深处。一边在上海、南京同时兼任几所大学的物理、数学教授，一边著书立说。到1928年11月再获中华教育文化基金甲种补助金资助，携夫人同往法国做研究。

他先到巴黎大学法布里主持的光学实验室工作，再到同一大学居里夫人领衔的镭学实验室做研究，后又进法国科学院大电磁实验室即名扬四海的戈登实验室工作，于1930年12月离法归国。其间在法国两年整。这次访问研究使严济慈在30岁之前奠定了更为成熟的物理学基础，并寻找到世界最为前列的现代物理学发展的潮流，从而较为明确地选定了自己研究的方向。

1931年至1938年严济慈定居北京弓弦胡同。8年左右的时间里，他心无旁骛地专注于物理学研究，每日由弓弦胡同居处前往东皇城根的北平研究院物理研究所。自甘寂寞、醉心研究使他不顾孩子增多，经济拮据，谢绝北大、清华的兼课邀请，故而有53篇论文在8年间诞生。这些论文起点之高，无不跻身当代物理学热点。其中51篇均在法、英、美、德的权威学术刊物上发表。

严济慈在这期间形成了他独具的学术思想和研究特色。尤其在实验室条件下对臭氧吸收光谱的研究，以及臭氧对紫外线的吸收系数之测定的研究结论震动了国际物理学界。他测定的系数被世界称为"严济慈系数"，自20世纪30年代起世界气象学家一直利用该系数作为探测高空臭氧层厚度变化的依据，直到60年代发现臭氧吸光系数在不同温度下的变化，才改用新的测试方法。

严济慈一生在学术研究上的辉煌成就均在40岁前完成。其主要成果可归纳为五方面：

精确测定居里压电效应反现象，发现光双折射的新效应；

系统研究水晶圆柱体施加扭力起电现象，发现水晶扭电定律；

深入研究光谱学，为丰富和发展原子、分子光谱学做出贡献；

精确测定臭氧紫外吸收系数，为大气物理学臭氧层测试研究做出重要贡献；

研究压力对照相乳胶感光性能的影响。

严济慈的研究成果最集中产生于其40岁之前，即1931年至1938年间。此后日本侵华战争造成中国的动乱，极大地破坏了严济慈的研究工作乃至整个中国的科研和教育。

与他科研成果可相媲美的是他栽培后起学子的教育硕果。20世纪30年代和40年代，他多半时间是科研与教授讲学并鉴而行。他指导过的学生后来成为著名科学家的有钱临照、陆学善、顾功叙、余瑞璜、吴学蔺、霍秉权等。

他回国后曾主持中美、中英、中法、中比的庚子赔款留学物理考试，在这期间经他每年选择数名优秀大学生到他主持的物理研究所工作，严格要求且又放手让他们工作。当培养出独立研究能力时，便适时推荐赴海外深造。这时的严济慈身上透出当年何鲁、熊庆来、胡刚复的惜才如子的情怀。

钟盛标、翁文波、方声恒、庄鸣山、陈尚义、李立爱、钱三强等日后的科学家，以及上边提到的钱临照等才子，无不是经他手推荐赴海外留学的。

纵观严济慈的求学治学经历，科学之学成，建功立业，通常必有师承，有名师指途，拨开枝蔓让尔直驱光明之所在，否则穷其青春精力曲曲折折抵达时，已是老之将至矣。更可悯的是无可达之期。

有缘遇上名师者又何止后来有成就者？听课者众，出息者稀。以我之见，一则须具先天禀赋，一则须有后天勤勉。天人合一，方有大成。

整理阅读严公文字，又有一感。

不言求学。以治学而论，人的成果仅有两个十年可铸造。即是而立之年至不惑，再至知天命。五十届满，有大成者稀。

这些见识皆指常人，推以常理。非常人必有例外出奇花异果。这是我相信的。

静夜掩卷，眺望初冬的苍穹，问天，人生苦短，成才路几多？

21世纪元年冬天安慧里居处

我心似水志如舟

——寄自赴法旅途中

我没有想你，却亦可说刻刻想到你

（1923.10.14夜，香港寄）

真卿吾爱：[1]

  十二晨五时起身，七时即偕李乃尧先生自何师家起身赴法邮船码头，九时坐驳轮船至高尔第埃船。李先生周到极，遍示船中诸所并致托船上诸员役，且以彼故得悉一法妇。妇善操英语，坐头等，告我房号姓名，谓有事尽可往告彼也。吾与李先生相识日浅乃至相别已不觉依依。铭弟送我至法邮船码头，我促其归，送行时最好看最难过，幸得卿不在沪上也。我昨天已认得胡文稷君，今天又认得吴孺谏君。吴君亦四川人，曾在震旦肄业两年。吾辈三人在邮船码头就会到他们，亦很得李先生的帮忙。吾们住室都是隔壁，他们两人法文比我好，但不能完全听讲，有时还要靠我的英文，因为我的同房是三个日本学生，有一个能讲英文的，在法船码头遇见一个中国学生，他坐二等舱，船行后他来寻我们。他是浙江桐乡人，曾在法国三年，四月间回国，现再往法继续读书，姓周名昌炽，我说南京东大毕学，他就问

---

[1] 真卿：严济慈夫人张宗英，字真卿。此时两人已订婚。

我何鲁先生，我就把我的情形答应他，他很看重我。他亦曾预备过算学、物理，他明白我的情形，因此，那胡、吴二君亦极称重我了。这三日本人极和蔼，且称我英文说得好。不过比他们好点罢了。他们法语极好，我就向他们慢慢学习，想到巴黎的时候定能说几句。船上只有我们四华人到法，尚有一二是到香港或新加坡，我们就没有通问了。船上有一英人同其夫人及子女，我且同他的儿子玩笑。还有一位法国教士在奉天传教，他能讲上海话，极和善，喜帮忙，他亦是到巴黎的。一日三餐，早餐为牛乳咖啡及面包，在六时至七时。午餐在十时，夜餐在六时。每两人面上一大瓶酒，一大瓶水，极纯洁。何、李两师曾告诉我说吃西餐饮水不妨，不过必要多少加点酒，因为李先生回来的时候有一华人不饮酒专饮水，过了几日觉得腹病，吃点酒就好了。所以我每餐吃杯水，大约五份水一份酒（酒极淡，非吾国比），我只要大便能如从前的有定时，那饮食就合法了。所以我正在试验着，我对于各种事体都抱着试验态度，最有趣味亦最合法。船在黄浦江走不走都不觉得，到了洋里乃有沉浮的上下动，没有左右的荡动，所以我毫不要紧，不过像坐在升降机罢了。今天六时才不见岸，夜中无星月，当然看不到什么，我十时就睡去了。

睡中时常要醒来，六时半起身，我就上去看看海洋，走走。在上边如在地上一样，洋中平静一如小池，不过那茫无天际是不必说的。有二个茶房是广东人，我用口笔可以同他说话，他说自九月至二月洋中是极平静的，我一点都不怕。我遇到人就讲几句法文、几句英文。因为他们都是很活泼的，我现在亦实在是一个小孩，一切都是新鲜的东西。周先生又来看我，很感激的。今日正午行到北纬28°14′，东经121°52'4的地方,我买了十张明信片,Cordillère就是我坐的船。现在,海洋很好的时候绝不至于有那样的可怕。我没有想你,却亦可说刻刻想到你。宗英,我要不想你!我要不不想你!这中间很délicate,极难得其平,我想你亦有这样的苦恼。我今午接得你的第一号信,我极快活,这恐还是你自己设法洗去的么。你寄沪诸函及书一一收到,勿念。

刚复师于十一夜八时尚未返沪,不及面辞,颇恨。明复先生出来相见即问及卿返宁时日,等有暇,可函候刚复师母并附及敦复、明复先生何如。宗英!你十二那天怎么样?恐怕身在南京魂在上海现在还随着我呢!请设法不要这样,你不要整日想到我,亦不要整日不想到我,途上定是十分平安,请你放心。我不至于晕船亦不呕吐且将渐渐成习惯,到了现在,午后七时,船动已不甚觉得,且有人要晕的亦已晕了。若说将来很热我倒素来不十分怕的,请你放心,放心!八时就睡。

十四正午行到北纬24°1',东经118°22'。

昨夜睡得极好,今天更加惯了,居然能读书,且写法文信给何师呐。交谈的人更多了,周先生亦来看我,吴、胡是不离左右的。船上椅子已定好,明天晨六时到香港(停六时),可买些新鲜水果。我带有朋友们送我的罐头水果却尚未动口,因为天气尚未见大热且每餐都有水果、牛乳。我每晨吃一大杯,大约同农场里的水杯一样大当早餐,这是由船供给的,不吃他的咖啡(听说吃咖啡易晕船呕吐)。这抑或是广东茶房照顾我的,经济情形请你放心,下次详细告诉你。信怕太重了,不能另禀令双亲,乞你转禀。此信拉杂无章,可笑,可笑。祝你This time is still better than the last.十八可以到西贡[1]再寄信再读。

慕光[2] 一九二三年十月十四夜

---

1 西贡：今越南胡志明市的旧称。
2 慕光：严济慈字慕光。

人出生须先能唱国歌

（1923.10.19晨，西贡寄）

真卿吾爱：

十五晨抵香港寄上一函想已收到。香港背山面水那种夜里灯光灿烂的情形你可曾听见过？我不必说，实亦说不出什么来。我同吴、林（前误为胡君）二君同乘本公司驳船到岸，本拟上山一览，奈天微雨，只得到邮政局寄了信，到先施永安等处走一走，买点水果杂物就于下午三时乘原船回轮了。那夜里四周全是灯火，确实好看。十六午后一时船再起行，更有一番送客情形，在我旁观的人看看真有趣真可怜。该日颇有风波，船左右动倾斜约至30度，其周期吾测得为35秒，至夜不稍衰。初来时吾不能受，即自甲板下卧床，过一时始起勉强散步，尚能支，在该下午走卧均可，惟不能立与坐，立则有欲昏意，达晚复上甲板学步，觉舒，夜睡颇好。次晨起即上甲板步行至午始觉惯了，可立可坐毫不为苦。该晚饭如恒，先是则每餐临桌不能终食，以我极不愿其作吐也，一吐则将百吐，故吾必设法阻止其第一吐。夜坐甲板上，三人谈笑，眉月当头，动人遐思，此吾在船上第一次赏月也。日来天气渐热，已微汗，吾辈日吃水果两次且带有果子露及罐头水果等以补新鲜水果之不继。十八天气极好,整日在甲板上坐谈,清风徐来,颇觉快也,恨不能唱歌背诗,故吾颇以为人出生须先能唱国歌及他歌十首,背诗五十首,因在船上不十分喜欢看书,却是帆布椅仰卧最好默诵也。每日已要吃水,水极纯洁可口,一如农场之冰水,且晨昏间隔日一洗浴,脉搏自上船来均七十左右,无甚变更,总之吾居船程度又进一步矣。船初动时 Madame Lidriche 亲来慰问殊可感也。若周君则几无日不来谈坐一时而去,彼喜棋,恨吾三人无一能者。此种消遣事在船上最有用,昔之视为废时者在今视之颇觉可贵,怪怪。吾与三等同船几已无人不谈。吾英文且觉有进步,在香港则完全用吾口。船上有一候补官员与吾尤相合,年仅18岁,能英语,彼且每日教我法文,彼水手兵士俱下等人,亦常卧甲板上,与吾等谈话,颇无聊时作跳舞等丑态。吾与外人谈话最怕的就是他们问我国事,总统事在香港见有报载张卢均已下讨伐,想非实事。果尔,生民涂炭,言之痛心,惟国格破产殊令人无颜致答外人问也。午后启视惠我第二函,深感钱君,为我致谢。段调元师已来校否?积分补考事如何?此次身体觉较上次更好否?南京诸师友前均未作函,有便恳告知一二为幸。今晨已入河港,不一时可抵西贡,两岸绿色最是悦目,离岸不及一丈,见之知为灌木,高可丈余也,当上岸游,余再陈。敬请

  学安

慕光写于一九二三年十月十九晨

  十一日何师招我到客室,告诉我的账:
   置装衣服   220圆

靴	16圆
护照费	9.6圆
箱	30圆
杂物	20圆
身边带着作船上零用	15圆
船费	258圆
佛郎[1]	122圆
合计	690.6圆
进项　　何师	400圆
胡师（作常年费之一）	150圆
严	450圆
	1000圆
	−690.6圆
余存	309.4圆
何师常年费	500圆
	809.4圆

　　何师云每月寄汇百圆。我本想把你给我的尽买作现佛郎带来，无如银行里买不出，只买了65圆。余存铭弟处嘱其数月后托胡师汇来，谢谢。现身边带有1600佛郎当可支二月半用。

1　即法郎。2002年前法国的法定货币单位。

此次重读《西厢》最觉有味

（1923.10.23，新加坡寄）

真卿吾爱：

香港西贡各寄一书想可先后收到，慈身体极好，精神较在沪宁活泼，余希勿念。早晨起后即与人道安握手，慈固非善于交际者，惟在无聊中此等处倒有无限生机，切不可忽过。况国体攸关，此次三等舱上仅吾三懦弱学生撑持面子，不识辱吾国人几许，罪甚！罪甚！西贡为法埠，法船抵此停泊较他英埠为久，乘客上下亦甚多，因此在沪法轮启行当无人满之患，与赴美不同也。装煤贮货颇觉杂乱，热以加甚，而天雨又日必数起，故吾三人乃往公园坐玩、买水果。不能通言语，车亦不能坐，以安南人概不谙华英法语也。夜间岸上散步尤觉清快可爱，廿一启行，购有香蕉、柑、甘蔗、椰子大宗，旅行热带地水果固宜多吃。舟行湄公河以至于海，极平稳。至廿二午后海平如镜，时见飞鱼出入水面，此种平静光景殊梦想不到，仰卧看云乃不能不思家矣。忽接卿第三书，清风徐来，其快或不在三潭下卿一人坐吾一人卧，恨无能为我摄影寄卿。他年同行是间，当另有一般风味也。入晚风凉尤甚，整日在甲板上，上盖布篷殊觉爽耳。同行林、吴二君俱俊秀青年，惜未能遵章卒中等业。林君在此高附中三年，来通惠一年。吴君在法文专修馆一年，震旦一年。林君小余二年，极聪明，曾在北京大学活动，办有《浅草》文艺旬刊，其文章事业或将有可观者要视其努力之如何耳。临行时铭弟掷我《西厢》，此次重读最觉有味，盖年长数岁矣。在沪蒙唱Long, Long Ago，深感在船偶见The One Hundred and One Best Songs，举而读之即见是首，细诵久之为之神往，惟此为久别重逢者，他年归来当再能为我唱之也。同书page 23有Believe me, if all these Endearing Young Charms一句把吾对卿欲说之言概行说出，恨未前见得以面告，还恳翻读一过为幸。是篇是否对人而言未敢确，必要皆吾心中语也。二十二夜月明如画，海平如镜，不啻置身天上，盖在吾下之海一如在吾上之天，其衔接处不可辨。上有星月下有星月大可下海捕月之想，此等情景陆上何有？雪夜不足以比之也。今午后可抵新加坡，行程已去三分之一，计自西贡至此为最佳。后日可抵槟榔屿，三十日抵哥伦布[1]，当再致书，刻已极近赤道矣。晨间快风未觉其热也，校中有何事足述否？近况如何？家中亦曾两往书，诸友处殊少，余再叙。敬请

文安

慕光十月二十三日写于新加坡

1　哥伦布：今作吉隆坡，马来西亚首都。

我心似水志如舟

（1923.10.22 夜，轮船上）

月儿！你若有意，
　　为我传语；
那鸡鸣山下，
　　伊人怎样？

把我看顾他，
　　曾否酣卧入梦；
告诉他，
　　我心似水志如舟。

一九二三年十月二十二夜

月儿,请替我传话

(1923.10.25 夜,槟榔屿寄)

月儿!你明明看见我,
　　看见他,
为何瞒着我,
　　哄了他?
请你告诉他我的今夜,
　　告诉我今夜的他。

　　　　　　　一九二三年十月二十五夜,槟榔屿

途中散记

（1923.10.31，哥伦布寄）

真卿吾爱：

船自槟榔屿至哥伦布作首尾起伏动，其最厉者船役亦将呕吐。慈初次登轮而三等轮又居船首，适当浪冲竟未呕吐，幸矣。船上邮政局于每到埠前一时关门，在哥埠又不知有几时可停，此第五号书所以匆匆卧写，恐劳深念，罪甚。惟卿于慈书均当作历史看，凡所言者皆系过去事，可毫无用，其忧念与喜欣也自哥埠至直布的[1]（红海口岸，在非洲）须七日，为全路中之最长一段，惟海阔尚平也。此等处天气尚不甚热，但日光太强，目觉不舒，若戴颜色眼镜当较好，船上有汽水冰淇淋可买。

昨晨，船抵哥埠，在此检查护照甚严，惟一路来未闻有检疫事。与周、林、吴三君同登岸，即乘汽车游公园、博物馆并拜见如来佛。佛自是佛，佛地自是佛地，菩提树随处皆是，至此已无华人踪迹，盖吾势力至槟榔屿而尽矣。街上多珍宝肆，冀归来时得一选购，以为卿

---

[1] 直布的：今作吉布提，吉布提共和国首都。

赠，此次未能一表微忱，惟卿恕我也。

第五号惠书拆阅，深感卿尚记得内中所讲是什么，恳便再告我。

补考结果如何？在沪寄段师函所言多堂皇，未及卿暑中忙碌情形，颇以为歉，惟无论如何想于本学期选读功课不生影响，而卿之聪明过人则固尽人皆知也。近来读书情形如何？暇望告我一二。自治会事如何解决？六叔父母处刻未函往，路上恐不及作，还恳便时附禀一二为幸。

校中近有何事足述否？数理化研究会职员为某某诸君。第二期杂志恐非年底不能出版，出版时寄我一本。

近来玉体如何？玉体如何颇以为念不尽。祝你进步。

慕光书于哥伦布一九二三年十月三十一日

惟其难也才能使人努力

（1923.11.7，直布的）

真卿吾爱：

风平浪静出印度洋矣，何幸如之，此数日间精神最好，做事最多，今晚可抵直布的，想有一二日停，十二可达苏彝士[1]。近来天气极凉快，恐在红海地窄不能有此消受也。吾心已入地中海而达巴黎矣。

第六号信拆阅，甚快。想当年谁知有今日耶，尔我相遇全属偶然天乎？！第七号系桐君女士寄卿者，蒙及爱下问所在，甚感。"继慈先生"定必指慈，忆临行时曾一名片告别，想可知吾名矣。

Mathématiques Spécials 为投考国立专门之预备学校，恐为法国教育之极重要部分。何师曾在此预备三年后入大学一年即得 Licence。何师极端重视之，故劝慈亦进一年以其所有训练最能引人长进。慈对此颇觉踌躇，以在法惟此一年或可省去，又恐省去此年致后来深造为难，此等问题只得待到法后熟悉各方情形再行解决，好在明年秋间事也。博士预备 Licence 后最快两年，此在沪时宋梧生博士语，船上那

---

[1] 苏彝士：今作苏伊士，在埃及。

位候补官则极称巴黎学校较他城为难，周君亦深以为言。惟其难也才能使人努力，吾想有心人读几句书那算得一件事。

慕光一九二三年十一月七日

许身学术界

你该当留意些！
你所有行为，
莫忘了你欲达到的目的，
一个人，
既然学术界许身，
便没有权利同普通人一样的生活法。
父母老，
弟妹小，
他们总当好！
莫他管，只向前途跑。

癸亥秋赴法舟中

人一离国门种族思想油然填胸

（1923.11.11，波塞衣[1]，埃及）

真卿吾爱：

本月七日午后三时，抵直布的，一时黑人蜂拥泳水到舟旁乞钱，在甲板上掷下，彼即争下海底觅之不一失，裸体居海，一如蛤蟆。能作法英语一二，盖系黑人中之开化者，面黑如炭，卿见之将以为鬼，远非马来人所及也。土人有来甲板上卖驼羽、贝壳、橙子、雪茄等，雪茄价廉物美，余未能尝试，可谓辜负不少。次晨八时当即启行，黄土黑人心且惶惧，故未上岸，夜间但见一堤灯火，耳闻之上岸者谓未见街市，店且闭门，不知何故，想沙漠地虽经法人极力经营，必尚无足观者。法人在此重兵镇守，沿红海一带英人亦如此，其口之流泪门极险要，两面耸山若隐若现，恐红海中之最狭处。远眺神往，为谁流泪？行且与吾亚洲握别矣。波塞衣后即入地中海，且将直往马赛。忆离上海后所遇诸港无一独立土，西贡、直布的为法领，余均英属，言之可叹。人一离国门种族思想油然填胸，吾深愿被闯墙者一作同舟

---

1 即塞得港（Port Said），埃及第三大港口，位于埃及东北部，苏伊士运河北端。

客也。

　　自入红海口岸天气顿热，想系两岸沙漠返射所致，太阳之猛不可向视，惟舟由南而北日以渐凉刻，且作初冬天气矣。过此尚无所苦，希勿为念。在印度洋近阿拉伯处，曾见鲸鱼喷水高至四五丈。在红海常有一种鱼跃出水面，长可七八尺。他若墨鱼海盘车等亦时有所见。惜吾博物知识差不多已全还先生，恨多不能认识也。海中日出日没极好看，红海尤甚，恨我不是图画家，想彼美术家来欧读书最值得路上就可吸收材料不少。

　　　　　　慕光一九二三年十一月十一日波塞衣，埃及

愿于国际外做中国的科学事业

(1923.11.12,苏彝士)

真卿吾爱:

十一夜抵苏彝士,为苏彝士河南口,河身极狭,仅容一舟行,且见岸上火车与吾舟并驰,不一时而前过不见,吾舟每日约行350哩,在河中恐较长江轮船为尤缓也。吾舟为该公司诸船中之最老而最小者,其二等闻尚不及安得来朋或波尔多斯之三等,盖彼之三等舱且有电扇而吾二等且无之。船之大者动摇不易,而价格则相同。所幸老天惠我,天气时期均极好,尚毫不为苦,加以慈乡间生长农家子非彼文弱书生比,呼吸清鲜大气、洗海水浴、两块面包、几片牛排、羊肉鸡排鱼尾,大可鼓腹。歌光日化天之日下惟此幸福仅余六日矣,前且呼热,今又言寒,似为求暖避暑而来,可笑。十二午抵波塞衣为运河北口,两口停泊时短,均未登陆,后之登陆即为法境,快哉!

吾同房有三日本人,均往罗马研究宗教。我对他们,他们对我,均极取亲善主义。或亦是种族观念使然,他们在新加坡给我一张礼拜堂明信片,我就在直布的寄曹君美恩,你见了没有?曹君从前讲的现在博士同将来博士,你近来把他想想,觉得怎样?恐怕很有道理罢。

我们船上开过一回彩票，由执事人向头二等搭客捐些物件作为奖品，再向各人卖彩票，卖得的钱作为该船死亡水手家族的恤金。我曾得了一瓶巴黎香水，你看运气好不好？亦曾开过音乐会，唱过戏，都是消遣罢了。确比在南京城里有价值，忆自去冬理科甲子级游艺会后，我没有一次到过大会堂了。我是不欢喜群众，但在船上却是不同，那黄金光阴是很愿意不要钱送人的，唱的做的我都莫名其妙，其价值却仍很高。在无聊时，西人叫唱闹全然忘了自己，吾们所谓有修养的人，恐怕在此时能清清楚楚全然看到自己，两种人都可好好过去，苦的就是我们忘不了、看不透的，但我还以我们的法子比他们高尚，难能那东西掺杂的将来或亦可以成一种很好的。

自过热地来我就饮清水不喝酒，那酒水混合物是最无味难吃的，纯酒我又当不起，清水确也很好，不过天冷的时候又当怎样？船上咖啡较沪宁为浓苦，我早已拿茶来代替，茶亦是船上供给的，牛乳饼 fromage。我始终不好喜那酒，咖啡牛乳饼是每餐都有，所以我到法国或是仍旧吃饭亦未可定。不过西餐的营养料或较中国饭为丰富，那牛肉番芋等物我倒是很惯了。

此信恐是路上最后一封，我所有思想亦正在预备过新生活。前事极愿一概忘了，清心静脑地读几年书。不过一个人求一艺之长不足稀罕，有时竟成怪物，吾辈所希望者当为完人。不过怎样叫作完人很难讲，尤其是在现在时候，居吾辈情形，吾辈研究科学，科学在中国没有根，未能独立，更无先人可为吾辈之准则。虽科学为国际的，但我总愿于国际外做中国的科学事业。所以我们只有依着错误试验法刻刻留心罢了，在校当有好志趣，入社会当有好气节，做事先当明是非。

近年来吾校在我看来同学方面确是退步的，认真的人很少，那实在看不出是非的人我毫不责备。不过时有一般人拿出小政客的手腕颠倒是非，自鸣得意，这就不能不令人痛心了。此风方日长未已，卿亦颇占领袖人物，尤当留意读书风气很难造成。坏风气一日千里，官僚今日廉耻尽丧，气节扫地矣，将来惟书痴子或能办事。读书人能明是非，痴子能坚守主张而不堕，此书痴子所以或有希望，书痴子当为吾之理想人，卿其云何？

吾对于新文化的女同胞有两句很刻薄的话说："既不能及时自爱，又不肯真心爱人"，这不能说是她们情形的描述，确对于一二人有这种意味可寻。旧式的女子只知爱人，新式的一二自鸣先觉者乃求自爱而不屑爱人，以为高，都有所失。慈之于卿素所竭诚敬爱者，深以卿之自爱爱我也。

惠函第八号启阅，不知此等物卿何时藏之？平日亦借以解渴乎？而今我赠不知将何以代之？闭目静坐，当有所见也。真卿！妆其试之。第九号不必启，当善藏不负卿厚意深情，心中欲言极多不能尽而所言者又多，不伦不类不识何似，乞恕。

慕光一九二三年十一月十二日

蒙人重视，敢不勉哉

（1923.11.12，地中海）

真卿吾爱：

吾身入地中海心游巴黎矣，于我祖国数年间除父母兄弟姊妹与卿及三数师长外当无所念。在此诸事宣告死刑时又不禁万念潮生，乃再执笔欲谈也。忆离沪之前夕拜别明复先生，凡三握手每以加紧，明复先生送出九如里，默然，以吾辈可通信一语了之，过面，吾且泪下。明复先生固极深沉人也，舟中且常思之。明复先生亦以远居国外，无虑经济为言，愚陋若慈蒙人重视，敢不勉哉！卿不恋豪贵，不羡骄华，幸蒙错爱，终身犬马之报。别来未免痛苦，怅望前途或多怨悔，不过，此亦尔我生活上一种特别丰富处。方今吾学未就，人未成，数年内之行动当一循吾卿之奖励与指助，则后日吾之为吾当有卿之精神心力糅杂其间，是吾将实卿造成之也，其较惬意或如定做品之于现成货，卿意以为何如？能偿今日之痛苦否？卿必日待看如曰待看，吾且待听。贱躯极好，精神于久事休息后尤充实，可用功。海上平稳，实出望外。

慕光一九二三年十一月十二日

无时不念吾爱

——寄自法兰西梅陵[1]（附巴黎）

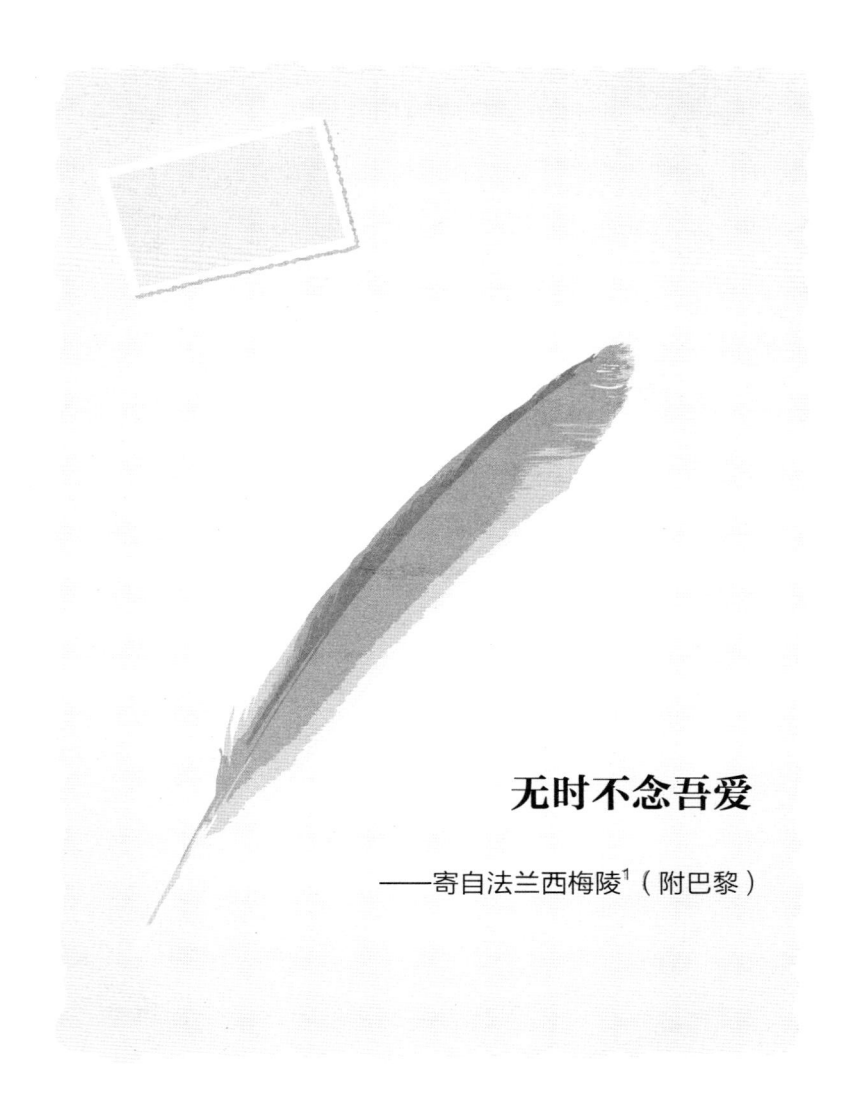

[1] 梅陵：法国巴黎附近一个小镇（Melun），今译作默伦。

读书不易，总当吃点苦

（1923.11.25，巴黎）

宗英爱鉴，恭贺新禧，敬祝进步：

慈抵法一周矣。现与同船友吴君孺谦同住 Verrieses le Buisson 镇之一旅馆，带饭店。该镇离巴黎仅火车一刻钟，往返日可十余次。店主人及其男女均每日往巴黎经商读书，我二人在此日与其家人及乡童谈玩，法文当较易进步。法地风景多经人力，而此处则有一法国著名之植物公司。吾校农科职员范赟君亦适于月前到此实习。此地避暑极宜，每逢礼拜，巴黎人士多相率来游，若今则云烟袅缭，雪压落叶，别是一般滋味。住宿每月四百佛郎外加火炉煤费，日内尚拟另觅教习教授法文。慈来此三日矣，盖自十八抵马赛，当晚与林、吴二君乘车。林君留里昂，翌午二时与吴君抵巴黎，由其友汪君来站接待，盖在马赛先有电报致彼，电报费不到两佛郎。法国交通之便于此可见。即乘汽车往住旅馆，汽车依路之远近计值，决不欺人，招手即来，一如黄包车。路之近者有时仅费一佛郎，惟旅馆房费则每日九佛郎，但在国内恐非三圆不办。而饭餐则每餐八佛郎，慈与吴君多嫌其太贵，常自往买面包及肉类携归而食，则每餐所费仅二佛郎而足。夜间时往中国饭店吃中国饭,每餐四佛郎,何师之内弟朱君介绍之也。十九住旅馆后即乘汽车往访朱君,不值。返寓随即同吴君往车站取行李。而朱君广相来访及留片,嘱夜八时往谈。广相君乃何师三内弟之最小者,为Ecole Polytechenique学生,且着制服,佩指挥刀。巴黎人士见该校学生异常敬重,其次名广才,为巴黎大学医科四年生,每日上午往医院,下午上课,殊少间暇。其长者则整日在医院实习。广相君且校居也。广相君该日适离校外出,过其兄寓见慈片及何师介绍信乃即来访,该晚同在兄寓相俟,晤谈极欢。惟其所住处及附近旅馆均无空屋,且云目下欲寻房租每月二百佛郎极难,而饭费则就中国饭店论需二百五十佛郎一月,是在巴黎住食每月需四百五十佛郎,较之他城如里昂等二倍有余。盖当林君赴里昂,慈托带书交南高同学何衍璿、高文立、何兆清三君,告其已来巴黎读书,乃于二十二日接彼等来函,颇有劝慈往里昂之意,言彼等可设法使慈在中法大学搭食,每月一百十佛郎,住屋至多每月七十佛郎。慈颇为心动,惟里昂华人极多,读书不易,且既有志来法总当吃点苦,得点益,而何胡诸师所筹尚可勉强支巴黎用,吾人退步不宜太早也。不过于此颇稍安心者,即吾万一处于困难时亦不至于半途而废,盖在巴黎不足在他城且将有余也。吾决不离巴黎,且想自己治饭简省极多,待他日情形熟悉尤易想法。何师之意本嘱慈即入中学便可与法人多接触,且可与其社会隔离,读法文当较快。法中学不准外出,每周仅礼拜四得请假,管理甚严。朱君亦表同情,惟其缴费则分年为三期,若今即入校则须自暑假缴起,待明年正月初一则为第二学期开始,每学期共缴学膳宿费约一千二百佛郎,是较外居为省,故慈定于明正入学,在此仅一月居也。该晚朱君送慈归寓，且教步行，盖吾居与彼寓固极近也。朱君等人极诚恳好学，一日间殊少闲暇。慈在此身体强健，乞勿为念。巴黎街上温度仅一二度，乡间则更冷，惟房里则借火炉过日。慈于精神、时间、经济三方面当能留意，甚希勿虑。自思离国来未多费一钱，到巴黎后尤当自勉。本月三十日有船自法赴华，想该信能寄出。惟邮船约半月一次，则吾辈仅每月二函也，不以为恨乎？珍重玉体，至要！至要！

慕光一九二三年十一月二十五日

离弃一切生命来到此地

（1923.12.11，巴黎）

宗英爱鉴：

　　整整两月未接一字，渴望何如！本月二日有船自上海抵马赛竟不得卿书，失望奚！似该船忆于十月二十六离沪，离慈出国已有二周，而接铭弟来书，知香港寄回诸函于十月十九抵沪，则二十可抵宁，卿若当日回书，则尚可赶及那次船，早得如愿吞读矣。孰料事有不然者，想卿于十月底必有函给我。此次十六日船到（十一月十日自上海开）当可同时有两封，则此乃疏忽所致，惟此疏忽乃最容易事亦最可怕者，倘何师函十六不到，则依何师所施情形将与我以极大恐慌。盖离国时买有一千佛郎，至巴黎路费近三百佛郎，该月内（至二十三为止）用去约五百五十佛郎，仅余百余佛郎，适可度过年关耳。惟在何师方面亦易有之疏忽，譬如设想十月内，他本不想及寄钱到十一月初预备了钱，但是一天躲搁一天，到了十一才跑往银行，那船已先一日开来，岂不冤枉！吾在十六就不能接得钱，要等三十日那只船了，这正是一发千钧呢！不过，托你的福，我到二十三日尚余六百多佛郎，我的生命至少有二个月，请你万个放心。我讲这些话不是诉苦，我很不愿意给你一种无谓的痛苦和恐惧，但我同时愿你明白这种情形，我希望你以后留意报载邮船出口日期，你的信总须先五时付邮。请你不要挂心，何师到十六日大概一定有信来的，那时我就再告诉你。上月二十五日寄出一函大概可于三十日邮船带上。昨日寄出一明片可于十四日邮船带上，这信是由西伯利亚寄的，当可比明片先到。不过在这条路很易失落，一失落就要使你奇怪，所以有昨日那个明片来帮忙，你接到的时候请你留意时日并告诉我。若你觉得快当亦愿意走走这条新路，只要在信封上加 via Sibérie 二字就好。我离弃一切生命来到此地，我可说我的年纪只有二个月。你想，当十月十二日九时是不是我的生辰。我那时一个人一样物都不认识的，但我觉得很快乐，因为没有一个人知道我的出世同历史，我可大吹而特吹我的牛了。我同任何人都立在一条水平线上去打天下，固然没有人看重我却亦没有人看轻我，看见人在那里笑一定不是笑我的，在那里说一定不是说我的。你看我的新生命岂不是比从前来得高贵？所以，我自十月十二日才明白平等这二个字并享受它的幸福。不过，那素受人称誉敬重的人们到这时恐就难受了，但无论何人能有旧交的消息总是异常高兴，所以，我想在我读书有趣（恐怕须在明年后）以前惟一的快乐是在你的信中去求校事国事，亦望随时告我一点。

我二十三日到此后没有动，没有去过巴黎，起居是极好的。我请一个人教法文，每周三小时，生活是简单得很，日日如常，无甚足述。待十六后当再往巴黎一走，同朱君商量入 Lycée（中学）事情。我现在心中打算在 Lycée 住至明年为止，同何师的意思或有出入。巴黎的繁华确是随时随处可以看到，但同我们何干？我现在住的地方不过一二百家，但是马路、电灯、电话、自来水、煤气无不应有尽有。南京是比不上的，以我们偌大的一个都会，生活上交通上尚比不上它一个小小村庄的便利和清洁岂不可怜！天气好的时候我亦同吴君走到田野去，那种人力经营的完美真可拜服。若说天然那是可怜，土是带黄沙色的，太阳是少见面的，番薯不过芋子那样大，我初看到尚不承认它是番薯，但若在我国恐将不毛了，这亦是巴黎附近生活昂贵的一个原因。欧战时法国东北部大受蹂躏，这或又有一个原因，现在的生活确比战前高二倍多。你的来信仍由朱君转为宜，通信处如次：

Mr.Ny Tsi-ze,

c/o Mr.Tchou,

62 Rue Gay Lussae,

Paris, Ve, France

（Ve表示第五区之意，把它写上，就便快些）

天寒身体，深望善自珍重。近状如何，务希详示。若慈则极强健，深当自爱，乞勿为念，再谈不尽。

慕光

无时以慈为念，无置慈于脑后

（1923.12.12，巴黎）

宗英爱鉴：

  在望信旧望死新望未生的时候，清晨默坐，侍者叩门持二信来，一自里昂何君，一自巴黎朱君。朱君告诉我说：我有两封挂号信到他处，一自南京，一自上海，我就知是从卿与何师。这两信的使命，必是给我一种新生命，那种快活是不能形容的，我就命主妇为我早点预备午餐，抛卷跑往理发店打点进城去了。朱君的信里，还附转有周君昌炽自巴黎来函。这个信若是单独的早一天收到，亦很可供我快活的。周君是我的同船友，他到马赛时，向我借去二百五十佛郎，他是一个富家子，他慷慨而不滥。他原在 Grenoble（法国南方）读书，在马赛送我们三人上火车后，他自己亦到 Grenoble 去了。不过，他这冬天预备旅行瑞士等处，到本月初五，我没有接得何师信亦无周君信，我心中想着 Lycée 是到明年正月不可不进的。我就写信给周君说，我的钱倘然这个月中没有寄到，我要向你借七百佛郎。他于今居然到巴黎了，并回信应允，这是很可感激的，不过何师的信里由中国银行汇来五百佛郎，我已谢辞周君了。何师第一次汇来五百佛郎，仅合华币六七十圆，你替我满意吗？恐怕要蹙眉罢。宗英！你错了，我对此非常乐观，因为他的寄出期是十月三十一日，离动身不过半月余，而何师肯不辞小款一汇，就足见他对我的细心劳意，你说是不是？我到过年尚可存一千佛郎约足Lycée入校费。我的同住友可以借我二百佛郎作为零用。Lycée是三月为一期而一缴费的，我将住校，膳宿都在内了。今日朱三（何师的小内弟，就是在Ecole Polytechnique那一位）告诉我，他把我介绍入他入过的Lycée，内中还有一个中国学生，他到法已四年，现读初等算学班，Mathématiques Elémentaire[1]那真好极了，并约我二十一同他一齐去见校长办好事，明正初二就可入校，详情再告。何师信上说"兹暂寄上五百佛郎，请查收赐复，到后情形如何，望与一详信尤宜重在生活方面……"昨日寄上一封信，你接到了吧，给你许多恐慌，对不起，对不起。你的信是二十三写，大概是二十六船寄出，那初二可到马赛，竟后铭弟函数日到巴黎，或是挂号的缘故。最奇的是何师函十月三十一日付邮，附近没有法邮船开行，竟毫没耽误时日。

铭弟来函，述彼祖母仙逝，彼与苏徽兄十月底将奔丧回里，卿曾前知否？自治会事辞去最好，段师到校甚慰。在直布的曾有明片寄胡、熊、段三师，待入校后当再函往也。朱济明君当无甚他故，不过人微量浅，不必多理也。

顾君通信处不明，其名且不记得，故动身时未有寄辞行片，补告我，拟他日设法弥补，何如？商业簿记忆遗在卿房，望为觅致幸正。令叔父母日内当有函往。

---

1 mathe.elementaire 为中学毕业生所进，是后再入 Mathématiques Spéciale。

海军校乡友马君步祥5圆已交来否？牛乳账已代理清楚否？

十月十一夜东西拜别，异常仓皇，寄君函未有封好，罪后当留意，来书望仍由朱君转，当无失落，通信处如次：

Mt.Ny Tsi-ze,

c/o Mr.Echou,

62 Rue Gay Lussac,

Paris, Ve, France

Ve表第五区也，寄上当较快便。

慈在此起居极好，盖以慈之农家子乡下人极易满足，身体强健，乞勿为念。早餐为牛乳和咖啡，牛油同面包。午餐为一冷菜，几片香肠，腌鱼，或冻肉，次为一盘肉是煨的牛肉羊肉或猪肉，再次为一盘蔬菜是番薯、豆，或白菜，末为水果或是一只香蕉或是二个苹果。晚餐则以汤换冷菜，余均同。西餐较清洁而多滋养，慈在此又不如南京之吃花生米，故饮食方面，极合卫生，所当注意者或是身体对于温度湿度之反应。不过，在此严冬变迁极小，慈当易能管束之也，请放心。船上原无甚吃苦，大概是讨时期（十月、十一月大概这条路总好，八月来的人就吃苦了）的福，现在不但船上的劳消尽，就是暑假同暑假前的支用心力，亦可说完全补足。

巴黎的美术品如明片、贺年片很多亦贱，就在我住的小村亦很可买几张，不是我欠王君几张么？我原就想买来寄上，不过我近日不愿意用一个可省可缓的钱，且等几日罢。但我又想一个人节俭是在有钱的时候，那无钱而不用钱，不是节俭，是不得已耳，你以为然否？巴黎的食住二项，总须每月五百佛郎，所幸我衣服上海做好，书籍何师有二箱没带回，统归我用。我对于零星小物原没有购置的嗜好，大概有六百佛郎一月总可过去，因为洗衣、理发、邮票每月亦需三十佛郎也。

你给我的十号信中末一封，我最爱重读，我还要把它抄袭二句，寄给你，"宗英！宗英！无时以慈为念，无置慈于脑后！"你好好读书做事罢，济慈该当好，请你放心，不要想不要梦罢，我路上的信，大概到这时候都收到了，有的信你欢喜，亦有使你难过的罢。我们在远隔三万里读信二月后的情况下通信，最易取材不当，有该写的到写信时忘了，写的四五张不过代表那几十分钟的情境罢了。所以忽而这封书高兴，忽而次封信难过，忽而前半高兴，忽而后半难过，所以读这样的信，同读国内的信，要另有一副眼光，你觉得是不是？

吴君孺谏从十月十二起，天天同我一道，食同桌，现在竟寝同床。我们原有二间房，不过烧火只一间房，所以就在一处过活，不过屋床都极宽敞，甚安。吴君实在是一个公子，他的父亲当前清时在吾浙衢州死难，一家全亡，留的一个老母和他。他的叔伯父祖父等亦都是什么进士翰林，当御史巡抚的呢。他的父亲曾很好的，招待康有为、梁启超，所以康、梁现在很爱惜他。他暑假在西湖、青岛，都住康的屋，随康游。他于去年亦曾在南高署校读书，他南京亦很熟悉的。他年纪比我大八月却很带些孩儿气，他能同我一样的省钱，我们的话大家都互相听顺。我常几次对他说："我这个人是很没有用，但在这没有用中间，受益不少，我怕走马路，入地道，就可静静地住屋里。"他学农，大概过年要分别了。下次的信从海道，恐怕要隔多时你才接到。

慕光

请求入学得准

（1923.12.25，梅陵）

宗英爱鉴：

二十一日到巴黎，得读第二书，敬悉一切，所言所感几无不相同。邮件迟误时日乃常有事，即或失落恐亦不免，望尔我于此情形无过焦念。有暇能多书一二，似亦可补此缺恨，且邮件来往不必尽经法船，问他国邮船过埠者亦均有带往之义务，若经西伯利亚则每日可寄，约早二周可到，倘有要事则不妨于连续之二函中均言及之。慈约每周有函寄国内或家中或铭弟荪徽兄处或卿处。倘许久无函时亦可问铭弟等，日内曾接函否以放怀。校中诸友至今未一函往，面对祈告一二，以日记式写信极是，装订保存尤觉当为。慈当于周内选定信纸，自明年起当可一律吾人所思所感尽可书出，惟在读者当知此种情形乃在一月前，不必多用情感以作不合时之共鸣也。

吾校日刊至十一月初未出版，殊怪。吾校情形此一二年似极当留心进步退化，在此关头，慈在国内极愿随好学者后，以造成一种好学之风。一己不立欲以成风无怪其难，也拟登日刊二则可不再登，以过时反觉乏趣而诸师又非时人比也。

二十一日随朱君（第二个）往Lycée Louis le Grand请求入学得准。吴君孺谦亦同往，当晚有吴君之友自外省来寓谈及外省之省钱与便利，次晨来Melun，为Seine et Marne省之省城，往彼collège。其校长于外国学生异常客气、优待，功课可随要选读，惟不能住宿以人满无空位，乃再往见一家妇租房。房美，膳食仍由校供给，在此或更易长进也。

何君衍璿尚未会面，惟信件往来颇多，慈接其相招函（在第一号书曾提及）后即问里昂大学理科情形，彼函复云："……有微积分，天文学，理论应用力学，普通数学，及高等数学（高等几何理论函数，理论力学）五门，比巴黎大学略少一二……弟于今夏已得普通数学文凭，今继续微积分及力学……以弟之愚尚可于一二年内得硕士学位何况兄乎？……预备微积分文凭在此则有Humbert著之高等分析已足……"按普通数学为理化等科学生而设，不能作算学科之文凭之一。法国以得三文凭为硕士所云，报载何君已得高等理科文凭殊不确，且高等理科四字作何解殊难言。何君固极好学，在宁同班时亦极重慈者，当为中法大学之佼佼者，观其复函则里大于预备硕士外实无他可读，是慈将决不离巴黎，而诸师之所以坚遣慈至巴黎也。慈于卿前不妨乱作夸大，倘慈留里昂，明夏不难取得硕士，以所当用功者仅天文一门，若选物理学作为三科之一则竟一无所难。法文固不好而答题所需与今相差不远，惟此乃自欺欺人事，岂诸师卿及慈之所望哉？何、熊诸师尝谓他城大学较小，每班人数亦较少，考试命题则尚稍稍顾到学生程度。若巴黎大学出题则全不问因以得年年提高也，慈于考试无甚训练，盖在国内诸师命题时以之为标准，故少有绞尽脑肠以博二三时内之胜利者,在此将入中学拟于前三月多随法文班,后三月拟入Mathématique Spéciale,为专门学校入学考试之预备者,冀少得训练也。

慈已于昨日与吴君来此,主妇极客气,其家时有中国学生。居住房屋为一所,四周为园,布置优美,且亦曾读书报,喜谈话,真真和善,年已近六十,每夜喜授吾辈课。其房室多吾国学生送赠之零星物件,法人极喜此。慈来时无所携,极可惜。恳设法私夹于报纸或日刊内寄来丝麻织品一二方,中有花样更好。即略有绣花之绸手帕,每方五六角者亦可。但不必太费钱,因法人无甚识货者,以后倘有人来法,可托其带来泥木等人物一二件作为古董最受欢迎。信件望即寄此处如次:

M.Ny Tsi-ze

chez Mme Georget

35 Rue de la Fosse aux Anglais,

Melun, Seine et Marne,

France

慈在此至少有六月住也。

远离祖国，置身士林

（1923.12.31，梅陵）

中华民国十二年11竟辞吾辈而去矣！在此一年中似颇有足纪念者：大学毕业也，署校授课也，教科书出版也，订婚也，留学也——皆足以引为自豪。抚躬自问，则吾云自弃生平来实无过于中华民国十二年。碌碌终年，未有一日读书，殊难自谅也。今虽远离祖国，置身士林，似可安心为学，然以境迁情移，适应为劳，又苦无借鉴之资，盖人之来法者殊少高等学校毕业生，巴黎大学非东南之高级学校，吾不能如中学毕业时入东南者入巴大，吾不能如年轻者之能作八年十年法留，吾又不能单取头衔回国。吾知有在大学听讲其法文或不我若者，但我不能不事先预备。吾固将久住巴黎，但以习法文故，则又不能不先暂作乡游，凡此种种情形，皆为我所特具，当为后来者之试验品也。我的法文目下大约有你英文程度，写作差误，或可较少。自登舟来即习写法文信，何、胡、熊、段诸师前均不怕露丑，在法相识自用法文，朱君颇以吾所书之无误为异，晤时彼故说 Il fait bien froid 等，吾亦徐徐回答。彼固能操国语，此一极为可感之事。在法国，华人相聚多谈国语，是爱国心之表现，抑或法语未所谙熟，吾不得而知。闻有来法二三年，只能说几句Bonjour, Merci, Monsieur者。

吾不久遂将往Collège de Melun，现在每日亦稍稍看几页书。主人暇时有兴，吾总不肯放过机会，他亦年老多言，最爱青年，彼家曾住吾国学生颇留良好感情，有四川人郑君者现在比利士劳工大学读书，每假必来此，宛如家人也。主人既知吾国人性情，即有与法人风俗举动不同处，彼必详指，又极喜助吾辈学习法文，谈话间必此例彼喻，使其得懂而止，吾深恨登陆后不能即来此也。吾国学生送其茶叶茶壶等物颇多，慈亦即以带来之茶叶咖啡相送，法人颇喜吾国出产，此来无所带殊憾事也。望即以日刊或报纸附寄来丝织品，如绣花手帕等一二方。同时，望随地留心国产采购，候明后年有便托人带下，备将来赠送教授之用，便易接近认识，当与学业有关也。

……

吾同乡友乔君，国儒中学同年友也，现正在Sorbonne读Mathématique Générale及Physique Générale。彼来法已三年余，勤工俭学，曾于三日前来此相会，同乡同学相聚数万里外，此种快乐非亲尝者不可知也。

身体强健，精神昌旺。新年康健进步，自祝还仍祝卿！

慕光谨上

Mr Ny Tsi-ze
Chez Mme Georget,
35 Rue de la Fosse
aux Anglais
Melun,（S. et M.）
France

吾决不至乱用一个钱

（1924.1.2，梅陵）

宗英爱鉴：

今晨由朱君转来十一月廿一日第三号书，敬悉一切。诸函均收到，勿念。吾名Ny Tsi-ze，乃由请护照交涉使署为我拼成，故于各处因用之，来函可直寄此处，地址如次：

Mr.Ny Tsi-ze,

Chez Mme Georget,

35 Rue de la Fosse

aux Anglais,

Melun,（S. et M.）

France.

S. et M.为Seine et Marne省名之简写，我离此当在四月中旬，那时可到的信，不妨再由朱君转，惟此主人极和蔼可靠，即离后亦必善为保存转寄，况吴君孺谏必且此留也，深望暑中得能有久留确定之地址相告。

劳念衣服气候，深感。我以何师指导，所做衣服，料最上等，又合此地时样，同行友船上时颇以为我衣太贵，必遭欺，至今始相信经验之重要也。吾衣均45圆一套,在此恐非五百佛郎不办。大衣仅冬季一件,春来拟添置一件,同时可作雨衣用。法地几无日不雨,冬大衣能御雨且均带伞,故冬日少着雨衣者。绒线袜无人穿,绒衫亦少着者,盖巴黎中等房屋均有电炉,室内温度总在十度左右。吾现在住房亦如之,足每隔二三日一洗,当可不生冻疮,洗面自上船来即用冷水,现已见惯,故手亦不易冻坏。手套已购有,当能支数年用,价35佛郎(约4圆)不可谓贱矣。一伞可用者须四十余佛郎,法地购物总较国内贵几倍,其工人每日工资三十余佛郎,手套非以冷不可省,因每日总须同人握手,手冷非礼也。

何师于十月卅一寄出五百佛郎,想十一月底亦必有寄出,则周内或可收到,惟现在无恐慌,到法来一月有半用去一千四百五十法郎,惟在此三月则一千五百佛郎想可过去。宗英,吾决不至乱用一个钱,不过一个洋大人生活上省钱是较难的,且在此一年迁移滋多,惟学费则较少,巴大每读一科学费约三百佛郎,较前增加多矣,法国各处无不受欧战影响也。铭弟存款接慈自法往书方寄出,约二月中可到,请放心。

家中荪徽兄均尚无函来,家姊金香能否来苏,殊不可必,恐其祖姑一亡,其家将分,则吾姑父下仍吾姊一人耳。

孙、赵情形无足为怪,盖前之周旋有所为,则既失所为,如此亦宜,或刻心中有所觉悟(我亦无颜作此语,恕我),则尤我所望也。查黄事行前曾有所有,彼固旧相识者,于此可见时地之不足以移人也。宗英!卿必以为然,忆曾于胡师前谈及,胡师云宜彼之极愿就东南也。

Madame Lidriche当晚同乘车,惟彼途中分往瑞士,后未有闻。候补官乃船上之候补员,法国人,船上自船长以下船员颇多,均称

Officier宜卿之或有所误会也。

里昂中法大学，在此名誉极坏，人多摇首不欲言之者，详状不之知。所云报载一节未之闻。吾云事能设法解决最好，不过我在今日难向任何方开口也。

法地景片极多且极廉，当于日后购寄，作为观赏，出示友朋，前函有言，深悔不情，还乞恕我，不过慈到法抵巴未一游名胜，非不向往，留备他年长住时作散步耳。诸友前当有寄赠，惟或在三月后。李师以爱卿故勿念慈，深感，希为道好请安。

来书凡三，均反复数读不释手，深情流露于不知不觉间，至感至感，玉体健全，尤为欣慰。来书云"……万勿讳而不言，总以安适相慰，益令人心悬也……"卿何相爱而一愚至此耶！苟我稍有不适处，卿之心悬可稍减乎？则卿之心当无一刻安，殊不可。慈在外第一保重身体，当不致贻卿忧，诸事无大不顺处，非有所讳也。我于父于兄，或当有所讳，以彼等于各方情形或有不甚明了处，若于卿前则有何不可言，苟于国内有所求惟卿耳，路中寄上诸函想均一一收到，来函未之提及，细读各处，则新加坡槟榔屿之函尔时已收到，然否？

考试后望善休息，天伦乐莫容易放过，天地间无过此者，府上尤父母兄弟相得，Newton尝谓人生需要惟知之满足与家庭之乐，吾于今而益信。

杭州都锦生丝织厂，丝织景片极佳，惟望托朱函君选购几大片，备送他年巴大教授。

祝卿康健进步！

慕光谨上

各有其宜,当各勉其长

(1924.1.13,梅陵)

宗英爱鉴:

本月二日寄上第一号书,想已收到。慈身体强健,乞勿为念,此书到时当值旧历新年,去年今日恐正同竞林女士携伞步出校门,回想往事,宛如目前,光阴迅速,有如是哉!

慈于本月三日入 Collège de Melun,在其特别班读法文,每周十二时,该班共有学生四人:一为瑞典人,二为埃及人,一为中国人,即我是也。教师为一妇人,极和蔼可亲,教诲不倦。我离国来,受助妇人之处极大,深感吾国女学(男子亦然)之未发达而尤觉吾国近日女子所注意者之未得其宜也。吾深信女子对于人类之贡献,较男子有过而无不及,惟各有其宜,当各勉其长,以图人类之幸福耳。火车上服役颇多女子,校中司事亦有女子,若商店邮局银行更无论矣。闻此情形于战后始益甚,盖以生活加艰,孤寡加多故也。倘吾中国一时男人减少,惨状必有甚于此者。

余读法文外,往 Mathématiques Elémentaires 听算学,物理八小时,以其图示式表,且均为所习者,故能完全懂得,而于名词、语气等不久当可惯熟，则于进大学时可毫无困难。其所授算学现为力学，物理程度则与母校之高等普通物理，不甚上下，盖该班为中学之最高级，教授全用笔记，即其低年级亦然，笔记法是否为教授之最得益者殊一问题，惟在法则因上下靡然一风也。每日七时半早餐后赴校，十二时课毕在校午膳，二时再上课，四时课毕返寓。吾寓离校须步行廿五分钟，晨往夕返，殊畅然也。主妇常倚门送迎，尤觉怡然。校长学监对外人亦异常客气，相遇且握手道好。

周君梦熊于去月卅一抵法，四川籍吴君孺谏旧好，刻亦来梅陵，所居相距不远。言同船来法者有十七人，中有七人到里昂，直隶[1]人，系勤工俭学生，或即所谓报载李石曾君选送者。新交间自知留意，惟以目下所遇，均诚实士，国人相视固同一家，倘孙、赵来法，吾且将竭尽绵薄相引助也。孙君假中不识亦回里一走否，少钱想必回去。

附上小照，系去月卅一日在此摄者，为本人证 Carte d'identité 也。该证乃证明本人之用，如向银行取款、邮局领信……等等均日不可离，向警察局领取，法人亦如之。故照相馆亦有专为此者，取价较廉，而物不必求其精美也，卿见之，希勿笑，但亦一洋学生耳。

日来报载法郎与英镑之换率脱落颇多，每镑可换九十法郎，则吾华币或可换十法郎，倘能再落，殊便吾学生也，闻战前每圆仅换二法郎零，战停时每圆曾换至十七法郎也。法报不载华币交换市价，想交易不多，望卿时为留意，并时希附闻，幸甚。惟法郎恐不至于十分脱落，以其财政总长及他要人正在探求原因设法补救也。

---

[1] 直隶：河北省旧称。

来书第二号信封上写"Via Canada"，岂经美洲之加拿大乎？而廿一付邮，十二月卅一到法，须日卅余，似未减短，而卅日有法邮自中国到马赛，则此信似经法邮者，希有以说明之。

法国中小学校每礼拜四均无课，本日家居，故先略书如上。

1924.1.10

十一接何奎垣师书，寄来八百法郎，系十一月卅日付邮者，其前函尝云彼于明正当为创设中法通惠校之中学部，则刻正筹备方殷，想卿或有所闻，深望诸事顺手，克臻有成。何师设想，每多事理，而不顾环境，往往失之太高太急，亦以其天赋独厚故也。

致和侄天真烂漫，一家增欢，快也何如。父母之爱其子女，或亦以其本身有可爱者在与？父母对于儿子所得之报酬，或亦仅此婴儿时所觉之快乐乎？则吾父母之于吾宜已享受靡遗，而无所望也。梅陵离巴黎殊近，故非大城，在法当算无足观者，三月后到巴黎当选购诸游戏场诸名胜之明信片上寄，行前曾面许苏民弟，亦希少待，望勿为责，附寄大哥、大嫂附贺年片，祈转交。

刻接姚柟君由法南部来函，知母校口字房被焚去，闻云深为痛惜。目下校中不停课否？倘时局稍好，以郭师活动，想年内即可恢复，惟物理仪器与生物标准，则虽有金钱非假以时日不举也，倘吾同学与诸师长因此各方加勉，则其进步或因而加速亦不可知，私心所惧者，则校中以此而图非分之减省，诸教授以他处之敦请而他就，则其退步可必，于卿及诸同学之学业将大有影响，以吾国学术幼稚，遭此一劫，殊深浩叹。目前看报，见日本L'université de Fukuoka亦被焚，时日相差不远，惟以日本大学之被焚，则载之法报 Le Petit Parisien，而吾母校则泯然无闻，是足羞也。想明后日卿书至，必有详状相告，则于此将再或有所欲言。

同时闻知刘师伯明去世，深悼。虽与吾校大局进行当无甚关系，惟以其人当亦为吾今日昏昏中国之不甚多得者。尝见与之同车来校之一六七岁学生，想其子也，后继何人，当能随时见告也。吾校于此半年，似最晦气，在此时最需有力之士，前途将由此定。继刘师者而为张，则逐渐恢复，无多改观；若为邹，则大局恐多变动，吾国物理科学之发达，或不集中于南京也。心中所想恐非张亦非邹，而为吾不认识之第三人，似易得其手也。

杭州都锦生丝织厂，织有景色、人物，甚好，望设法购数方，待后托人带来，留备他年赠送巴大教授之用。前函已言及之，恐或失落，故重提之耳。

玉体安康，如愿为祝！敬请

学安

慕光谨上

生不欲万户侯，但愿一握天下诸学者手

（1924.1.22，梅陵）

宗英爱鉴：

日来每自校归，辄问主人以有无信件，盖自十四日知有船由沪抵法，次晚得读第一封家书于数万里外，而未得卿书，深疑邮差为我戏，然彼固不我知者。廿为礼拜，起身稍迟，而盥洗特久，以吾每于礼拜日刮须擦身换衣也。方修饰间，主人相招以有书，何快如之！

卿书（第四号）系十二月一日付邮，五旬方达，则Via Canada实不如直寄来法之为快。信件付邮，不拘法船，即英德等邮船之经上海者亦载之以来。何师于十月卅日汇来八百法郎，已于十一收到，该时或亦未必即有法邮，而该信仅四旬，或他国船携之也，何师大概每于月底得薪即行寄出，而十二月、一月份或可有熊、段两师之款，何师当指明告我，便得直复诸师。慈近寄函多取道西伯利亚，不识无失落否，时间当较短也。

信封背面或信面左角上书明发信人姓名地址，而冠113 exp.par二字，exp.为expédiée之省写，expédiée par为英文expedited by或Sent by之意，东南大学法文当为Université du Sud-Est；南京为Nankin，与英

49

文稍异,惟英文地名在法颇亦能通用。此种琐屑事,于吾辈之长函中,固亦可有其位置也。

来示深以保重身体为言,言重珠玉当无或忘,至感至感,吾身固即尔身也。惟以近状而言,慈一如骄养子,路行原无甚劳顿,健康当有过年前,前第二号书附上小照,当可收到,卿以吾言为然否?慈每晨六时起身,盥洗约需三刻钟,早餐约一刻,七时半动身赴校,八时上课,下午四时课毕返寓,七时晚膳,即与主人坐谈,至九时半就寝。早餐为牛乳,约较南京时之一小瓶为多,此地牛乳亦较廉,每 litre 一佛郎二十生丁[1],固定常品也,此外为面包牛油。午餐在校当较逊,惟较在宁时好多,以亦有牛肉(鱼,或猪肉,或兔肉……)、薯芋(豌豆,或白菜,或萝卜……)及水果三盆。晚餐则有汤、肉、生菜、蔬菜、水果及茶,且主人所用,均属牛油,故滋味特好。慈与之处,又不作客人模样,最为相得,要则随意多吃,不喜亦可直言。每月价值吾未之问,彼亦不言,大约三百佛郎耳,以前曾有国人在此居也。吾袜稍破,彼即为补,盖其好善乃一天性,固非在欲赚一二佛郎也。室中陈设亦佳,吾案前有镜可半身,有书柜、衣柜、妆台,衣柜之前面为镜片长于吾身,地铺厚毯,屋内有电灯、自来水、煤气(用以治灶)、浴室火炉,在吾国已为少见,而彼固非中等士也。回想国内,则吾人益有不能自已者矣,慈以生长东阳,受学南京,在此饮食起居,自极满意,且于生菜、牛乳饼……等亦惯而得味矣,惟未习酒,请勿为念,但在学校每餐均用酒,三尺之童瞬息间两杯下喉矣。

---

[1] 生丁:法国辅币,100 生丁合 1 法郎。

所言滋养之重要远过美衣精件，确为至言，女子每尤多忽此，慈在巴黎时，将亦不愿于住食方面吝省也。

在校所授课如算学、物理，均为已习，不过求其惯听，作耳头之练习，自不费力，若法文则阅读、听、讲、写，亦无多用心思，祈勿以为念。

慈近来长思，深觉自幸，盖得拔于豕奴牧童之列，而有师友之推重，过去事实无一不如人意，实无一不出望外，吾今日实与任何人立于同一水平线上做学问，而吾国今日学术幼稚，于此时艰，倘不能自立立人，殊难自谅矣。科学家固不可必而能，惟于吾国之科学史上则当不能不有贡献。欲达此目的，则首在养成终身为学之习惯，而环境之助我成此者，则所在皆是，如得卿之为终身伴侣也，家父来书有云"……汝名誉极好，大有希望……"则其心中亦自有一种快慰。宗英，吾家乡居，固未能以新思想相期，则于此吾不能深自幸也。故吾在法数年，不敢作有若何成就之奢望，惟求在养成学之习惯，而沟通吾华与各国之科学界，以达互助地步。生不欲万户侯，但愿一握天下诸学者手。则吾今日云于法文，固不能以强记几个专门的部分的名词为自足也。法孩几多能德文，在此亦可学得，惟拟于1925或1926年夏作德居，总易学成，现时可不急也。

吾法文教师为一妇人，日前托人自巴黎购茶相赠，乃被央往她家饮茶，其夫为此地师范校教授，与谈吾华风俗人情甚快。彼索吾国之风景片，望即向商务印书馆选购一二打，直寄此处，凡西湖之风景北京之宫殿……足以代表吾华之文化者均佳。今日附寄为画片，下月初或有巴黎行，当购风景片数打上寄。

无时不念吾爱

慈在此预备法文外，无甚想，官费梦拟于明夏得硕士后设法，而卿则竟一夕未忘，感甚。兹事当看在法京公使处用力，教育部教育厅均其次者。朱君既首肯，恳其即托叔函法，并一方函乃弟。同时以乃弟之地址告慈，便可访商以向公使处进行。若教育部则何师有一二友而秦景阳（秦汾）先生当亦识慈，固胡刚复、杨杏佛二师之挚友可相托也。杭教厅吴君去夏归时相访已不在，惟同乡友吴君昌履（吴君昌孚——东大同学——之兄）在杭省长署掌教育科事，必需时当能代为调查一切，以教厅所有上部公事均经省长署教育科也。若云慈所在学校与所习科目，则可放胆言在巴黎大学理科，以巴大随时可以报名，而于学年将结束时（六月间）例必登报准人来应学年考试，即于考试前缴纳学费，及录即得该学程文凭，固不必在校随班也，慈已写信询问报名手续，在该事进行中，则可于暑前往应普通算学考试，及录更好，不录无妨，以慈在此时间禁止读数理书，因开卷趣味丛生而将学法文之机会错过，殊不相宜，慈前不欲应普通算学试者以一学程学费亦需三百佛郎，慈来此非求文凭之多寡，则何必得此可省者。欧洲诸国仅有一留学监督，恐住英国，在法则由公使代理，事极腐败，闻有当巴黎大学二十年官费生者，言虽近谑，事或不免，而每月之费亦有千数百法佛郎，可称绰裕。倘该事能成，当可多购书报也。成否不可必，朱君厚意深可感。若卿之于慈则固一身，吾尝于某英文小说见一句，其意为以女子之爱情，有何事而不能成者，而于卿而益信。若令尊、令堂大人垂爱深厚，固所深识，自愧庸弱，恐不能图报于万一耳。至我辈则于此别离间当各求身体健康，后当益自加勉，庶不负吾爱也。

玉体望善自珍摄，读书无太过，而尤当于书本中求乐趣，用脑尤当知养脑，单纯以减少外界之刺激，镇静以磨炼运思之敏利。吾人读科学在实事求真，于简单之观念，毫不可稍余疑义，则将有迎刃而解之乐，否则将益见其苦。高等物理于开学后即可随班，吾颇以此学程与微积分为吾母校理科之关键，亦实吾人学问之基础也。

口字房不是被焚乎？被焚情形与现状，极愿一闻其详，知次函必有及之矣。刘师去世，甚痛，后事如何，念念。

身体强健，希勿为念。此上敬请

文安

令尊令堂大人前代为候安

令昆仲嫂侄均此

慕光谨上

人生真正快乐惟是家庭

(1924.2.6,梅陵)

宗英吾爱,如握:

前第四号来书,越五旬而达,想经加拿大船不凑巧所致,则其第五函或可不久继至该函出发。当在十二月中,距今且将五旬矣。宗英尔时当无恙耶!周前接迪之师来书,知母校口字房于十二月十一夜被焚,则宗英将于十二三即详函告我,预计必甚材料丰富足观而渴望亦益甚。今昨日当为吾华元旦,天伦之乐,佳节倍增。万里遥想,能无神往?慈之未与于此乐也,六年于兹矣。忆八年夏自宁回里,家母拿出过年糖糕相饷,系特留存者,去年正月亦托葛君正权带下,而今有何法哉?自吾妹去后,吾家似益觉寥落,斯时也两老一弟,默然义坐,当作何念?……去年今日或正是离床披衣,受贵驾送来尊稿"何谓几何"之候,执管四条,相称学长,而今也则又何如?吾知卿此时之念慈,必远远过于慈之念卿或念家。惟怀念乃远离独居者之事,以卿而居卿之家,望勿错过此佳节,幸甚幸甚,人生真正快乐惟是家庭,非吾在此有所不适而云此,实亦以又长一岁耳。

二月四日

吾日之盼卿书至，吾日日欲执笔复书，而卿书竟未至，然吾不能复待矣。不然，则三周后卿之所受将亦如吾今日，盖吾第三号书乃上月廿二发者，去今已半月余矣。然吾极不愿于今日付邮，以明日吾即将往巴黎，凡所欲述，均须俟诸明日。惟铭弟函昨日至，乃使我有不得不即寄出者。

铭弟于一月十三动身回里，现已来沪否？今春能来大同继续为学否？附函望设法打听所在，便为转交是祷。彼家通信处为浙江东阳县南乡下横塘，近来彼亦有信与卿否？卿之关念彼，或不减于慈，鄙风陋习，亦乐闻乎？

铭弟之祖凡兄弟三人，极勤俭刻苦，略有积蓄，迨其父辈则堂兄弟约十五人，亦各操作耕种，居然乡村间财主也，其祖父析居已有十余年，三家各腌腿，夏间往杭卖。铭弟之父有兄弟三人，其长兄即家姑丈，甚幼者之妻与家母为同祖姊妹，月英姊之亲姑也。家姑丈尤最勤操作，除治理田事外，不问他务。吾姨父则每年往杭卖腿，颇于田野间作城镇习而来似，而勤俭则又自如也。铭弟之父，最富情感，家父尝以谓彼乃弟兄中之最相宜者，吾亦深以为然。彼等今日之有一二钱，均是血汗变成，知识浅陋，不知读书为何事，俗贱习陋，大有金钱万能之概。贻兄为兄弟辈之最长者，能读几年书，颇受些气，自生以至18岁均在舍下居，十八至廿在县小学读书，廿至廿三，在杭法政校，每年不过200圆，而家中所出，当不是全数，已使在家之人受尽兄弟叔婶之气，忆前赴京应法官试，颇亦多方阻挠，贻兄因自幼即见称于师长者也。铭弟之母在家最厉害，最计较，深以贻兄读书费钱为不平，即现在铭弟读书，不过视为作费钱报复耳，则家一分，当亦不复愿铭弟之读书，而吾姨父其子尚甚幼，则于去夏卖腿所得之数千圆即私藏而不交出，兄弟辈亦未过问，今也分家时至，问题必甚纠纷也。铭弟于九月二十六抵家，十一月十五日方复来校，可想见矣。其来函云："……弟在家时所受最痛之事即求学前途殊难乐观，因家中诸大人皆不以读书为然，家务亦渐入于不离不合之象……"则其纠纷正未有已也。

铭弟为人卿亦当知一二，其当继续为学自不待言，而困难情形在彼早所洞悉。去夏在宁彼与贻兄言之，贻兄（即荪徽，名德贻）复函云"……安心读书，经费事无多虑……"贻兄铭弟因极相爱，而均不以家中人为是也，惟万一家中阻挠极厉，加之此时贻兄无多余存亦不极力，而铭弟自持不坚，则大不可。吾深知此种情形，前函寄贻兄，已以维持铭弟学业为第一事相言，不日当再寄函借加敦勉，当仍由卿转，俾卿亦便可加言也。贻兄于家事最痛心，除吾外无一相知者，彼今必更甚也。贻兄于今实不能有余存，而叔婶母辈必大以为私积，致吾姊受气不少，惟其叔婶非特异者，在吾东阳或是算好，望勿以为责，至要至要。

宗英！你亦命该到这样的地方做人，好苦！好苦！我身体强健，读书进步，一切二日后细细谈，你预先做个好梦罢！

敬祝　进步健康！

令尊令堂大人暨令昆仲均此候安

慕光谨上

半个在南京,半个在法国

(1924.2.7,梅陵)

宗英吾爱,如握:

刻自巴黎归,得读令弟来书,悉吾爱于十二月初失和,吾……吾说不出什么来。若说漠不关痛痒——这或是爱望我如此——恐非人情;若说如同己受,则又将使吾爱反觉不安。但吾深知吾爱此时当早复健康,方怡然度新年也。天乎!神乎!其如我愿!

本月四日梦见吾爱,形容苍白,醒后颇疑念,盖深知无他故,则十二月十三四定当有书寄我,当可于一二日前接读矣。细读前书,有春间一病,起身太早,以致迁延不清之语,又忆别时吾爱于月中每觉不舒,则此十二月初或其时乎?吾固未识人事,惟私心颇以此为疑虑,昨日上函未敢言问,谁知果如吾所料耶!宗英,不甚十分苦否?恳望勿以为学业为念,愿安心休养,无使一复再复如春间,至要至要。爱之心之志,吾深知。吾人与智识在水平线下者不易发生爱情,惟爱情全不寄托在智识上。尔我相爱一出至真,吾无一物,可以动人,而吾之爱卿在吾自问,亦无所为,不过卿之于我,尘世间之最可爱者耳。吾之得罪月英姊,实起意于尔我初见之时,吾于卿前今日敢放胆言之，虽或将有不满意于斯言者不之顾也。春间病时，榻前细语，或有大言，而今则尔我间不必空言爱也，是八月八日吾心中所感之快慰，固大非人所能想象者。卿若只要得人至诚至厚相爱，则当不至于失望矣。恳善自珍摄，善自珍摄！吾今不能为爱受一分痛，尽一分劳，深歉深歉。望无以学业为念，休息一月不妨，二月不妨，即必至于一年二年亦何妨。来书不有云健康为人生第一要务，事纵有益于学问事业然有碍于健康者，无论如何不云为焉，愿与君共勉之乎？望善自珍养，无以学业为念。第三号采书有云"君今鹏程万里而英仍株守故园言之黯然"，吾辈何分尔我，不过暂时半个在南京，半个在法国耳。吾非卿何敢昂然前来，他年或有几微可就，皆卿成之也。吾固不好学，然极喜人之读书，况以吾国今日需才之孔急，吾爱之聪颖越群，能多读书，因所庆祝。尤以吾辈别离方长，则各人须于尔我外别有所专注事，庶可将此长日容易过去，苟得其法，读书固一最善消遣事也。此言语间时有互相勉励者，然决不能以健康为牺牲。以此之故，别来书信往还，亦少作情感语，忆卿尝谓吾之顽皮，过所及料，吾固极富于情感者，不过深藏而不易表现耳。不过平常时为吾凶狠之理性所监禁耳。宗英！吾爱！凡卿觉得是的，吾总是极端表同情，吾辈用不得为他人（如顾面子、好虚荣……）而受无谓的不自由。吾言论可以不自由，吾思想却不能不自由；吾行为可不自由，吾意志却不能不自由。吾辈在求诸己，在有健康的身体。

吾昨日往巴黎，已向巴大请求入学，文凭等件均已交去审查，二周内当可复函准请也。吾拟四月初离此，往巴黎入Lycée进Mathématiques Spéciales，十月才真正在大学读书，不过倘要说巴黎大学生名义,仅可现在就说耳。我的法文进步月有可观,身体强健,当益知自爱,盖吾偶有些微不适,则卿之不安当远过于吾今日所觉者也,敢贻卿忧乎?卿或以吾对于吾自己情形言之太简,实则好到无话可说耳。

巴黎风景片两打,刻像与图画的照片数张,最大者费10法郎,卿或以为美,则可置之壁间以为何如?较小之两张共6法郎,余颇贱。宗蠡禹弟及诸友均望代赠一二,倘不敷时,函示当再购,诸物待下星期四挂号寄上。

周内望能接卿书,余再谈,谨为卿祝福!并请

痊安!

令尊、令堂大人暨令昆仲均此候安

慕光谨上

无时不念吾爱

遥想前途，每用自喜

（1924.2.14，梅陵）

宗英吾爱：

　　刻接第五号挂号书（一月四日），一握手间，笑容顿作，彼M.Ny……固爱手笔也，启封示之，爱已能勉强惠我数行，虽寥寥数语，其与我之快慰或有过前数函之五六张者，倘贵恙未一复，未与校中考试，寒假间安心休养，则今日或当能健康如恒。宗英！不识均能如我祝否？健康，为吾人第一要务，当牺牲一切以求得之保存之。吾于去年秋后，以爱故始觉吾人存在之价值，一改从前忽视躯体之心，想卿亦必有此同感也。以令严慈之爱卿，无所不至，病中苦况，当为可能之最小者，相隔万里，不能有所侍劳，即欲一见苍黄而不可得，惟有默祝已耳。能以一照见寄乎，因不必待其复原，宗禹弟倘能为摄，则卧床叫苦时尤佳，虽然吾深愿吾不幸而太迟，卿之吾寄者或是自校归家情状也。

　　陈使介绍书，或于月底特往巴黎求见，惟亦无甚可言，而来函女士与乃叔之热诚敏捷，深感深感，想彼日后或将别有函公使代为言之也。惟函叔为杭纬成公司经理，忆前杏佛师颇为有意于杭绸业公所款,该公所以税捐所余积为教育实业之用,去夏陈君世觉(吾校前工业专修科毕业生,杭甲工教员)来德,即由此款,去春许炳堃等(彼叔或即在内)赴欧美考察,亦由此支出,而纬成公司在杭尤占势力,倘彼叔肯此中设法,事尤易济,并望便中将此情由略为杏佛师述之,杏佛师或可因此向各方活动也。杏佛师曾偶言科学社,或可提出议案补助留学,此事至今当尚无甚动静也。来法后杏佛师处尚无函来往,周后当寄一函,便中望与一谈为安。

朱君维縠处日内当即函候。

法文进步颇速,日下吾已能听讲哲学课而无碍,若数学物理则毫无一字不懂,而于数理材料虽甚浅近,惟教授之融洽贯通,详尽靡遗,使吾闻之,不觉欲醉。夫以专门白发之人才而从事于中等学问教授,以视彼带有乳气者侈谈高等教育,诚不啻有天壤之别矣。此于吾人将来教授方面大有帮助,此等处彼方读者或不能如吾之欣赏,吾且以为即费一年工夫于此,亦不枉然。惟教授方面最易触类旁通,吾于此有数十时或亦足矣。又想彼Mathématiques Spéciales之教授,均有大学教授资格,极为人所称道者,则吾向往之心,以目前言实远过于巴大。且吾于此数月不入,则将再无机会,吾于夏后均属旅馆居,则于法学校生活将毫无所得,故吾于四月初定往巴黎入Lycée且完全校居,法文谈话方面当可因此骤进,望无以吾之多迁为病,盖惟此进步方速,而吾实又有不得不然者。暑间当又他往,拟觅一中等人家居住,主人为小学教师最好,便可再请益法文。吾之今夏巴大应考与否毫无关系。盖普通算学文凭于吾毫无用处,依彼定章,任何得三文凭,即为硕士,惟欲事教学或继续研究,则普通数学文凭不能作数,且此三文凭，其中亦有指定，吾于夏后拟选读Calcul Differentiel et Calcul Intégral, Mécanique Rationnelle, Physique Générale三科，苟得此三者，则可应中等学校教授考试，或继续研究应博士考试，可作算学系，亦可作理化系，而称之曰国家硕士，盖理科中之较难一组矣。吾国人尚无在巴大得理科硕士者，言之惊人。应博士考试前须有两论文，吾拟于得硕士后先预备算学，不过须视所遇教授如何，吾束发读书来颇蒙师长垂青，不知有缘在巴黎遇得一个否，果然则彼固当今之学者，其高等学程全由专家担任，均是某研究所之指导或研究，如担任天文学者则为天文台长，如担任稀气管通电者则为居里夫人，而实验室则彼之镭研究所Institut du Radium也。吾于今为学未始，惟遥想前途，每用自喜，倘得安心一意读二年书，当能补前此之蹉跎也。

蠡弟来书便询留学界情形，以所知不周愧无可答，惟想无甚组织，自好之士闭户读书，与人或无甚往来也。以在法同胞，做工者不少，到校二三年未一入校，整日家居，以求学一二句法文而不完者亦数数观。若官费生之日进咖啡馆跳舞场者亦有所闻云，故吾以为在法读书，第一当在经济无虑，因离家万里，绝食是虑，心中稍有不安，学业即受影响。其次则可友交法国同学之优良者当多所得益，巴黎环境人以为最足以使人荒废学业，然亦实足最使人用功，如巴大附近则有巴大图书馆、国家图书馆、高等师范图书馆，因亦学术中心点也。法国各大学教授，教育部例必每年对换，而巴大教授不能动，一以若干课程若干教授为巴大所特用，又以若干教授与在巴黎之他事业有所关联。吾于巴大一览见教授均有接见时刻与地点，又有若干教授为选科与研究之指导，则吾今日法文又安可忽哉。若法国气候，实不能说坏，稍自留意当无所谓水土不服者。贱躯无恙，乞勿为念。

蒋君彝来书，日内未能即复，晤时祈先为道好。宗祥弟等处至今未能往函，殊以为歉。

敬祝

痊安！

大哥大嫂及蠡禹弟均此候安

慕光谨上

无时不念吾爱

（1924.2.24，梅陵）

真卿吾爱，如握：

前函惠附阴阳合麻，得置案前，俾知佳节，重思故人，深感。

今夕为元宵，熄灯就枕，月光窗入，即举被蒙首，未敢久视，而隐约间灯火辉煌，去年今夕在沪宁车中依窗远眺龙灯也。忆前二日赴沪，今晚始归，沪上之行，寒假前即有其意，而以除夕段师之言，致一再迁延，以至于开校期近，又以转瞬暑假，后事有不得不就商者，元旦（贵价来）初四（少墨惠临）均就床无头绪，可见吾心，不然，则人将以为一事而两成矣，于此卿固深吾谅也。到沪之夕，犹致竞林女士与卿一函，身虽悍然来沪，心固或仍宁留也，而终不能免此一行者，一以后事滋大，二以何师盛情难却，倘万一果如此如此则惟有以天下有情人固未必能尽成眷属自解。若彼则……固不劳念虑，彼看重我，固或有之——吾幼时遇见人，倘彼不表示看重我的意思，吾就认为极奇怪事，所以有时人毫不留意我，我亦以为他看重我，至少他应看重我的，这种错误，真卿！吾已力求自改——但是看重，是绝对不够的……卿于此固深能谅我也。

卿有不能吾谅者——吾亦实不能见谅于卿——厥为第二次之赴沪，是日为礼拜六——某月某日已不复记，倘卿记得，还希告我，便作吾之忏悔日——该星期四与卿会于口字房楼上西北隅90教室——口字房去矣，那人称吾辈的礼拜堂亦走了，可惜！该礼拜一会于女生宿舍客室，卿告我令严令慈大人赴镇经过情形，我即以礼拜日同游相请，汝亦不自知地相允——Oh！ my dear！ Let me kiss you.——遂觉第二次赴沪事不可缓。盖吾当时有一学理存焉，其真其伪吾不得而知：凡遇三角式的爱情，必须将失败者先行设法结束，然后渐将真事托出，庶可减少彼方的痛苦与怨恨。[根据这个定律，吾曾想出处置那位先生的法子，这法子理想极了。你你……应许我之后，我设法请他来向你……，你很容易地拒绝他，在这时候他很愿意叫我亦来碰个钉子，哈！你居然慢慢地答应我了，你现在听这话，或且怒发冲冠，但若你自己想得此法，或又将暗里叫妙，嚅嚅地来求我同意呢。这法子我曾同涵清、雪帆两兄道及，因为吾辈在愚园（哈！愚园！ Eh！à la bonne heure！）那天的上午，他们看见了之后，我就不瞒他们，吾深知他们厚我过于厚彼，雪帆即问我将何以处彼，尝忆谈笑间，彼曾以小刀吓雪帆，雪帆即往预备室相避。雪帆相述此事，并戏相警，吾即以此法答之，三人大笑。]况吾之事远不足以语此，而向先生复段师之函早在手中，此行为周全计为将来计（何师今日于我绝无所怀疑。其爱我之诚，人所共见，吾将来万无所谓报，而今之所深自惧者恐吾对彼之心尚不敌彼之对我也）。行期定礼拜五，便得礼拜晨返校如约。礼拜四卿有所言，吾乃发生一种联想（曾在卿前言之，卿且为我洒数行同情泪），稍有不快，又以礼拜五六人不在宁，自不能如命，乃以他日或吾自去会晤相对，而英文科同学又闯入，吾们就匆匆地走了，不知此匆匆使卿受多少痛苦，那先生又适在此千钧一发之秋闯入，苟非卿之谅我、怒我、爱我，吾辈今日尤不知何似，卿乎卿乎！汝乃爱之化身。（Oh！ ma chère, je t'embrasse.）

吾还有第三次赴沪，卿许我促我；第四次赴沪，卿害我赶不到上车，在下关受一夜的臭虫扰；第五次赴沪……

吾爱宗英此刻亦如吾之就枕未？今夕为元宵，夫子庙彼必不去，彼或随双亲偕昆仲步月秀山乎，切莫走近青藤架下锁形池旁。第五号来书言所患已渐痊可祈勿念，总当能不负此良宵，宗英！爱乎！吾闭目为汝祝！

二月十九日

宗英！今日是正月十七，卿当记此为何如日。I deliberately ask your favor...，如有见教，请下午四时后……吾不复忆教的为何，但你深言不懂，哈！你这个笨学生不懂，不懂！懂起……现在懂起来，值什么！你在那边，吾在这里，宗英，你在这几日能不时以吾为念乎？玉体如何，病已痊否，念念。

二月廿一日

廿一、廿二两日校中午膳后均走归寓，满冀得读爱书，不幸失望垂首回校上课。自接少墨书后几无时不念吾爱，十三接第五号书少慰，而至近数日，则为念益甚，心中疑虑，一似汝病重加者，宗英！第五号书系一月四日付邮，第六号书想可由西伯利亚，当在月中付邮，而吴君孺谏于四日前接由上海一月廿八来函，则卿之第七书已可到矣。卿于新痊，必欲一倾所积，又恐吾之念卿，卿必急书，何至今竟未至耶。吾渴望爱书，吾尤愿早痊，一不得则两难交集，吾不敢重伤卿心以念卿，然欲不念，其可得乎？

本月十四十八挂号寄上两次画片，内附第六、第七两书，想均收到，何师十二月份款未到，惟目下无困难情形，德铭弟交胡师汇来款想不久可到两事均于前函详言之祈勿以为念。昨函问朱君近日有无接何师函，得复后当即函何师也。拟廿七赴巴黎请见陈公使，诸事容后述。

贱躯强健，祈勿为念，手足均不冻，即耳头亦无恙，是较在国内为佳。吾校无火炉设备，同学颇苦，想将来科学馆等之新建筑，当均能有之。

读书无间断，教授且劝我去第三班上法文学课了，详情容下次谈。

吾同班友章昭煌、蒋士彰等君均仍在宁否？吾同乡中亦有何事足述否？来法后未一致函，罪甚。

何师之中学部进行如何，不识卿亦有所闻否？余再谈。敬祝

痊安

宗英！

你的爱慕光谨上

令尊令堂大人及令昆仲嫂侄均此候安

读书尤当知择书

（1924.3.2，梅陵）

真卿吾爱，如握：

前第八函不有吾往第三班上文学之言乎？忆自沪登舟来与吴君孺谏即朝夕相聚，未一日离。去年底同来梅陵，彼以各种科学故乃正式入该地Collège第三班。吾入特别班读法文。该班已有二意大利人、一英国人，在此均已有三四月之久，故吾在此初须赶到他们，进步极速。吾们读的或是Molière戏剧，或是La Fontain的寓言，或是A.Daudet, Maupassant……诸家的小说，二星期后我竟不显然是后来者。迨至二月初，周君梦熊亦来此入特别班，吴君又以在第三班不易得益，亦来此上班，而一英人又离此回国，致特别班之程度大以减低，吾们就不能读什么东西。不过吾自修功夫大增，吾日必阅法文小说戏剧等五六十页，自四时回寓后即写作，日亦二三页，教师为删改甚勤，彼亦似颇以吾为肯用功者。吾于本周来往第三班上文学四小时，教授仅言一篇之大意，来历、结构等，固非为初学法语者计也。但能习而久之，得益当不浅。吾近所读书，多属杰作，且均在18世纪前者。盖读书尤当知择书，小说犹然，影响吾人心境不少。西洋小说，强半言情，惟力选其最高尚最纯洁者。吾今阅小说，非在消闲，乃读法文，故且举各种而稍一读之，吾读游记读传记，吾读长篇亦读短篇，读戏剧最便从中学得上等人言语。吾信札往还，多用法文，里昂诸友颇以为奇，朱君亦以吾无差相称，不识胡熊诸师以为何如？四周前寄熊段两师一函，周前寄胡师一函，想均可先后收到。

宗英！病状究如何，念念，日盼爱书，而竟不至，奈何。

二月廿六日

宗英！你的第六书竟自西伯利亚直达梅陵，好不舒服！信封是宗蠡写的，宗英的病竟真又复又加重吗？令我木立如呆，快拆开罢，知道究竟加重到什么地步，总比那渴望同悬似好过一点，哈！宗英！一看见你的字，好舒服，好舒服！

此书接到距前函仅两周，不为久，不过于我似两年。该函一月廿八付邮，前函四日付邮，相距有二十四日，想此间吾爱不能执笔，少墨弟考试正忙，令我十四日无音讯。宗英！不以我为不爱谅，而相责太苛否？来书开首即云"久未上书劳念歉甚……"爱固知吾之爱念也，然爱倘接此书而以吾念念深念刻念深深刻刻念爱，则又误矣。望勿以此而有所不安，然视吾渴望之殷，当能想象吾此刻之快乐。爱此时或正在检点书籍衣饰，预备开校。然吾望卿能赴校而不去，再休养几天何如？更不必想到补考什么，宗英！你真个要读书的时候，他年我手指当粉笔，你胸腔作黑板，我来教你 X 加 Y 罢，我还记得你在上海曾这样的一点一画教我写信呢。

来书云"病中钱，曹，朱，魏，王，徐，二黄，方及女师数同学时来……"甚慰，不过所谓魏者系何人，系新同学乎？画片可随便赠一二，我当随时寄上。

二月廿七日

吾今晨往巴黎谒见陈公使，相谈约半小时，吾以现住梅陵，上午在Collège读法文，下午来巴大听课，春假后当专住巴黎等相答。彼且问朱叔近来身体与公司事业如何，我亦空空地略为回答，彼因不知吾之未曾一面，而吾亦不欲以此相告也。我从前与人谈话，最惯用否定答语，如"不知道""没看见"……，在吾似此等答语为最简便了当者，不识最与听者以不快之感，而在应酬晤会，无多话谈时为尤甚。自来法后，颇自知此病，故今力改之，有时宁作无谓之虚想，或亦可云说谎也。临行时彼云吾辈都是熟人，以后有事托公使馆仅可来，朱叔处去函时，希为道候，云云。彼曾问朱弟已回国否，彼因知朱弟离法往英，想朱弟到英后或未一来函也。彼又曾问此来系官费抑或自费，吾以实对。朱弟处周内拟一往函，朱函女士望亦为致意，他日有暇，拟一函道谢何如。该事可一告杨杏佛师，冀彼为活动杭州事（前某号函，已言及），我于日内当一往函，惟不明言此事，何如？我之不能早几日与书者，以寄胡师函才周前发出，胡师函不宜后杨师函到也。

下午随吾友乔君往巴大听物理课，教室约大于东南之物理教室四倍，到者二百余人（闻初开校时到者有四五百人），年大都在30左右，有女生约廿人，似亦有近30岁者。盖法生活艰难，在大学读书者，大抵在外做事，得硕士学位，即应中等教员考试，得录则可任中等教员，一方仍继续研究，预备博士，故巴大无预备博士规定功课，以即有规定，亦将无人来上班，而人之读书期间者例亦不能拘于年限，宜其年之各近卅也。教授上课退课，学生全堂拍掌，一如开会然。教授须发雪白，声如洪钟，着礼服，俨然起人敬仰之心。每次演讲例必延长时间，且仅提纲挈领，处处示人以方法，启人以疑问，而于引申处则作问题以资练习。所讲为光学，属普通物理，其详尽则非吾东南之光学专课所及，为 Biaxial Chry Stal 诸现象，彼 Smith 先生适略去之，吾听讲完全可懂，读书之心勃然不可遏。宗英！今年十月后，吾当能好好地读几年书。吾四月间到巴黎，但又进 Lycée，理由下次谈。

朱君自新年来亦未接何师函。昨日已寄书何师，到法来接两月款，本月内未接函，不识何故？但我无论如何拟设法四月间往巴黎入 Lycée。

二月廿八日

令尊、令堂大人之爱尔我，无所不至，不识当如何自勉，或可稍有足慰亲心处，书恐太重，不另。祈为候安是幸，敬祝

痊安

济慈启

此后来书望仍由朱君转为便，又及。

法兰西的春色

(1924.3.9,梅陵)

宗英吾爱,如握:

本月二日寄上第九号书,想已收到,近日玉体日臻健康如愿为慰。

无甚事可谈,且举吾到法来用账一述何如:

随身带来	1500佛郎
何师汇来十月份	500佛郎
十一月份	800佛郎
	2800佛郎

由马赛到巴黎(二等车)约	250佛郎
巴黎旅居(五天)	150佛郎
膳宿(三月半)	1400佛郎
学费(在Collège)	50佛郎
巴大报名及学费	290佛郎
照相办理各种凭照	50佛郎

洋伞手套	80佛郎
书籍文具	150佛郎
现余	260佛郎
洗衣、理发、邮票	2680佛郎

……

日后往巴黎，较此为多，屋租每月总须百八十佛郎，吃饭则包定每月250佛郎而无早餐，故膳宿二者约需每月500佛郎也。巴大学费每年分四期缴纳，依所读课程之多寡而定，每学程每年约300佛郎。以吾预计，在巴黎依现状约需800一月也。

春假（自四月十二至四月廿八）后拟往巴黎入Lycée校居，至暑假（七月十三）止，须纳学膳宿费1200佛郎，且须购备被单四条，约200佛郎。吾之愿一人Lycée者，欲于此略习法国学生生活，养成笔记应对等能力，盖一入巴黎大学后即旅居孤读，俨然度乃大学生活也。且Lycée为法教育之中坚部分，略识情形一二，将来亦不无用处。何师曾以在Lycée住一年相嘱，未免太久，吾颇以为倘有在东大住二年，来法入Lycée之初等算学班一年，算学特别班一年或二年，再入大学或考专门，极称相宜。

三月四日

本日作印刷品寄上Journal de Mathématiques Elémentaires一份，系廿八在巴黎便购者，该报原为初等算学班而设，因中学肄业生所阅者也，以视吾国情形当为何如？忆何师初来南高时所授者，实法中学之高年级材料，彼极注重中等算学补篇，惜其意未能十分现诸事实，以今揆之益觉彼之有见地，盖如此不数年我中等算学教育定大有进步，而如今办法则吾校毕业生与一般陈旧教员当亦无甚差别也。此种报专为补助学生读书之用，较深则有 Revie de mathématiques Spéciales，较浅则有 l'éducation mathématiques，为小学教师也，故吾以为要补助中等算学教育之发达，当办一种周报如英语周刊这样的性质，这抑或是吾们将来的事业。若为算学本身研究起见，则有 Journal nouvel de mathématique（此报吾校已定有）等正多也。蠢弟不妨练习看看，吾住巴黎后，当逐期寄上。朱函女士读法文已多时，亦可相告，倘要时可代定，一年不过十二佛郎也。

午前作书寄杨杏佛师，告以目下预备法文情形与日后计划，末言法国生活日以增高等语，有便望往一面，朱叔事望一告之，以杭州绸业公会有积款，杨师曾为有意于此。朱叔为纬成公司经理，当属重要分子，肯为帮助则事或易济也。杨师或因此而即一为之，杨师极坦白，于我亦颇有心，无用其怩怩也，对不起你！宗英！

三月六日

何师函刻未到，惟前二次均于月之十三接到，则正月底来函，四五日后可到，而十二月底竟不与我书，苟非前之五百佛郎，则早已不余一钱。吾目下用钱尚属较省时期，本月十三不识有否接到或多少，日后拟一详函为言法国现在生活，宗英！此总非长久计，昨日兑换每金镑[1]可得百十六佛郎，想吾一圆或可得十三余佛郎，虽此地物

1　金镑：英国等国本位货币"镑"的别称。

价亦因佛郎跌落而上升，然终尚占便宜，闻前欧战中每圆曾可换得十七佛郎，不识尚能跌落否？宋梧生先生（法理科博士、医学博士，在胡师家时，胡师母曾提及之，尚记之否）何师信友也，其父为上海中国银行副行长，现以医院房屋未成，亦日在银行理事，何师来款均由中国银行汇来，二月间未接款，岂何师日俟佛郎市价之再落乎？托胡师汇来款，日内亦正盼可到。

外国以三月廿一为春之第一日，近日天气已多晴明，晨间已可闻啼鸟，树木亦多发芽者，惟未一见梅花，吾口字房前之梅花或随口字房已去，而梅庵当正可爱也，不识吾爱近日亦能微步其间否？暇时偶亦与周、吴两君散步郊近，两君均相得，两君均将有事于农产制造。西人礼拜，概不做工，美衣善饰，以事游息。老叟幼童，其修边幅，一如青年。国人在此，绝不能作名士派，衣冠楚楚，则视为日本人，滥污则以为安南[1]人，言似近戏，事实如此。盖人固不我知，全以仪表取论，若遇一人欲别其职业与地位，则尤非易事也。

近日玉体，想更安适，不过此数日间又何如，较前次为好否？二三日内当能接详函，告我病中苦况。宗英！不甚苦否？你当益知健康之可爱，岳父、岳母大人之汝爱，而吾之未能代受一分，纵爱不吾责，殊不能自恕，吾知此后爱将长久康健，但吾愿五年后爱一日微微失和，将别与我以一种快慰，我这样的顽皮，你不举手要打我吗？

致荪薇函祈转寄为幸，并望附"寄我的信封"一个，以后来函仍

---

[1] 法国于1874年在今越南中部所建立的一个保护国。1955年结束法国殖民统治。安南也是越南的古称。

由朱君转为宜。身体强健,希勿为念,余再叙,敬请
痊安,快乐。

慕光谨上

令尊令堂大人前祈为候安。
令昆仲及嫂侄均此道好。

硬起心肠执笔写信

（1924.3.15，梅陵）

真卿吾爱，如握：

今日已三月十四，何师至今已二月无函来。吴君孺谏今晨及十二均接国内由马赛来函，默计本月九日或有船自沪到马赛，则何师于一月底又无函寄出乎，殊令人不可解。德铭第一月中旬托胡师汇款亦未到，焦念万状。自本星期来饭后必自校归寓一走，满冀接函，仅于前昨两夜梦中得之，可怜可怜。未接卿函亦十五日，今年已寄上十函，不识均一一收到否。

余款已不敷两周膳费，离家万里，置身崇拜金钱万能之社会中，此种不宁，恐非想象可及。倘吾四月间不能如愿入Lycée，来此何事？居此何为？预计四月前总须再接两千佛郎，倘二月三月均接何师款，加以由胡师寄来者，原可裕如，而今则似成一幻梦耳。周君梦熊到法原带有一万佛郎，已被友人借尽，四月间倘能收还若干，或可相借，惟事亦非极可恃者。

宗英！你接此书，你就往晤胡师（倘在沪，即往函）告以此种情形，托其即往晤何师，倘款于十一月底后已有寄出，则不久或可接到，千好万好。否则恳设法筹两千佛郎（约近两百圆）托胡师电汇来法，由朱君转，约四五日即可到。宗英！你的英文名字完全拼法亦祈便函告我，俾日后倘有必要时，可打电报，由法到国约需一百佛郎也。

宗英！我讲不出的对你不起，请你原谅我，还希望你心中不要为我十分难过。我想何师对我，总愿维持始终如一，我因此且虑何师近日或有不如意事，然我总期所怀均不是。明后日或即有来函，或即有来函。不过我接函后，看他怎么样说，我定要详详细细、确确实实地给他一封信。我的法文，已够达吾所欲说的了。

宗英！我这一年糊糊涂涂地过去，亦以在法可有四五年之久，我不怕在学校不能毕业，我只怕在学校空空地毕业，见不了人见不了自己。不然我一到巴黎亦正可进大学，去从事头衔也。吾将来对于头衔方面，当然顾到，但我不是为头衔而来，我绝不是为头衔而来。宗英！我在这等瞻念前途不寒而栗的时候，我遂不禁以此自问，我深自知愚懒，但吾云向学心与为学而学的精神，固不知他人如何，或亦相去不远乎？

宗英！我这许多话，前函想写，没有写，昨天前天，天天想写，没有写，到了今天三月十四，再不能不写了，但我还等到明天下午挂号寄出。宗英！我接到何师函的时候，我立刻就再写信告诉你！宗英！我深知此函将与卿以极不安，但我写此亦是硬起心肠执着笔。宗英！我深对你不起，还希望你原谅我，吾还要问你一句，你身体现状究如何？此信达卿前，恐正是你的时候，宗英！真卿！我深希望明日此信用不得付邮，或后日再能寄信给你，宗英！真卿！祝你健康！

慕光启

三月十四日十一时

午后四时半自校归寓，乃不得不将此付邮矣，宗英！望勿为我十分难过。

总不期有伤卿心

（1924.3.19，梅陵）

宗英吾爱，如握：

日来心绪纷繁，无一刻安宁。前日写书，语多失检，爱当能谅我，决不致有所误会也。吾人当以身体为先，学问事业次之，故吾有休学一年之劝。若日后转系与否，则仅可由爱自己主张，夫以爱之精明，宁有己谋不尽善者乎？爱思索考虑间，将必有念及慈处，无为慈而有所牺牲，倘牺牲于不知不觉间，则相爱者之互相迁就，互相融合，吾将感而受之，若强捐己以就人，而心存不渝，则非深知慈者矣。爱数次来函对我说："吾无论如何，总不期有伤君心。"吾自问存心亦"吾无论如何，总不期有伤卿心"，则卿答"无论如何，不伤君心"之时，实伤吾心也；吾答"无论如何，不伤卿心"之时，且伤卿心矣。故尔我之所冀所思所为，当在尔我间之最大幸福，卿必以为然也！

何师自十一月卅日后无函来，德铭弟一月十四交胡师托汇款亦未到，焦念万状，已于前两函言之，使爱抱病之身，将此消息，将益感不快，罪甚罪甚。离家万里，身无一钱，此种苦恼，远非想象可及，更非吾笔墨所能述，冻饿且不言，倘四月间不能入Lycée，则其遗憾将终吾身不能忘。吾不能更有时入Lycée，吾来此未数月而已失学，何痛如之。吾尝以为金钱须经济，时间尤须经济，法景虽美，雅不欲游，以吾愿早日东归，与爱携手秀山也，以今思之，中心如捣。去月不接何师函，颇为隐忧，尔时以周君梦熊，颇有余款，而不数日，由各处友朋借尽，在德某沈君一人且五千余佛郎。该君已接家中款，而昨午后来函云每月仅得由银行领取十一金镑，以彼家中如此办法汇来故也。则周君自将不免于困难，吾不接国内款，定无入学望。Lycée开学在四月廿八，惟不接款，吾不敢往请求入学，十五日寄何师挂号函，想四月十一二可到，即电汇来，则十五六可到，不至于误事。故卿接函后，务望探明何师情形，至要至要。迟则恐额满或别生困难，而吾心倒悬，已非一日，尤待急解。吾恒于每月廿四付房主人款，本月不识当如何处置，彼或不即下逐客令，吾毫不能再作洋大人堂皇像矣。日内深欲强制心神，而益不可得，上课外殊不能读书，吾亦不勉读书，似能保持身体健康，已不为少。胸中郁积无从吐泄，则吾人所感受之痛苦，益觉不可支。惟念卿之吾爱，使吾不生绝望，于此时尤思竭力注重身体，保持健康，望勿为念。真卿！吾能自爱，即所以爱卿也，卿以为然乎？月底无款到，拟或打电何师，惟尔时信不日亦到，现无定意，要视此数日之心境何如，有时电报一出，心中即多所凭借，而略得慰舒。第一工业学校英文名字如何，希见示。倘后有必要时可电告令尊大人，转电东南寄汝，或更捷便也。日来佛郎涨高甚速，已复去年十月间情形，而物价一涨，不可复落也。

玉体望善珍摄，能书即惠我详函，且望加多次数为要。置身异

域,一见亲人来书,不啻福音盼至也,余再叙,敬祝

  痊安

  真卿!

你的爱慕光启

三月十八夜

  若来电可直寄朱君,不出吾名,便省数字,吾当预告朱君,又及。

  春假放学为三月十三,入Lycée须先往请求,有时或即可早几日于假期内进去,所以我很希望四月半前接款,又及。

离国后方知我有一件东西叫国家

（1924.3.18，梅陵）

宗英吾爱，如握：

我此刻不是挂号寄你第十一号函乎，函云"何师两月无函来，余款无多，恳接函后即往晤胡师（倘在沪，即往函）告以此种情形并请其往面何师，查询一切，倘于十一月底后已有钱汇出，则不日想可到，千好万好。否则恳设法筹两千佛郎，托胡师电汇，由朱君转约四五日即可到……"。投邮后，垂首归寓，顿觉不当，百感交集，心中如割，陷吾爱于难境，其不安或有过于在此受冻饿，乃急作书寄何师，译之如次：

我亲爱的教授：

二月来未一接函，中心不胜惶恐，岂函失路中乎？身无一钱，已十有五日；四月间且拟往巴黎入 Lycée，不识计当何出，恳立寄两千佛郎，并以最速方法汇来至盼！至盼！

你的感激而服从的学生
严济慈

何师当不我责也,且来日方长,后难正殷,倘于今即别求生路,后事将难设想,吾爱亦以为然否?前函希作罢,惟何师竟于两月之久未一汇款,事殊不解,且十二月一月份,或可有熊、段师款,岂真信落途中乎?此事不必无谓告熊、段师,致伤情感。以何师之爱我入微,想定不致陷我于难境。忆十年夏沪居,彼往北京临行时,出痧药嘱备急,在北京来函何师托问我尚有无零用钱;去秋欧行前住他家吾仅有一薄棉被,彼见之乃嘱佣添铺,凡此屑事,最足见关心处。宗英!吾想不日即有函至,望无以慈为念。寄何师函,此刻思之,又恐与彼以不安,惟吾在此实无多友人可相通借,吾师当能吾谅也。周内不到当再往函,胡师仍不妨即告之,以便督促何师,日后亦不无好处,吾爱以为何如?你的信亦还没有到,你的病想得好了罢,如愿!如愿!

哈!今天才是十四,我刚才第十一号日期误写十五,错了。

三月十四十九时

昨夜睡眠未熟,今日上课,时甚恍恍。本周法文课读一戏剧,吾们四五各占一角色,吾有时唱生,亦有时唱旦,到了今天,轮着我的时候,吾还在那边做梦。幸靠吴君时以手捉醒我,这吾想全是何师款没有寄到的缘故。

因为前几天的失望,饭后本不拟归寓一走,惟吴、周两君希望接他们的信,愿来此一行,那我当更是先前了。果接蠡弟来片。有云"家姊病现仍未愈,开学后拟转入国文系或可稍省脑力,于病体弱质当较相宜……"后边还说些什么《叶企荪[1]》《数理化》读了以后，怎么感想，我自己亦不十分清楚，大概不是极快慰的。午后的功课，是dictation，本都没有预备的，近来一百五六十字的短篇，我已仅有四五小错误。不过这次我竟中间整句都漏了，教师很觉奇怪，我就告诉他说：我这几天很想信。他问我：你想接家信么？你多少日子没有接过了？你父亲年纪不甚大，身体原来很好的；不是吗？你们来得这样远，总不免一些思乡，勇敢些！勇敢些！吴、周二君从旁代答云：不是，想他朋友，想他Fiancée，她现在有点病呢！她是很好的一位妇人，我就直爽告诉她你的情形，她还很希望你能到法国来读书，但我不希望你来，我且不愿意将来送吾们的子女来外留学，因为吾们应该把中国学校改进到跟他们一样好，再不要使他们受晕船思乡的痛苦，爱以为然否？

　　宗蠡弟前函系十二月十六写者，该函系二月十九写者，即后未复，亦将已有三月之久。卧病三月，困也何如，宗英！吾于此不能不泪下矣。蠡弟来书及汝病者仅数字，问天天不我应，宗英！真卿！远隔重洋，心在咫尺，吾欲乘风归来，苦无双翼，欲乘车则身无一钱，悲夫！宗英！吾长来未重病，亦未知吾父母兄弟姊妹病，故所感痛苦，远无有过于今日者矣。宗英！真卿！赠我玉照，对列案上，每赴校校归，恒觉怡然相迎送，吾且时举与吾口相接，今也戚然大有欲举手拭吾额止吾哭之势。宗英！吾以不知爱病状而苦，爱当亦以不能告我而更苦。吾以爱爱我故，深知自抑，而泪行如雨，其如之何，

---

[1] 也作叶企孙。

宗英！吾早知汝病，吾决不离汝来此！吾决不离汝来此！……真卿！真卿！

十五日廿三时

卧病中顷刻不忘学业，什么开学，什么转系，心中无一刻安宁，宜病之一复再复也。年来虚弱，当非一朝一夕之故，当此盛年，正吾辈身心当充分发达之际，而爱一病再病，且不知决心根本设法以求数年前之健康，则他日年老何堪设想。爱病非久极难治者，徒以心急欲速，反致迁延，倘万一年内再病，其有不益以加深者乎？病不由人，女子尤易受病，吾绝非以爱为不知自爱者，不过为今之计，务宜休学一年，闲处静养，无急以毕业为期，无以他人闲谈为顾虑，尔惟有我，我惟有尔，尔得吾心之安，我得尔心之安，尔我相安足矣。汝身病，汝心亦病，汝尝自谦对我说："我在师范同初离师范时，毫不愿后人，而今则自觉有不及人者矣。"你这二三年读书情形，刻刻受身体的影响，你往女高投考那渡江乘车的日记，英气勃勃，雄跃纸上，以今较之，或似退步，这全受这一二年身体状况的影响，你尚不自觉，不求根本的改造。你爱我，请你为我的缘故，休学一年闲处静养，将于身心两方均有进步。宗英，吾亲爱的未婚妻！你不以吾此言为冷酷乎？吾不敢以成学自期，吾更不愿以此期吾这样柔弱，这样美丽，这样我爱的真卿，吾深不愿你绞脑筋，皱你额皮，不过吾同时深爱惜你的天才，尊重你的志尚，不敢仅以贤妻良母相期也。吾船上曾说："一个人既然学术界许身，便没有权利同普通人一般的生活法。"这全是一种思卿太过，强自排解语，卿给我的kiss，何等温柔，何等甜蜜，哪令人不醉耶！宗英！吾下边几句话，或触犯我们的神圣，吾写前在桌前跪两分钟，你读时当想象我跪在你的旁边，以爱之貌之才之德之性情之境地，本可享受人世间所谓一切幸福，乃爱置大二岁的诸先生于不顾，这或是爱要成就你的学业的缘故，爱留意吾们这辈小学生，竟叫我这贫汉丑鬼痴子为你的爱，你给我舌头、乳头，差不多什么东西，你还要我贵藏一件东西，你说这完全属于你的，这全是你所说love is blind的表现，你不是东南的第一位女生吗？理科第一位女同学吗？你在北女高进理科，有人劝你入文科，你来东南又有劝你入文科，半年后因为身体的缘故又有转科意。你至今竟在理科、苟非以卿之立志坚定，何能臻此！况吾理科重要功课，当在第二年，卿大功过半，何今而又生此意耶？或相劝慰之辞欤，吾于卿情形益信圣贤豪杰，由来则一，不过该时该世所要求者为圣贤，则斯人也而为圣贤，该时刻世所要求者为豪杰，则斯人也而为豪杰。故吾取人，不在智识，而在智慧，英文所谓general understanding Descartes（法哲学家亦算学家，解析几何之发明者）所称bons sens（即英文common sense，不可与"常识"相混，似即所谓"天知"也）也。夫以爱之聪颖专心文艺，自能有所建树，且吾亦深认科学对于人类之贡献。似在宗教艺术文学政治下，惟立国今日世界利弹怪艇咄咄逼人，舍科学无以救国，爱早认此旨，既抱发达科学之宏愿，且引慈为终身同志（忆前十年夏沪居，曾一函述不识尚存否，可再一检阅，一笑）。慈以爱故益不敢自弃，心志加壮，前某函忆有云"他年或有几微可就皆爱成之也"，诚以爱将来之督促我，奖励我远过于师友也。来法后益觉吾辈责任之重，将来事业待兴之多，吾今自期固当在科学本身上做功夫。

无时不念吾爱

不过要一国科学发达,很要一班牺牲者,如现在胡师刚复等,我就认为是牺牲者。因为他现在不能做科学研究生活,而竭力在那边做预备筹划科学研究的生活,这是为吾们这一辈而牺牲的。科学在吾国尚无它应占的地方,那班非牛非马的教育家哲学家往往与科学以错误的解释,致无形地加以摧残阻碍,所以吾以为中国尚须一班哲学科学家,吾想你是此中的健将。关于科学之所以为科学,予以很真确的了解,便可引起社会的信仰同青年的努力。现在我辈青年入理科者十之八九视研究科学为时髦,宜其一见稍更时髦者即弃而他去也。吾国科学未能独立,所有名词,未能译定,中学以上教科全用西书,吾在此诸教员闻之大为愕然,此固暂时事也,不过要吾国文能适当表达科学智识,使学校用书全属国文,村农乡妇,亦得略知科学常识于一二,定须一班读科学者而深有国文根底者的努力,吾称之为文学科学家,卿当其一也。吾国中等教育之坏,于此为极,与法相较,不啻天壤。办学数十年,竟无一好中学,言之可叹。一以任中等教员者类皆不学之徒无力改善,而一二留学生,则不屑问中等事,以致无一教本,似自出心裁,而教员学生均无一参考书。中等教育不良,高等教育无发达之望,此事最重要,吾且以为最易举,而最易见效者,故必须有一班科学教育家。吾想能办一中等算学报,编中等算学丛书对于吾国科学发达之贡献已不为少。宗英!此责也尔我不能辞。上说三种人才,都要读科学而深有文学根底者,此种人吾辈青年中不多得,以吾所知者惟一爱耳。宗英!吾现在所说,想不是梦话,不是大言,五年后均在我们的眼前。宗英!汝责不能辞。吾前边说吾希望大部在科学本身上做功夫,这句话,次函再解释。

我船上函云"我于入巴大前，一二年功夫进Lycée，离巴大后再游德英一二年"，你都极以为然。这样一来，要六七年，你这六七年啮牙的苦楚，除我们学问事业上的成功外，是毫不能报偿的。所以我上边说我心志倍壮，益觉不能自弃，他年或有几微可就皆爱成之也。天下最大的兴奋是爱的指使，最大的报偿是爱的赞赏，故吾之所望于爱者乃爱肯督促吾工作，能赏略吾工作，此固爱所极愿为者也。那几个kiss几次embrace，可说是夫妇间的routine work。你来函告诉和好家庭的快乐，并说"我们当能加而上之也"这当字用得确，我正认为当然者也。你深知我贫穷，于日后生活问题绝未言及，一似赏月可望者，此乃我千分万分感激的一点，何胡诸师爱我深，私心颇以此为吃亏卿者。盖恐以感何胡故，所有行动不能时时刻刻全注汝身（去年十月初来沪，二日返宁，较预计且先一日，当日晨卿无行意，吾且数促汝起身梳妆，固以慈修养太浅，深自恐不能尊重卿意，乃不敢再留一夕谈，盖卿意吾深知，苟非万不得已，将无不吾从，又以远离久别，且愿与我除此外之任何种种慰藉，此种有分寸处，惟卿自守之严与爱慈之深的结晶，以今思之，吾心且醉。亦以一日晚间饭毕，何师将行时，吾以爱翌晨早行为不同归宿托辞之故，胡师且闻而戏言。何师曰You have to excuse him，而何师又约翌午后往定船位，吾故未稍留，亦以信卿原定该日返也。不然，吾当不任你走，不过吾们于此可毫不以为失，因来日方长，尔我的幸福可云未开始，还封固在那边呢。但此亦可见吾之顾全何胡诸师处，颇觉吃亏你）。但吾爱你的心灵或因此而益为整圆，吾不知将来应怎样稍可报答你的blind love于万一。吾想吾的光阴精力大部费于吾的科学上，但你之于我，一如就是所谓吾的科学，因为我想到你就想到科学，想到科学就想到你。吾亦想尔我间除学业外，还有许多普通夫妇间的事体，但吾在此时能养心如炼丹，即他日对卿不能有多少事实的报答，你看看这一点丹心，你亦将说："慕光！我很满意。"我现在思想动作等很愿意受你的指使责骂同赞许。吾船上时曾有"现成货"与"定做物"之言，卿当能记之也。诚以尔我一人，尔之生活，将来即我之生活，我之生活，将来亦即尔之生活也。以尔我之相爱，一出天真，原无关于所习之为何，转系与否，与吾辈将来之幸福吾深知毫无损益，不过于素来之想象上观念中似或将当有些微的迁就，想亦易如反掌。吾深爱吾意志思想自由，吾尤尊重他人意志思想的自由。吾在宁校且三转科，转系更不足奇也。惟为卿本身计过去计，似不值耳，为身体计，则尤非以转系了事，你能休学一年闲处静养，有兴时可略温习微积分普通物理，则以后学程迎刃可解，若仍为学年计毕业计则似未敢赞同也。或者其他困难，来函望一言及，吾总不要有伤卿心，若一切行动则爱有父母师长可以商酌，定即可行，不必得吾同意。致书信往还数月之久，因吾决不愿伤君心也。宗英！吾们脑中只要存两事：1.国家，2.尔我。吾离国后方知我有一件东西叫国家，以及国家的可爱。

我不知写多少页了，未免小题大做，所谓转系事仅举以宽慰病人心理者，则尤可笑矣。亦因我今日星期懒得读书无兴出游，不禁乱说乱写，竟忘上边说的是些什么，但吾心中要说的还觉多着呢。

午后接家书，知苏徽又往高等审判厅续请，仍返靖江，家姊或将来苏，刻已复禀，报告平安，且云款项按月寄到，事有不得不然者，爱以为何如？

杨师处周后宜再函往告，以朱函君善意，想杨师知我，当不以为责也。日中静思，吾今惟有加力读书，须知读书之不易，并可少负诸师之厚望，一方则多多写信催款，只要我一日值得他们的相助，他们总一日助我，所以我须日日刻刻自问，我是否对得他们起，他们绝不是要中国多一个留法学生也。我这样一想，精神就飞舞了，但今日不读书，今晚要早睡，睡前还祝

吾的未婚妻　真卿

痊安　还让我同她接个……

　　　　你的爱　你的未婚夫　你的将来的仆人　慕光启

无时不念吾爱

与爱以忧患，殊觉不安

（1924.3.21，梅陵）

真卿吾爱，如握：

礼拜四无课，吾例往就浴，今日懒出门，读Molière戏剧两本，饭后偶思，忽得胡、何两师寄款来到之故，其真其伪，卿接函时，或能得而断之也。德铭弟一月十二来函谓"……余款80圆顷交胡师……校中明日放假，明晚当即……"令尊一月廿八来谕云"……东大今日放假，宗蠡昨晚归……"则铭弟交款之日，恐胡师正将离沪赴宁之时，待宁校放假，则已近阴历十二月廿五，胡师或即至无锡过年，而不抵沪，及今正初十左右返沪，始为汇来，则非本月底不能到，本月廿三及四月六日均有法邮船自沪到马赛吾日望之也。胡师十一年[1]底，确如此过法。忆去年正月初四吾快函寄沪，十一得胡师快函复云"昨由新锡来沪，得读快函，日内难即来宁，不识有何要事，望先快函告我……"吾曾出该信封示卿于女生宿舍之会客室，此十一日午后也，卿尚记之否？要事为何当不难想得之也。一笑！

---

1 即1922年。

去年十二月十三接何师第一次汇款五百佛郎，至月底合所余共约一千佛郎，当不足在巴黎一学期Lycée缴费，乃该月廿日左右复何师函，有云"……拟于新年入Lycée寄宿校内，余款不敷缴一学期费，惟同船友吴君能借我所需……"何师岂以此而将一季一汇乎？则四月初当能再寄到，便我入Lycée欤！

三月廿日廿时

昨日又曾作书，今晨挂号寄何师，译之如次：

十五寄上一函，想已收到，自本月来，身无一钱，春假后且拟往巴黎入Lycée，恳即电汇两千佛郎，由朱君转，或即直寄朱君，俾电文可较简，困难情形，当能洞鉴，不恭之处，还乞原谅。

昨日来觉距入学期尚远，而四月初似必可得何、胡两师函，心中已不若数日前之不安，惟何师处仍再寄函者，以刻下寄函，四月中旬可达，迟则将无济于事，与其过一星期后再行函催，不如今日之为有效也。今日已能读书如恒，身体毫无所不通，务祈勿以为念。惟周内凡三上挂号函，深与爱以忧患，殊觉不安，亦以当时战战自危，虽觉何师爱我，总不及爱之呼应便捷，且何师二月余不来函殊不可解或正有不得已事亦未可知，故虽知爱病，且举相告，望接此函即放怀珍重，无以慈为念，慈刻虽未接款，而心中之有凭借。一若何师函已到者，心中情境，一如电雨后之天色，读书较前反觉有趣，吾于此又多一点新经验，将来再遇此等情形，当不致如前数日之徒作无谓苦恼。贱躯无恙，望祈勿念。

玉体近状如何，未再复否？深以为念，病痊后望善休养，以冀得完全复原，读书事望且不提，若转系与否，仅随尊意，所治何学，所为何事，与我们将来生活幸福的究竟处，当毫无关系，若我们的幸福，建居其上，则已根本失之矣，爱以为何如？我第十二号函所言，未免偏见太深，惟我之绝不敢，亦不愿使卿有些微为我而牺牲己意，则以卿之爱我当能我知我信也。吾未多识人事，倘有何种困难处，我们总合力设法祛除之，望随时告我为幸。

日来必深以慈为念且忧，不致有伤玉体否？故拟于未接何、胡两师函前，当不待一星期即一上函，期稍慰爱之念我。贱躯无恙，万祈勿念，放怀珍重至盼至祷，尔我自爱即所以相爱也。余再叙敬请。

痊安

令尊令堂大人　祈代请安

令昆仲暨嫂侄均此道好

你的爱慕光启

忆去年樱桃时节

（1924.3.27，梅陵）

真卿吾爱，如握：

日来天气已渐晴和，吾早卸绒线衫而穿背心矣，一呼一吸，一伸一缩，因纤纤玉手紧抱吾腰，当亦爱神之所寄也。恨未能为制一件，使爱亦有此同感，殊自惭耳，不识人之着此者又作何想？（希勿误会）

近日已能起坐，可不卧床否？忆去年樱桃时节，床头间出两颗相示，谓系朱君采赠者，不识今年亦随，令严慈一游玄武否？望折一颗看三分钟含五分钟，将其核附函内寄我，使得尝唾余，其味将不减中秋之互吃团圆饼，吾必不忍弃之也。

昨日写函致朱函女士，略表谢忱，彼必举以示卿，使卿知我法文，确有进步则慈所引为自豪者也。本月三日亦曾以法文函问候朱君维榖，惟刻未得复，不识何故。

吾将来读书究于何方多所专求，要视所遇教授与个人之情感而定，吾且一言巴黎大学之学制，其理科所给文凭，已于前某号函言之，任得三纸，即可称硕士，惟欲从事教育，则此三文凭有所限制，须合下列情形之一：

1. 微积分，理论力学，普通物理；

2. 普通物理，普通化学，理论力学或普通算学或关于理化生物之任一文凭；

3. 动物或普通生理，植物，地质。谓之教育硕士 Licence d'enseignement，有 Collège 教授资格。而 Lycée 教授，则须经过一种特别试验，得录称为 agrégé。凡 agrégé 就有大学教授资格，是可见 Lycée 与大学，教授资格相埒也。大学教授例均由 Lycée 教授上升而来，法中等学校及以上之教授即均由国家任命。

科学博士概由国家给予，其应试之资格如次：

1. 合下列情形之一之硕士：

（a）微积分，理论力学，普通物理或除普通算学外之任一算学文凭；

（b）普通物理，理论力学，除普通算学外之任一算理文凭；

（c）普通物理，普通化学，任一理科文凭；

（d）动物或生理，植物，地质或矿物。

2. 两篇有新结果而有价值之论文。

谓之国家博士，倘有硕士不合上情形者，或由外国而承认之硕士（我有东南文凭，亦可请求硕士承认，不过就再没有国家博士的希望）可从事学校所给予之博士，须在学校内或其指定之研究所研究一年以上而有成绩者，惟此学位，全属学校的，国家对此毫不与以何种权利，更不能为一种，职业上之资格，故法之学位分国家与学校两种，所谓学校的大概为外国人而设。在法做事首要资格，一有资格不怕无事，是法之人士当不留意于学校的学位也，其医科国家博士，年限五年，惟学士亦须得之法国，即必须法中学毕业者，国家博士可在法境及其属地内行医而学校博士不能也。

吾第一年拟读微积分、理论力学及普通力学，期得国家硕士。再继续先读一二年算学如高等分析，高等几何，算学的物理，等等。同时预备博士，即遇他种困难时不至于一无所成。再后读二年物理，大都在研究所内游玩耳。班乐卫[1]，欧战初期之法内阁总理也，原为巴大算学教授，今亦时在巴大演讲，其人在算学上已不死，曾来中国颇与东方欲有所亲善。前巴大赠徐世昌名誉博士，彼之意也。与科学社亦颇有来往，其在科学社欢迎会演说，颇以为吾国之大宜倡国家主义便易集中统一，而目前急需则为一种领袖人物，斯言也恐非外国人所肯轻言者。其书记 Bord 亦曾回来吾国，现为高等师范算学主任，在巴大授最高学程算学的物理，拟明夏间由科学社介绍往晤之也。倘日后于算学研究，兴味极浓，则惟兼习理论物理或再往德读相对论。惟以促进吾国科学之发达，首在研究所之设立，科学社方极力筹款，不日当能实现，而以吾物理根底弃之亦甚可惜，此吾于实验物理方面亦不愿放弃了。若稍近应用则无线电飞行巴大均有课程。巴黎高等电校亦极卓著飞行，且为世界冠，为吾国投时计，则此两者似更易发展。倘此存心，则真科学之罪人矣。闻近吴佩孚派十人来法习陆军，张作霖十

1　即保罗·班乐卫（Paul Painlevé, 1863—1933 年），又译作潘里夫。法国著名数学家。1917 年和 1925 年两次出任法国内阁总理。1920 年 6 月 22 日至 9 月 11 日率团访问中国。期间，8 月 31 日，时任北京大学校长蔡元培，在北京大学亲自主持仪式，聘请班乐卫担任北京大学名誉教授，并授予其"理学荣誉博士"称号。这是我国大学第一次授予外国著名学者荣誉博士称号。

人习驾飞机，不知确否？

廿五接涵清兄函，回忆三层楼上同居情状，而今雪帆在东、吾在西，涵清固有不能自已者，彼人诚恳，同辈中诚少见，待吾尤笃。光远兄夏间成行，深慰。California在美西部为农产地，生活较贱，且该大学不收学费，惟于算学不甚见长，颇为惜之耳。化学有A.A.Noyes教授，物理则Milkan新自Chicago来，当较可观，惟彼博士论文早已做好，即自称中国算学史，吾想定有博士价值，至少亦可得California的博士，惟视欧西先贤，则光远未免失之太专，此固其算学天才特长有以致之"奋翻云霄，指日可待弟等望尘莫及，能不羡煞"。以涵清之言，言光远得之矣。惟依巴大规程，则恐彼此生得一国家硕士为难耳，卿当与我一笑。

何、胡两师函刻未到，惟日来心境安静，觉入学期尚远，不甚为念。昨日曾发三函于诸友处询问，四月中有需时，能惠借若干否？想不日可得回复。吾深自觉吾今日差不多是成人了，不再应该作孩子气的无谓烦恼。身体强健，乞勿为念。

真卿！刻刻爱我，但无过思我，致伤精神，以碍玉体，恢复健康。

我抱你，你的爱慕光

爱情惟其为理性的始为可贵

（1924.3.30，梅陵）

真卿吾爱，如握：

　　刻接蠡弟三月二日来书，不胜雀跃，而尤以不见卿只字为快也！卿无以吾为滑稽，大哥二月十四日书有"舍妹自新春以来，日见起色，现已由试步室内进而为缓步庭阶间矣"之语。真卿，今日或当能与志和侄赛跑欤！贞元姊二月十八复君书开首即云："奉书敬悉，贵恙得瘥，可喜可贺。"而蠡弟二月十九来函亦不过云家姊病，现仍未愈，并无再复加重之言。令尊大人一月廿八来谕，且云："宗英之病现已十愈七八，可算无病。"一月廿六第六号书有可能起坐之语。由此各书观之，则二月间或无甚大苦，不过就瘥极缓耳。真卿，其如吾推测否？两月来未一字惠我，想系令严慈阻止其不写，庶不致倦心目力，卿能依亲嘱、听医言，吾心深慰。蠡弟书言次日即将赴江边养病，尤足证尔时卿当已能起坐，由王姓按摩医士诊治一语，其与我快慰，一似吾爱早复健康者。有病不瞒人医，此吾乡间谚语。可见固有病而忸怩就医者，将亦有不愿受治于某种方法者。忆尝为言在校种痘，诸葛在旁，去春坚不愿打针，此种讲不出所以然的不愿意，我有

99

时亦极赏识。不过万不可固执，致碍实事，此吾人所当谓之无谓的怕难为情耳。真卿，卿能如今日之依亲嘱、听医言，吾知三月内——如蠡弟来书所言——定能治愈。今且一月矣，书到时将二月，身体状况当大进步，以今预祝，欣喜莫名。天下事有更乐于闻其爱之恢复健康于万里外者乎？此种确有把握之期望，较之事实，心中所感，或更舒服，斯言也惟爱与吾亲受者所能信之也。

日前数书，关于吾及爱所言，恐均深与爱以不快之感，每深自悔恨，还希望谅为幸。昨日细思，深知爱年来之病，皆吾之过也。卿以爱我故，不避嫌疑，不顾身体，冒风雨如吾请以至鸡鸣寺。此日为何，吾已不复记忆，固卿时节也。当时节最忌受凉登高，卿竟为我而牺牲一切，勉强支持，以与我手，手给而卿病矣。既而知吾穷，明吾罪，卿以深爱我故，怜吾穷而恨吾罪，一似人之如此为卿爱者，天不当使之处此境作此恶，爱之愈深则其怜之恨之亦愈甚。示以模范夫妇也，其愿以芜湖人自居也，要皆爱我之故，而有不能省自己者，亦惟以其爱我深，倘非万万……万不得已，决不我弃。或有丝毫可愿处，则将尽量相爱，其馨香私祷，或不灭于我也。有此心境人莫不病，况以卿当时抱病之身哉！每想当时夜犹温语曰："你今夜回去好好睡觉，明早再来，好吗？"我说："我明早来，你见我吗？""我一定见你，慕光，你今夜回去好好睡觉，我叫人送你去，好吗？"令人百拜。吾刻读 Corneille[1] 之悲剧 Le cid[2]，剧中有二男为 Rodrigue 及 Sanche

---

1 即皮埃尔·高乃依（Pierre Corneille, 1606—1684 年），法国剧作家，法兰西学院院士。
2 即高乃依代表作品《熙德》。

同为Chimène之情人，同时女宫主人爱Rodrigue。后Rodrigue之父与Chimène之父失和，且为见辱，Rodrigue乃以爱Chimène故为父复仇而杀其父，盖非如此不足以为Chimène爱也。Chimène亦以爱Rodrigue故，誓必报之，而终乃成婚。吾人谓之为悲剧者，以此示吾人当情感与真理竞争时，当舍情感而取真理。若Rodrigue与Chimène者则可为理性的爱情之模范。爱情惟其为理性的始为可贵，此该剧之主旨也。卿或不愿吾提此前事，则卿误矣，盖以卿之真正，吾之彻底了解，当为爱情史上一大荣事。沪上接令尊书有云"夏间周折，亦应有事"，吾深以为应有事非若是，吾且将轻视卿也，尔我竟于八月八日订婚矣。尔为我之未婚妻，我为尔之未婚夫，岂不快哉！不过此后卿又为我筹划留学事，何师赴鲁不过宁，在北京久未复函，心中不宁，较吾或尤过之。既又为我制衣忙，忙得手不停、口不停、心不停，无日无夜。记得八月十四午间自杏师处归卿房，卿竟卧床矣，晚间归来，卿又为我长谈，此全是爱之奋兴耳。既又来沪送行，旅居多扰，心殊不安，车中人杂烟满，谁令卿受之？爱耳。既又预备补考，思念所爱，复虑晕船，宜所谓远离衣日宽……魂销万里外……也。真卿，其能不再病，而可得乎？实则自六月以至十月病或未一日离，而能勉强以起者，爱神之所护耳。真卿！汝病皆吾之故也。虽图报有日，吾心岂能一刻安乎？

朱函君亦病，颇为念念。蠡弟来书有"朱函近亦患病且不久曾遭一不幸之事，近虽平复，然一时不易启齿，所托之事，容徐图之"云云。所托之事想指请费而言，惟且不久曾遭……数语殊不解，有事可不言者，惟既言及，当明言之，免有疑窦或虚拟（此属好奇心），反致失真也。日前曾一函寄朱君，想不能递到，希留意焉。

大哥与禹弟赠片，深感。惟数理化杂志与明信片刻未收到，印刷品或较迟也。

胡、何两师函，刻未到。诸友穷亟，大都如我，仅能借得三百佛郎，将毫无济于事也。贱躯无恙，心境健全，诸希勿念。贞元君复卿书，卿之寄我者或以其中所言"幸吾友以爱慕光而亦更自爱……"为卿之真情，则当与吾前函所云自爱相爱，同一意也。人之同心，有如是哉！夜深，余再谈，你今夜好好地睡觉！

我抱你，你的爱慕光

病来非朝夕，去尤需时日

（1924.4.3，梅陵）

真卿吾爱，如握：

玉体近状如何？江边之居，尚不十分寂寞否？令慈大人想或顷刻不汝离，饮食起居，尚能一切便如府上否？礼拜假日，贞元姊等当亦能不远千里惠来闲话，病来非一朝一夕，其去也尤需时日，安心静养，至要至要。自病来，令严慈昆仲以及亲戚友朋无不以汝忧为汝忙，独自称而亦汝所承认之最亲爱者远避万里外，毫不问闻，偶一来函，多不入耳之言，且时或令我心如捣者矣。国家科学为其吓人之口头禅，一若有彼无我，即吾抱病之身为之奔走呼号，嘶声竭气，彼亦或似受之而无愧者。真卿！吾十六函所生之影响，如是而已。非然者则卿之盲爱也，江边是否即下关，健时希详告我。

刻接朱君维毅自里昂来函，盖吾函达伦敦时，彼适动身返法，日前始由英转到。其到巴黎且住几日，惟尔时未接函，不吾知，彼定本月十日乘轮返国。且云动身前倘再来巴黎，定当相访，若有能效力处，函示，极喜遵行，等等。彼法文好，来函且附上，吾已复之，表示不能送行之意，且托于其叔姊前道候，末附谢意。前致朱函君书，亦托于其叔前问候，彼方抱病，不知已收到否，望一留意焉。

自本月一日起，法国邮费增加百分之五十，致外国函需七十五生丁矣，火车费自上月十日来增加百分之四十，而佛郎汇兑正日高未已（每镑今日仅七十六佛郎，两周前曾换得百十八佛郎），宜生活之飞涨也，怅望前途，不知如何而后可。何、胡两师函至今未到，殊令人焦急，惟有坐待而已。卿接此书时想已知何师汇款情形，当不至于为我此言而哭也。

春假自十三日起，放两礼拜，吾所谓专读法文时间，转瞬且尽。日内正在于自知未到处用功，或即所谓结束功课也。身体强健，聊堪告慰耳。

到法来，除复涵清、蒋彝函外，南京诸友前未一致书，甚以为歉。吾之诸友一似全集于卿一人之身者。即蠡、禹两弟处，亦久欲致函而未果，希为三致意焉。本日似无多言可谈，无以吾心为有所不快，则幸甚矣，余礼拜日再叙，敬祝

痊安　快乐！

你的爱慕光谨上

令尊令堂大人前祈代问候，

令昆仲嫂侄希为道好。

惟此一笑足偿吾数月之功

（1924.4.6，梅陵）

真卿吾爱，如握：

刻自校归接数理化第二卷第二期，并一邮局通知书，言有一包件须往亲领者。吾知此为风景明信片，吾即往邮局，局员嘱开视，倘是他物尚须纳税。法文印刷品为 imprimé，将来寄时，可于其外书明。风景片既多又精选，不特吾所深感，彼法文师必重嘱致意也。前请寄绸帕，可不必购，将来有人来法，便带为宜，以此时已无所用也。

数理化诸文，曾所先睹。而一握卷册，见张宗英、严济慈并立封面，顿起旧快。忆卿译此文初稿为一红一绿整整两练习簿，辱蒙见商，且不劳两次誊抄，除夕元旦，竟不少辍，此种精神，能不令人心折乎？且以此故辱临三层楼上，虽未获亲侍，我心从此死矣。真卿，卿何其勇耶！故吾深觉此文最足为尔我之纪念品，卿意必亦以为然也。

吾为文发表，私心所引为荣誉者，则十一年夏在《科学》发表之两文，而成书则首推算术（未出版如理论两次方程，初等代数倚数变迹题解，不在例内）。前者为寄赠，忆卿曾于暑校在旧女生休息室面谢，后者吾面赠，汝注视封面有顷，一若疑编辑者……数字为误印，既举首向我微笑，惟此一笑深足偿吾数月之功，而商务印书馆永不能吾酬也。使吾禁不住地要想抱你，而又不敢，此种想抱而不敢抱的情形，吾不知受了多少，你这个可恶东西，最可恶的就是使人极想抱你而毫不敢抱你。不过，此才是你真正可爱的地方，我的宝贝，我终究抱你，紧紧地抱你，这是何种胜利，何等快乐！你亦觉得舒服罢！我抱你，我……

四月四日

昨接书片，系由邮船。吾于今日颇冀得自巴黎转来之何、胡两师函，竟无只字，而明日或有法邮到马赛，何师前两次来款均于月之十二三到，则吾下周内之引领望之，将不啻大旱之望云霓也。今晨厨君梦熊接自沪三月十六来函，则距今仅廿日，吾接卿书至少廿五日，恐吾邮之经西伯利亚者，亦有一定班次，而南京来函又均必经过上海也，吾寄回函通常几日到望便见示。蠡弟上次来书系三月二日书，五日到上海，则三月十六或可再惠我函，但不能与周君书同到也。

今日为清明节，达晚始知之。俾思亲之时，不致整日，亦属幸事。去年今日，所为何事，猛思而不可得，或在梦中过去。惟前年今日则游雨花台……其人其境，历历在目，卿想不难忆得之，哈！此吾拜，岳丈之二周纪念日，请你特地向令尊、令堂大人候安是祷。

四月五日

不读普通肆坊所出之书籍

（1924.4.6，梅陵）

　　日前寄函巴黎朱君，告以月内或接电汇，请为留意。晨接复函言日前接乃兄来书云何师身体好，校事如恒，盖彼亦于新年后未接何师函，其兄已于去夏巴大医科毕业，想正回国月余也。

　　日来天气晴和，正午且达十度左右，吾之背心，且不忍释，惟外行再加冬大衣，则或流汗，吾尝以为与其过冷无宁稍热，因受寒易病，受热无妨也，不过吾除此外无他大衣，俟款未到，吾且祈天不要即时升温也。

　　日来玉体如何，尚不觉十分寂寞否？健后不妨将病状详以告我，以吾未甚知人事，想象诸多为难也。

　　贱躯无恙，乞勿为念，无以吾于此地情形或有所隐瞒而不肯言。吾在此生活异常简单，读书外以写信为惟一消遣法，吾寄汝书较汝寄我者多六七倍，固以卿抱病未能多书，亦以吾在此无甚所谓闲谈，更无所谓应酬，所读书亦多小说戏剧并无严重功课，宜以作为无上快事也。所云小说戏剧多取上选，为法文学之最优美者，多能予我一种心灵上的快慰，指示人生的途径，而毫不读普通肆坊所出之书籍也，此于吾辈少年颇当加慎，在法尤要矣。

忆前函曾有言吾例于月之二十四付膳宿费，上月该日则以款未到告主人，彼云远道来此，此亦常事，无妨也。真卿，此地功课，仅一周矣。倘能周内接款，则拟十四往巴黎请求入学，或即可于假中入校，是亦可省住食二百佛郎，且能预知下学期功课情形，吾之入此，全在求其一种训练，欲受训练则不可作大学生态度，功课不问已习未习，有关无关，吾均将尽力求之，此种精神为吾青年最可宝贵的一种功能，非然者则视上课如儿戏而以其一切皆已为我一知半解，所有些许为学习惯，且将因此消灭已尽，是最可惜者也。是十六或即可入校，不知能如我愿否，为期日近，吾心现不十分焦急，深信日内总当有款到也。

日前接苏徽兄来书，知仍在靖江，而铭弟读书事如何，深以为念，余再谈，敬祝

痊安　快乐

你的爱慕光启

令尊、令堂大人祈代候安

令昆仲嫂侄均此道好

无钱时最不能省钱

（1924.4.10，梅陵）

真卿吾爱，如握：

智齿萌动，正在长生，隐约间若微痛，惟牙根内外部均不炎肿。昨晚校归，即就床卧，盖吾至今日，此情此景不复能支持矣。无事做，无书读，无钱用，无饭吃，月内事不知如何而后可，吾于此已恍惚不复能作想，此非惫倦更非病，当是失望者的懒惰同焦急者的怨恨，为吾生来所未前历。

刻自校归，接直寄此处之家函，由一月廿四付邮者。该船想本月七日抵马赛，则或三月一日离沪，何师二月底款或可赶趁此船，倘胡师于赴宁校开学前汇出，则尤可到，明日当定可接巴黎转来挂号函，吾抱此厚望，写上数语即有过甚处，想亦无伤，或益足明吾接款时之快乐也。舍下大小平安，聊足慰耳。吾家函例于月之六七日寄到，甚快。

四月八日五时

校归匆急行，登门不见只字，失望何如！惟十二三之信汇或

109

十七八之电汇总可到，总不至于失学，真卿！我的希望已如此层出而不穷的，不过吾月来的失望，因此就不知已有多少了！

今距上月十四，已廿八日，则第十一号挂号函当于今昨达卿前，不知卿此时之痛苦为何如？较我恐有过之而无不及，以抱病之身，当此忧虑，其何可哉！

即日内何师款到，即合前两月而共寄，吾于何师且将责其，应先函告此种办法，卿以为然否？

日内佛郎兑换颇高，即卿为多方设法汇来二千，以较月前汇价低落时相差三分之一强，此亦无钱人的不经济处。无钱时最不能省钱，往往有许多因为无钱的花费，如日前吾想打电何师，每字廿五佛郎则至少须二百佛郎，想日内款总可到，二百佛郎在我不为小数，在今日尤不易筹措，所以总只得坐着等，不知等到……

若说"何不早点写信给我"，此固是我等而又等之故，你仔细想一想，当能谅吾苦心，不以此相责，真卿！

真卿！玉体近状如何？

四月九日五时

今日礼拜四，此函似当付邮惟以其无情多可怕语，吾深不敢上寄卿前，既又思望信与悬疑之苦或较实知情状为尤甚，吾近来寄函加密，每三四日一书，吾爱之望书，亦将益以倍切。且或卿接此函时，早知何师款先后汇出，而玉体亦已复健康，则此或可作哑然一笑资也，所以吾又定即付邮。

齿痛已毫不觉到，身体保养当自留意，决不致病，以重远念。盖吾而病，则卿之吾念，将千百倍于吾今日之念卿也，吾能自留意，望勿为念，至要！至要！！

刻邮差至，周君有一函，系由上海三月二发，则何师二月底而汇款，定可明日由巴黎转到，不然则非电汇无望矣。此函且迟一日付邮，何如？

四月十日十一时

今晨吴君接国内由巴黎转到一函，吾哽竟无只字，何师于此确三月未汇款矣。离国至今日，正是半年，身携佛郎，不满一千（就何师所知言）。而前二月所寄，合计千三百佛郎，差足两月费耳。真卿！吾不欲多言。

吾于此又有一恐惧，即何师于三月底将款汇出，而吾请电汇函四月中到，此时不知如何处置。开校是四月廿八，款不到，吾不敢往请入学，饭食问题，就说房主人不下逐客令，吾已觉过不去。真卿！吾不愿再言，若说为何不同朱君思量设法，吾实有不敢，原因下次谈。敬祝

健康　快乐

你的爱慕光启
十一日

无时不念吾爱

最觉苦者,为前无去者,后有来者

(1924.4.14,梅陵)

真卿吾爱,如握:

巴黎朱君为接挂号函,例必外加信封,挂号转来,常函则为改地址转来。晨接巴黎挂号函,喜出望外,以吾今日不往巴黎而在家等候测者为汝之常函,此挂号函也必何师之汇款无疑,何师汇款乎?汝之第七号函也。其与我快慰或不少逊,该函凡五纸,一成于二月十一日,一成于二月十三日,三页余成于三月十七日。三月十七为最近情状,已能于一息间勉强成三页余,吾心滋慰,惟所言大半多关吾经济事,病中且不稍释注,感愧奚似,函首附问"何师款到否?"颇令吾无以为答。

二月十三日的所书,多作自贬语,殊非所宜。吾辈于兹国家多难百业待举之秋,深觉不能自已,孳孳为学期于国家人类有所贡献,此尔我之素志也。尔我可贡献牺牲若干所谓人生幸福,惟决不能牺牲健康。事纵有益于学问事业而有碍于健康者无论如何不为之焉,此卿第四号来函中语也。二月十一日结束语为"有病方知无病仙,英于今而信健康为人生最大幸福矣,此次决当力医善调至转弱为强而后已",

读之深慰，望静心调养，望无以学业为念。能稍谢宾，或亦有好处，目眩不必多书，能每次惠我二三行即足，次数望稍加多，何如？健后能往西湖一游，定于身心两益，深望能现之事实也。适紫封君家居，想尤多便饶兴。

数理繁重过于文学，此当非就两者本身立论，文学吾完不懂，吾辈读科学之不得其法，因而误以为繁重者吾颇能言其一二，他日有暇再及之。惟吾辈之所最觉苦者，则为前无去者，后有来者，即吾们所见之诸先生均不是吾辈所认为理想人物，而足引为榜样者，此为科学青年所感最大之痛苦，宜其竟日昏昏，莫知始终，莫所适从也。若女子则尤甚，以数千年之积弱，而从事未所前有之科学，困难在所难免。不过，此正吾辈过渡青年所当努力处，维持一样的健康，养成为学作业之习惯，此或是吾国现代女子最重要亦最急切对于种族社会的贡献，使后之子女，不复有所苦，若己身健康不能保持，则无论学业上如何成就，其于初志不无遗憾或竟可谓之完全失败。吾人能于保持健康范围内，努力为学做事，同时留意所生各种情形，或免去之或减轻之，以为后来者之指导，其成就之大小，不必问，但吾已竭尽智能自问无愧，此固吾辈青年之以真正新人物自期者所有事也。吾人如此当已向着"理想"上前一步，至少亦未走错路或退一步也。

若暑假极想读书，吾将为卿指定一小册读之，当可于基础方面格外坚固，自是读书便能势如破竹，且在数理方面卿读书大功过半，物理方面能读完高等物理及理论力学即足。理论力学为物理各部之基础，且为一种算学最显著的应用，在法多归算学范围内。算学仅微分方程及高等分析，微分方程实为微积分之一部分，普通所谓微积分如代数之四则运算与因子分括,而微分方程则如一二次方程式也,故微分方程实为微积分之一部,在法不别成课,不另成书。若高等分析则微积分之第二次重读耳。故吾深以谓母校理科同学最当致力于微积分高等物理二者,而吾之所望于卿者亦惟此耳。余时尽可致力文学方面,吾于此并非望卿有如何之建树,作一种纯粹的文学家,正以卿之文笔将益显所学,其效更著,而为吾科学界所需要,尤足稍弥吾年少失学之恨。以吾国粹之富,吾少能沾染承受,殊深惭愧,日后当益将悔恨也。吾不能如他人之作新家庭新生活计划,房中设几桌,园内种荷花,而尔我合作预况,充我脑海,我辈至少当在中国科学发达史上留痕迹。吾性情多怪,自知不合时宜,尝以独善为学,以科学本身上世界人物谬自期许,自遇卿后深觉事业之重要,与学业两者之不能偏废,及吾国现时需人也之孔急。各方渐希稍为留意,颇不以前见为是。惟吾国现今之一般研究科学者,深恨社会国家于科学事业提倡赞助之不力,要亦自己为学之未力欤?倘有 Pasteur,Mme Curie,何患巴斯德研究所与镭研究所之不见于东方耶?此亦吾人所当自省者也。

……

梅陵离巴黎火车站三刻钟,日可往返。吾本拟今日赴巴黎请求入学,虽款无着落,事宜先办,免临时向隅也。深知卿书今日可由巴黎传到,故改明日往,倘吾有款,日内或即可进校,可省在外膳宿费二百佛郎,此亦是无钱不经济之一点。

周前又有一书寄何师,直译之如下:

我亲爱的教授：

　　我没有快乐接你的信，三月到今，你当易能想象我如何不安，我希望你身体好，诸事如愿。月余身边已无一钱，吾不知道（此全是译文法，不知道实是"不愿意"之意）告诉你吾现所在的困难，我怕与你过多的痛苦，因为你是这样爱我的一个人。我相信此书到时，你定早已电汇或信汇如吾前数函所请求者；不过此正我日夜所切望，我打算春假后往巴黎入 Lycée。

你的服从而感激的学生

朱君维毂已于本月十日动身回国，曾函相往来，无缘请教，已于前函言之。前寄朱君函，即表谢意，望于交通处询问，希为转去。日后或再函乃叙道候。

月来杂用，由吴、周两君通借二百佛郎。彼二人从友辈未能归还，此刻且一贫如我。吾三人囊中合计不及百佛郎，可谓穷矣！

余再叙，敬请

痊安　康健

你的爱慕光谨启

相识穷困，无不如我

（1924.4.19，梅陵）

十五晨八时乘车往巴黎，当即转往 Verrière-le-buisson，即初到法时曾住一月地，访范赟君。范君去夏先吾两月到法，在 Verrière-le-buisson——种花公司内实习，前曾在母校园艺系担助理（南京一农毕业生）因得相识。吾往何所事？借钱也，彼惠然借我四百佛郎。午后二时余返巴黎往晤朱君，告以拟往 Lycée 请求入学事，彼问我在梅陵中学初等算学班功课情形觉得如何，我说此乃在国内三四年前已读过，他又说："你觉得容易么？""是觉得容易。"他又说："法中学与大学程度大不相衔接，与算学专班尤甚，且今距暑假将仅二月半，你即进去亦决不能将前二学期功课补起，恐无甚好处。"他出国已十一年，且尔时尚一小孩，吾国内目下情状，当是梦想不到。若说太看低了我，毫不要紧，此亦是彼实心为我的缘故。吾说："算学专班书在国内时亦看过一点，况我进 Lycée 主脑不在功课的本身上，在练习笔记问答等事，同时可多与法同学谈话，法语更可进益。"他说："这亦好，你就写信去请求，因为假中，校长、学监等均不在校，无人见客。我离彼后即自往 Lycée，其交通处果亦以书函来请为言。次日晨即作书往请,刻未得复。

我春假内想读点书,因向朱君问及何师书事,何师书寄存St.Etienne,与里昂相近,闻共有大小四箱,须亲往取运,约费五百佛郎,且现吾住所未定,兹事须待暑后可告结束。惟何师书种类深浅必极差次,大半想非必需者,而一二年后所读书恐又非彼所有。现所欲看者当彼所有,而又不能即取,势不能不自购,则此数箱书于我将无甚大助力也。归时大小十箱,车站码头或有足观耳。

吾往书坊选购巴黎大学教授Ernest Vessiot(高等几何教授,高等师范副校长)与讲师Paul Montel(Montel现讲授普通算学课之力学部分——普通算学包括高等代数、解析几何、微积分、微分方程及解析力学)合著之普通算学两册,读之不忍释手。盖吾未临读算学者已年余于今,久渴得饮,亦所宜然。吾即想不再入Lycée,开学后即往巴黎旅居,先自阅书,以作有系统地温习旧课,同时往巴大听普通算学课,预备六月底考此课文凭。以算学专班所授,亦实早习,不过于此,冀稍得训练,而何师再三言其美善,乃有稍一入之之意,惟吾辈在国内读书,亦自有一种训练,虽良善程度不同,要亦不必尽弃而重造也。一方拟往专为外国人而设之学校读法文,因在巴黎与法人谈话机会极少,吾于法文未能根深蒂固,非进即退也。尊意以为何如?

华历三月十五夜

今晨接Lycée Louis-Le-Grand校长复函,请求入学照准。嘱二十八午后往见学监填写各件,三十午后缴费入学,以学年将届结束,而请求如此堂皇在法首屈一指之Lycée,心中固未敢必其照准,此亦当是对外人优待处。能在此居两月，则法语方面当能自信，见任何人在任何地将不至于有惊惶状，此其最显著最大益处，而于学业方面，或不如随读巴大与自修之为得，惟以吾法居至少有三四年，且已不惜将到法来五月光阴虚度过去，又何吝此两月耶！故慈日前于入 Lycée，不成问题讨论，只在能不能耳。惟今款未到，请费事亦须留意，总以不入 Lycée 为多，惟须于二十八前函该校，或可为后来国人稍留地步。对朱君则将告之以已无空位，不能收纳，否则朱君将极不以为然也。法语仍当随时留意，遗恨想不难弥补也。

吾真不知明后日事，吾不能进 Lycée，吾不能往巴黎住，亦不能入梅陵中学。吾惟有在此坐食乎？此非吾家，亦非吾戚友家，相识穷困，无不如我。

家函已三周未作，未执管泪行如雨，令我不能成一字。今日无论如何当寄数行。吾之诳言，不知何时可止，倘一旦发觉，伤亲心何如！身体强健，勿从为念。敬祝

痊安　康健！

慕光谨启

四月廿三日

爱心神之所注也

（1924.4.29，梅陵）

真卿吾爱：

今日为爱生辰，塞因（Seine）河畔，采得紫兰花，夹厚册中，容日后寄赠，聊表想念之殷，虽或未能新妍，要亦尔爱心神之所注也：

华历二月二十三日[1]

痊安　康健！

慕光谨启

1　信中所指生辰，指张宗英之生辰日。即农历二月二十三日，公历 4 月 11 日。

吾心如裂

（1924.4.29，梅陵）

刻接家书，知荪徽兄曾于去月中晋京，三周即返靖江，不知何所事也，家祖母矍铄如恒，惟云家母心虚力衰，不甚强健。家母之心虚力衰，吾所素知，吾父乃言之，则近来必益甚，或不离床席。言念及此，吾心如裂。吾母今始五旬，而齿落发白，已数年矣。每饭仅二三口，夜睡不足三四时，去夏家归，偶为按脉搏，每分仅41次，彼且自云极和，怎奈仅寻常人半数何，吾母素健，少疾病，今日者确以身心疲惫过甚，显呈枯竭之象，皆吾一人之罪也。彼苍苍者天，其能许多有一二年之侍养否耶！真卿，吾不敢必汝有得一见之云幸福。……天下事有更伤心者乎？吾前尝以大言自恕，吾今深自知千古罪人，且将与我一生以无涯之悔恨……吾且怨吾父母，他们待我太太……太好……苍苍者天……

余君介石，吾相识中之最聪明者，其行为尤为我所企仰，清夜自思，吾直彼之罪人耳。余君八年夏入南高理科，九年夏转英文科，以其时乃戚金邦正君（现任美留学生监督）长清华，多读英文，拟次夏考留美，而同学中颇以其转科为别有用意者，盖亦局外人不识真情，相戏之言也。十年[1]春彼忽极为消极,寡谈笑,暑假将届,吾以拟后即沪居相告,与谈后事,多加敦勉,一及彼己,则摇首长吁而已。八月沪居,忽接来函,附一自报纸截下之清理债款启事。余君本安徽黟县人,其祖上芜湖,开有钱布米三庄,极一时之盛,彼9岁离黟,读书芜沪间,未一归,其母与妻留家,盖灶下养也。书中且言为父母者固无不望其子学成名立,独吾人何忍使皓首老父,喘息于……若吾妻者虽不能说如何好,确无一不好处,其未受教育,固也。然此非彼一人之过,倘吾能遣之入学,或彼所馨祷者也。且my philosophe of love ends in singleness(来书均用英文,按此可知固有未书尽满意者)……十年秋又转回理科,以此乃可较早毕业,非于学文、学理有所轻重也。十一年[2]春与父商量迎母妻来芜,秋又转入大学,以可得省津贴费,较居高师为得,同时在宁地中学校兼课,至近二十时,乃挈其弟来学附小。忆十一年春名以病请假,而任教芜湖,每周至三十一时,得百二十圆一月。至夏间竟得糖尿病,其人身体固极纤弱也,此病闻已愈。去秋八月间吾来宁,匆促间未能相谈,惟彼一家已自芜来宁矣,住北门桥附近。彼之牺牲一己而日夜以父母兄弟一家为念,而吾之悍然长往弃置不顾,诚彼之罪人矣。彼情形惟吾知之,吾情形彼亦深知之,吾行为处处与彼相左,彼不但不以为然,且时加敦勉焉。忆有君志得酬吾愿亦偿矣之语,而吾亦时以大言相促,彼摇首长吁,终应以至少亦非今日也。真卿,人生得此,其有一日感觉快乐将正与我

---

[1] 即1921年。
[2] 即1922年。

之痛苦成反比例，心虚力衰，不甚强健，真卿，吾心如裂。

四月二十六日

法国学校，今日复始矣，吾不能不谓之失学，不宁之状，料易想到。吾到今日，不知何故最易流泪，有一日数次者，有一次至半小时者，虽深思自爱自抑，竟或因此而益甚，深知款至不日，惟度日如年，除读书外，无事可将光阴误过，未读二页，望款之念又来，读书亦实无心，身体健康，惟心境不舒，深自战战，即欲读书亦不敢，冀他日钱到，努力读书，再补今日之蹉跎也。

吾至本月底止已亏空五百佛郎，五月六月总须一千四百佛郎，若制春季大衣，尚须四百佛郎，此六月底前之预算也。吾接款即往巴黎，惟目下受七月间万国运动会影响（Olympiade 邮票，即其纪念邮票）租房异常困难，房租暂时抬高极甚。故吾拟忍痛租二月，暑假往法南部住，九月间再回巴黎寻房子。何师每月寄来款原仅够一月用，故欲以后免此种痛苦，则必何师逐月寄来，且时有二月半款存余，而卿能随呼随应也。譬如何师款月中不到，则仅数日至二十函卿告急，经西伯利亚廿五日可达，当即信汇约四十日可到。何师款在此期间到更好，否则欲免恐慌，则必卿能随呼随应，且先有二月半余存也。倘何师十二月、一月、二月均有款汇出，则每月600计，吾至今或可有1300余存，加之胡师代寄到，则可合有2000，以备不时之需，此固吾三月前之梦想预算也。何师能三月不寄款，后事殊难言，吾远离不能细询一切情形，卿或有未便处。怅望前途，惟默祷官费梦之能成熟，不知老天有意留我此条生路否？欲言不尽，敬请

痊安　康健！

　　　　　　　　　　　　　　　　　　　慕光启

令尊令堂大人祈代请安
令昆仲嫂侄均此道安

同学病死法国者有二百余人之多

（1924.5.5，梅陵）

真卿吾爱：

日坐室中殊无聊，房主人亦深以为异，乃言入巴黎大学往上课，且朱君未知吾近日情形，或亦为念，势不能不一往晤之。且吾函彼或以吾已离此而不转来，此吾今日有巴黎之行，细雨蒙蒙，殊增抑郁耳。

午后二时许得晤朱君于其寓，告以Lycée无空额不能入（非实情），只得来巴大上课，现须觅住所，彼云："Lycée即有空额，亦不愿于此时收入且两月，殊难得益，吾固不以君之于此时入Lycée为然，巴黎刻以万国运动会故，寻房异常困难，为君之计，在任何地出任何价暂住二三月，待八九月间再移，此旅馆极好极便，吾可为君一问有无空房。在大学全靠自己读书，非如Lycée、Collège之功课强制，管理严密，倘不自知用功，到老无成，此吾国同学在此多流落也。以君之程度好学，自不成问题，可无以不能入Lycée为失也，君行李等件，已离梅陵乎？"彼即与吾下楼问旅馆主人，到五月一日其第一层楼（法国计层，自下而上，与吾国似相反）可有一空房，每月房租二百四十佛郎，朱君亦云此似过贵，外处可同往询问，现在房子找到，我就能住巴黎么？我即婉辞朱君云："你有功课去上课，我自独往探询。"他说："倘外处与此差不多，吾以为来此较得。"此旅馆即朱君所居，卿来函所到，自较他处为更便利。不过吾此时就能承受乎？同行间，朱君且问吾近日有无接何师函，彼日前又接其兄（方自法返国）自沪来函云，总以家庭问题诸多困难。吾问怎么样，他母亲等又回川乎？他说"吾亦不清楚，想是在沪"，大概他不愿意说，我亦不多问了，我又想何师倘非真正困难，决不致陷我于此，何师或亦当与我洒同情泪。何师是完全自造的青年，他事实上的历史我不知道，他的情形，我却很明白。我还要告诉你一桩事，何师八年[1]九月间来宁执教，八月间在北京结婚，七月间回国，在沪且向科学社借400圆，到去年夏间还没还清。此非彼告诉我者，我看到胡明复先生给他两封信才知道，明复先生是科学社之会计也。十年夏在彼家吾见两银行汇票收条，共800圆，系汇回作母兄路费者（因同时又见其兄与彼一函）。其母兄等十一年夏始克到沪。相别十余年，一旦骨肉重聚，当是何师近年中惟一快事。去夏其兄嫂回川，又筹路资600圆，此何师亲告我者，无论到何地步，我对何师决不能有些微不好意思。我有时心中竟或不免——此当是我缺修养功夫——对他不起的地方，所当深引为自责者也。

  本日朱君对我较前亲密，且带笑容，我想或是其兄来函有言及我处。盖初朱君之不满意于我（见前某号函），其兄不免在何师前道及，

---

[1] 即1919年。

何师必坚言吾之值得相助也。

  吾又往晤同乡友乔君，彼之待款，一如我。吾东阳同学来法先后有郑文澧（法政毕业生，原由广东政府派来，到此且三四年，亦时以款项不继，颇极穷困）、厉宽（中学同学，现在法南部工读，原担任华工翻译过来，曾通函）、乔国儒（中学同班同学，勤工俭学过来，现入巴大读算学，惟以根底不固，恐难速成，常相晤，吾惟一朋友耳）、周匡（小学同学，闻已往德国）、卢政纲（相识，闻亦往德）及许、蒋两君（甲农毕业生），均未急思一晤，惟乔君告我，昨日适同乡蒋君病死巴黎医院，吾问后事如何处置，则云人死领事馆津贴四百佛郎，有六百佛郎则可由代葬局料理一切，有占地权二十五年，闻之能不兴悲？彼家离吾处仅三十里耳，且闻四五年间勤工俭学生病死法国者有二百五六十人之多，深足悲矣。

  痊安 快乐！

慕光启
四月三十日

公使的话毫不足惊奇

（1924.5.7，梅陵）

款至矣！明晨即往巴黎，住Hôtel Voltaire，三层楼房，房租每月百四十佛郎，与巴黎大学理科极相近，与朱君寓处相距亦七八分钟步行可达，日内来函即可经寄此处，地址如次：

Monsieur Ny Tsi-ze,

3 rue des Carmes

Paris V.

France

款已于五月二日电到巴黎，吾未得前知，以此直寄朱君，致朱君不确属彼属我亦未函告，使吾昨日上函犹未能佳音相报，长劳悬念，殊自歉也。惟吾于四月初，曾函朱君请其为我留意电汇之到，或由彼转，或径寄彼。昨日相晤，彼问前云电汇已到否，大概如何汇法，吾一一为答。彼乃告本月二日有一电至，系直寄彼者，彼已向银行取领计千五百佛郎，吾说大概属我，吾亦问彼现需款否，吾二人可暂分用，他说他现在有钱，他寄款原由北京，不过日内其兄尚在沪，故亦有由沪汇钱云可能性，我们日内即可明白。

此款系由何师汇出，抑或由胡师汇出。倘由胡师，则想寄两千，而吾前告何师函则云入 Lycée 须纳一千二百佛郎，由此推想，则似由何师为多。除偿还外，约可余八百佛郎，想可用至六月中旬，不知何师三月底有款信汇否？铭弟交胡师款想即可寄出。

我到公使馆，先持名刺入，陈使出见，第一句他就问才到不久么？我说到法有五月，原住梅陵，前曾有一次来拜谒，他说同曾某某来的罢，我说不是，朱光涛先生给我介绍信的，他说是……是。真卿！朱叔的信还没有到，那是一定了。在这样情形有许多话不便说，却又不能虚此一行，我就问近来公使没有接到朱先生信罢，他有一封信四月初付邮，大概走海道，此刻未到。他为我有一件事来托公使，我去年东大毕业，大家都觉得即须继续求学不容间断，又一时无法可想，由数教授补助成行。不过此总非长久计，近由国内来信云本年欧美留学生空额由自费生补，朱光涛先生因此为我写信公使请帮忙，他说此事公使馆前曾有公文到部省，以各省经费支出不能如期汇到，倘有缺额，亦以停止派补为宜。此刻各省并无公事来言有空额由自费生补事，曾有数人见国内报中载有此说，迭来请求，吾不能依报办事。且公文到时确知某省有几空额，由我写信致各学校校长，询查成绩，择其最佳者补之。公使馆办事向来如此，亦以人多额少，不能不如此，说起来都是朋友的亲戚子弟。朱先生愿意帮忙，正可在省部设法，直接可靠，一纸公文来，公使馆毫无话说也。真卿！可见补的权限，是全在公使一人的手中，他的话毫不足惊奇，对一个普通人来说，总是如此，我多说亦无益，我就告别。我说："我不多耽误公使时间，朱先生信来或把我情形说得清楚一点，能帮忙还请公使……""那自然,那自然。"这一段话,差不多全在我预料,对我们毫无关系,此事全为朱、陈二人交情的测量试验,不过此事起因又全在紫封与卿的友谊上,朱叔或亦不至于怎样恳恳切切地请求,这种间接而又间接的事不值得用全副精神对付的,更不必以喜代忧。使心境为之搅扰,病中勉强作书,除此外竟少及病体情状,深自感愧也。朱叔等处不日当一往函道谢,惟其通信处,是否杭州纬成公司即可?

所感欲言,未尽十一,惟以迁移,诸件须多整理,信纸亦已告尽。此为吾在梅陵最后一书,到巴黎后当别购信纸,使他日订之成册,卷页划然也。贱躯无恙,敬祈勿念。从吾盼款之切,当知吾得款之快也。余再谈,敬请

健康!

你的爱慕光谨启

丹丹两心诚如天日

——寄自法兰西巴黎

来书所言,最入肺腑

(1924.5.11,巴黎)

真卿吾爱:

电汇一千五百佛郎已于六日收到,胡师刚复寄来汇票,亦于今日与第九号惠书(四月十五付邮)同时收到,计八百五十九佛郎,想吾日前之焦急,当可知吾今日之快慰也。

来函十五付邮,卿方渴望吾十一号之告急书,谁知竟被岳父大人没收了。从前寄给你的情书,有没有被他没收过?这当是近数书卿隐而不告(见来函)之报应欤,骨肉之情,有如是耶!你问我何以知道?胡师来函说:"……前日(指十一日)又承其(指蠡弟)告我前葛君所托寄上法郎,至今尚未收到,并云弟处已不名一钱,因急将汇票副张寄出,以防正张或有遗失,三四日后到沪或尚可设法另汇些来,请安心读书可矣……"而来函则言欲托蠡弟询胡师而又觉未便,是蠡弟之见胡师卿不知之,则吾函之至卿亦不知之也。不过逾周函不到,逾旬函不到,后来岳父大人如何使你得知,你知了又如何?无论如何都不关我事,我刻已接款,就完了。这是你希望我如此的,这才可说是爱你,不过我以前数信,很有可使你伤怀加病的,我只默祷不十分厉害罢了。我曾在邮政局见有飞机通信处,我明日去问可否通上海,倘能,则当先此函达卿前,俾得早放怀也。

胡师来函读之异常高兴,共四页,背后且满书巴黎仪器馆地址,嘱往索目录,故未能附上。于校事科学界事多言之,亦及蠡弟往商吾之成绩事,末且言:"对于将来弟之所读,兄意吾国人每喜坐谈而不愿作实验,半由体气羸弱使然,弟少年英俊,若能在Mathématical Physics方面用功,而同时注意实验物理,较之专攻纯粹数学为佳,默察国人体气及趋向纯粹数学或尚肯读实验科学而不涉工业,几无人问津。弟其留意于此,再明年入巴大,年后最好能兼攻德文,夏季中到英德去一游,可增长见识不少。"此固是尔我的希望,举算学、物理集于一身,足迹遍英法德,天假时日,总期做到几分也。

胡师寄来汇票,在上海银行确系二月四日汇出者,则其正张岂途中失落乎?而何师函亦曾有失落乎?日内二接款,合计二千三百五十八佛郎。除前欠及偿清后,到巴黎剩余千七百佛郎。惟今日午后往购春季大衣费三百佛郎,以目下论,每月膳宿共三百八十佛郎,是余款当可用至七月中旬也。希勿为念。

此地补省费,心中殊以为无望。日前谒见公使情形,已于上函言之。尔时朱叔函未至,该函想日内可至。惟吾雅不愿又往公使馆,周后或一往函也。兹事殊无成望,对该事无关系者尽可不必相告,以后对胡、杨诸师亦可以毫无希望为言,便可设法他事。杨师前曾面谈及科学社意,卿往晤时可隐约打听或提醒之。惟该事在科学社无先例、无定章、无定款,必须经过一种会议,如董事会或理事会。本年科学社年会将于七月一日至五日在南京举行,能于期前往晤杨师最好,吾当于复胡师函略言一二，而杨师处未便数数往函，卿以为然否？

来书所言，最入肺腑。慈素粗心，远道相隔，徒忧毫无补于事，且身适异邦，保持健康乃无上要事。故于卿病竟少作体贴语，他无论矣，而卿为我恐慌忧，为我设法忙，殊深愧感。卿近又病，有时思想上或不免觉得这亦可说是人生逆境。不过这是极暂时的，不五日、不十日转眼且将自笑了。仔细想起来，我们总是有望青年，退一步想来那更容易了，若说吾们将来的幸福那是无论到什么地步，都不至于减少一点的，因为它不建筑在后天的身外物上。我们所最觉得难堪的就是重累父母。我对我的父母同岳父母都很有心，却总还不知道怎么样表现这点心。在我们谈话中间，我想你很明白我的。我记得在我们初交时，你说"父母养我这样大，无智无能，毫无可报，但愿得一男子，能满他们的意"，至于旁的东西，不但没有说，确亦没有留意，这几句话吾是很听得清楚，刻刻在记心头的。不过从我们订婚来，就把府上七颠八倒，我真是个不祥的东西，不知将来当怎样的……

我现在正设法求读书生活得个常规，身体健康。卿尽可放怀，就痊之身，务希格外留意，无诸事萦怀，无望痊过急。若吾读书事除呼吁外，毫不能自谋，而健康则当能自守，决无自戕之举，放心为幸。

岳父母前本拟即另函问候，惟恐信太重，须待三四日后再书，叔父母前亦祈代为请安。余再上敬请

痊安　快乐！

你的爱慕光谨上

十日夜十时

令昆仲嫂侄前均此道好

还当大笑几口,稍舒郁气

(1924.5.12,巴黎)

真卿吾爱:

电汇千五百佛郎,已于本月六日由朱君交到,胡师挂号函亦于十日同第十号惠书一时收到,其汇票八百五十八佛郎,已于今晨向银行领得,望为先函告何、胡两师。

吾已于八日来巴黎,身体强健诸事均好,乞勿为念,至要至要,静心调养,切盼切盼。

本月六日曾往谒陈使,尔时朱叔函未到,情形殊不佳,兹事恐无甚希望,能在他方面着力,似较直接可成。科学社事杨师曾面谈及,往晤时可隐约提醒之。惟该社对此无定章、无定款,似必须经过一种议决,本年年会将于七月一日至五日,在南京举行,能于期前往晤杨师最好,此方事可告之毫无望也。详情已于七日上函中言之,昨日亦上一函,想均不日先后可到。

卿接吾告急函必极焦急,恐于病体有伤,心中深自惭愧,乃于今日复作快函寄上,冀得早数日释怀也。身体强健,诸事均好。接此书还当大笑几口,稍舒郁气,其快感当不减吾之接款也。匆匆不尽,余

再谈，敬请

  痊安 快乐！

你的爱慕光谨上

我的通信处如次：

M. Ny Tsi-ze,

3 Rue des Carmes,

Paris V，France.

岳父岳母大人及令昆仲嫂侄均此请安

你我结合有更高尚神圣者在

（1924.5.14，巴黎）

真卿吾爱：

　　昨日又接熊师迪之邮局汇票一千佛郎，系由朱君转，而直书己名，须由本人签字，朱君已于十二日晚七时来寓相告，适吾往晚餐，乃留名片，吾于次晨在彼处等邮差也。此种邮局汇票，单是一张汇票，并非附在信内，乃由上海发者，望先代告熊师，吾周内再复函。

　　函件之经西伯利亚者，每星期四晨由巴黎动身，则前之一周两函想均同时到，颇无谓也。上星期三午后三时许，在梅陵付邮之第二五号函，不知能否在上星期四晨动身，否则使卿又多一星期忧恼，殊可怕也。十一日付邮之第二六号函，想必与此同行，而十二寄之快函，不知是否先走，惟到国境则必作快函走，想亦可早一二日到宁也。

　　今晨作函朱谋先先生，径寄杭州纬成公司，无他地址，不知可收到否？附录于此：

　　谋先世伯先生　道席：

　　　　久仰　清辉良深企慕，蒙一再提携铭感无既。济慈质本庸下识复谫陋，惟以社会需人之亟与师友嘱望之殷，乃未敢自弃来此赓学，拟于算理方面有所研习。深觉国人每喜坐谈而不愿做实验，固以学者旧习未清，抑或由体气羸弱之故，实验科学而不陟工业者几无人问津，故拟于纯粹算学理论物理外更注意实验物理，俾他年国内研究所等成立，得知有所从事焉，倘或有几微可就皆先生之赐也。留此数年未敢作有若何成就之奢望，但期求得独立为学之方法与养成一生做工之习惯，惟事重力薄，大有心有余而力不足之慨。戬宜先生想已抵国，紫封女士不知病已就痊否？肃此敬请

　　道安

　　　　　　　　　　　　　　　　　　　　世侄鞠躬
　　　　　　　　　　　　　　　　　　　　巴黎五月十四日

　　病中思念，尤为伤人，杭医所言确有至理，望无以诸事萦怀，吾人病时益觉父母之爱子女，无所不至，亲恩浩大，万世莫报，惟病时不必以此而深觉不安，此不安之心，当日日存之，而于有病无力时，且可暂搁置之。若慈在此健康方面当益加注意，效力有日，想爱不以吾之漠不关心相责也。读书事尽可置之不问，于此点吾常怕爱不明吾心，颇以为苦。吾非不以读书为要，惟读书决不能以健康为牺牲，我常说我学问上取人，在普通了解 general understanding，与一种智慧，你在这方面最使我赞赏。在二三年前，我常不避嫌疑对人说你的脑筋很灵敏，以后章君昭煌就把《她的 brain》数字作我对你一切的代表，尔时我们还没有十分熟悉。我非在你背后好为美誉，即有之，当亦非

自知也，惟此非吾一人之私言，所有校中理科诸助教，何一不以此相言。即爱年来读书未能如前之进益，亦无有为爱本身病者，若慈则益加欣羡耳。即吾男同学中吾心中所佩服者为余君介石与刘君士愍。刘君去世且二年矣，若以其校中成绩与将来成就论，则二子固非最有希望者，而吾之重视此二人，至今有加靡已。若男女间爱情，则学识至某界限以上则毫无关系。爱之美艳无匹，令我拜倒。忆吾尝为爱言得一美貌女子，似为他人，徒博"某之夫人还不错"一句的称赞，吾言此非欲抹倒爱之美貌而有不足为重之意，诚欲深表你我结合有更高尚神圣者在，你亦云容貌是最靠不住的。真卿！你不满意一个人徒赞羡你的美貌，你有更永久更神圣者在，能兼赞羡此二者，当首推吾为第一人耳，其为第一人斯惟一之人矣。交一朋友，且求知心，况一生之友乎？惟此心可使人喜可使人哭，可为一切吾之认识此心当一如吾爱也。吾为什么讲了这样许多话，读书事尽可置之度外。凡卿以为是者，慈无不以为然。此非勉强服从所得，实以尔我同心则所思所行无不同也。你迟疑的时候只要记住"济慈就是我自己"。

身体强健，乞勿为念，一周凡三信接款，足见函到后惶急之状，殊不自空安也，余再谈。敬请

健康！

你的爱慕光谨启
第二七号

有一仙女下降

（1924.5.21，巴黎）

真卿吾爱：

近上数函，均觉匆促，自吾到巴黎后生活状况未能一言，想必爱所极欲闻者也。

巴黎第五区，亦名拉丁区，为各学校所在地。此区旅馆多作月租，盖为学生寄宿舍也。吾旅馆以 Voltaire[1]（为法18世纪大文学家）为名，则其寓客想多文人学士，极一时之盛。恨来此未久，未能识得几个，国人同寓亦有七八，均尚未谋面通名也。吾房在第三层，惟以其在转角处，窗不能向外开，乃朝内之小天井，故颇觉暗，日中亦多用电灯。吾曾告旅馆主人倘有别房室时，吾愿换一较亮者。此旅馆共五层，房租每月自百佛郎至两百。吾房百二十五佛郎（小账另加一成），固非最坏者。邻房百六十佛郎，吾就极满意，日后久住当得如此之一房也。至膳食问题则在附近之一中国饭店（叫双兴饭店）包饭，每月百八十佛郎，连小账给他两百佛郎。有茶有饭，两盆菜一碗汤，大

---

[1] 即伏尔泰（1694—1778年），法国启蒙思想家、文学家、哲学家。

概够吃，比高等师范要好一些。不过在此处吃饭人不多，菜蔬差不多日日照旧。所以吾下月想到共和饭店包饭，此地仅两盆菜，确要好一点，价钱每月二百廿佛郎外加小账。法国饭店最便宜每月百五十佛郎外加小账，未敢尝试。雅不欲饮食全变，且取其最便宜者，若中国饭，则与前数年尚有比较之可言，吾心深自安也。此地附近有一大公园名"旅客散步"（Luxembourg），大不知多少亩，绿树红花，身人其间，不闻车马声，几忘在巴黎矣。任人自由出入，大的小的，各乐其乐，触景生情，顿觉吾之离爱万里来此矣……他年归来，秀山当不逊此也，慕光！

吾约夜十一时就寝，七时起身，八时出往咖啡店早餐，为一杯咖啡牛乳两条小面包，合一佛郎。所以我此月的膳宿费不满四百佛郎，但吾觉最适宜合中是四百五十佛郎，吾想依此数做预算。

经西伯利亚邮件，例于星期六到巴黎。吾于十七午饭后往朱君处与之相遇于途，谓无吾函。今晨八时下楼见吾信柜内有卿来函，系由朱君转来者，喜出望外。吾外出早餐，即在路中拆读，见颐和园走廊，有一仙女下降其旁，细审之则固吾爱真卿与致和侄也，不胜惊绝喜绝：吾何幸而得此也！美女芳艳，小孩天真，真成一幅绝妙画图，将使天下有目人见之无不叹绝羡绝。宜其知己之纳诸怀中，置之掌上，印之眼眶，存之心坎，纳之置之，置之纳之。直至午时，吾即往照相店配一相框，存列桌上，与吾原有之一美人画，东西对立，若相竞妍。苟非以吾云深知，则实难姊难妹，吾知新来者是妹，因为她出世要迟三个月。望无以吾弃旧喜新，有所偏见，而谓之妹，则幸甚矣，吾对此两位都舍不了，吾必兼取之。爱闻之能不怒发冲冠乎？一笑。此影实在照得好，实在照得好，宜我不停地看。又因尔我相离之远，贵体失和，宜我不停地看，我还是贪求无厌地请你再寄我一张，寄我家中一张。吾船中接得小照片，均日日藏在怀中（西装袋子很多，你的最近一封书，亦总是随身带），不但可随时随地亲个面、接个吻，就是不看的时候藏在腰中，亦另有一种舒服。我之请求就是要再有一张可随身带着，想爱必我许也。我为什么又请寄一张到我家里？因为他们很可得些快慰。忆去夏回家，出爱玉照呈阅家父母，家母云看到相片如同看到人一样。实在她看不清楚，她目已花乱，不能辨精细。不过她的快慰当非寻常可比，你把我所有过去情形，想一下，就明白了。府上合家欢照片为代恳岳父岳母大人寄我一张，至盼至盼。

病体务望特别留意，无以诸事萦怀，前诸函或有触犯处，望亦无为介意，待病愈吾再说明，请你原谅。我自信你能原谅我，病状屡复，或自是一种病症如此，心中万不可焦急，至要至要。

岳母大人谕云"三月十六来书诵悉"，此当是吾第二号挂号函，又云"宗英近发热四日，现热已退，而面部发现成片之红色小点，似乎疹子……"真卿！你看了我的三月十六日书，你就发热了，是否？真卿，我真真对你不起。我以后尚有一二次更可怕信，不知又使你怎样，你健后务恳详细告我，切盼切盼。不知是否发疹，病上加病？想必益觉难堪，恨不能为爱分任也。吾深冀红点无关健康，则麻子不妨，真卿！吾周后拟函陈使，不欲再往，以其无甚望便觉无趣也。

苏徽前往北京，系应司法官考试，日前在友人处见北京晨报取录名单，彼亦在焉。彼前两年原在学习期内，正月间始满。至于分发地址,倘在江苏,则与朱高等审厅长同乡关系,必可稍加己意,且仅苏州、上海、江宁、镇江四地方厅。想彼非留苏州必来南京为多,苏州以高级机关所在,而南京则有亲戚,自较往他处为愿,若家姊外来,想定至南京。德铭弟周前来书云,自新、正来患目疾颇剧,读书事荪徽允担任,深以为慰。

慈身体强健,乞勿为念,紫兰花今日挂号寄上,望悬帐间聊作相伴。真卿!吾深望爱即日恢复健康,吾们可从事筹备庆祝订婚一周年纪念,余再谈,敬请

痊安

未婚郎慕光谨上
廿日

岳父岳母大人祈代请安

感念胡、熊、何诸师

（1924.5.24，巴黎）

真卿吾爱：

五月五日蠡弟来书，已于廿四日收到，贵恙加重，固在吾料中，不甚使我惊骇，亦不甚使我难受，我只觉得我总算对你不起了！不过这亦在我起初写信时所想到的，我能不写么？真卿！

蠡弟来信云："……胡师……直至昨日方来宁，弟随即往谒，询及汇法事，胡师言抵沪后即患疟，未能遇何师，然在未接弟快函之先，已先寄兄十五六金镑，接函后即函告何师，想早电汇往法，不知误期否……"吾第一次告急函达府上想在四月九日、十日，至此时且廿四五日，在如许期间内竟不能确一钱汇出，悬念之苦，有甚倒悬，床上焦急，不悉何如。惟所谓十五六金镑者想即熊师邮费汇之一千法郎（数近似）也，此当是胡师与熊师言之，乃有此举，不能不深感胡、熊两师者也。款在沪汇，惟汇票上字确非胡师笔，颇似熊师手而不敢必也。何师于四月底电汇千五百佛郎，惟至今未接彼函，不知该款是否确属我也。胡师汇票接到，系四月十三寄出之副张，已向银行领得，正张寄出，岂真遗失路中乎？

何师久无函来，亦实毫无足怪。他要竭力帮我忙，是无疑义，不过他的情形亦是大家明白的，我从前觉得我当刻刻自问：我是否值得他们这样帮忙？我现在又觉到是否可这样强人以所难的，我有什么法子？所以吾有时想到何师，心中感觉，亦如想到你一样，熊师迪之近来身体好吗？

一周前函复刚复师，末后一段录之如次："省费事曾两次谒陈箓公使，绝无希望。兹事全为朱光涛先生（杭州纬成公司经理，东大女生朱函之叔）与陈使友谊问题。朱函与宗英友善，热心关怀，乃有此一番空举也。初来异地，金钱偶一不济，惶急万状，重劳大人，愧感无似，而怅望前途，实深寒栗。惟既来此，无可退步，倘有他法可图，务恳鼎力，切祷切祷。受业惟有努力为学，期少负大人嘱望之殷与提携之力也。忆前杨师杏佛为谈杭州绸业公费事，不知光涛先生于此亦有些关系否……"

巴黎大学功课六月十日左右结束，已报考普通算学，惟决无把握。二三月来心绪殊不宁，时或读书而心不在，加之法文演算未惯，于时间上必觉不够，且考试分两次笔试，一次口试，口试尤无把握。闻口试系公开，任人旁听，一个人来考，总有几个送考者，或是父亲母亲、兄弟姊妹、未婚妻未婚郎。吾此次作为见识见识罢了，考不取你不因此鄙视我，吾自己亦不因此失望。吾亦不临考用功，吾还照吾自己课程读书。

身体强健，乞勿为念。今日新换一种钢笔尖，写不惯，写得不成样子，望无作他疑虑，至要至要。

暑中大概住在巴黎，何师在 St.Etienne 之书，拟托在里昂的朋友

往取寄来，以与里昂相距不远故也。余再叙，敬请

　　痊安

　　岳父岳母大人代为请安

你的爱济慈上

丹丹两心诚如天日

我对汝病关心或有过己病

(1924.6.4，巴黎)

真卿吾爱：

　　上星期六（五月卅一日）未接函，近状如何，颇念念也。工校校医诊治何如，赴沪就德医乎？留宁就省立医院医乎？恐正不知何所适从，惟无论如何莫为失望，以汝之为人，当不至于久病也。一复再复，身体恐大不支，而吾接蠢弟告汝病复函，则已司空见惯，不至于色变。吾尤极自设法安顿，不但求无损身体，且思安心读书，不妨学业也。但祝吾爱一年内二年内五年十年内有恢复健康之一日，不然不堪设想矣。忆在沪时曾为吾言社会上对男女种种不平处，及爱于必需时对我所抱之牺牲，这全是个人同个人间感情问题，非全是风俗习惯所束缚指使，那就再无男对女同女对男之可分别。这几句话我很不愿意讲，因为我不欢喜讲这样话，所以我在上海时亦没有跟你讲这类话。不过我对汝病关心（实在亦只是关心罢了）或有过己病。正月间恐汝抱病入学，乃有第十二号挂号函，急不择言，其心当可谅也。吾自蒙垂爱来始觉吾生存之有价值，不问学业如何，能得如爱者而侍随之，受其驱使，则一生亦不能谓之虚枉矣。真卿！那"废物"想头，就不应再有，第九号来书云："……早知如此，虽盖世之伟业，吾不愿任君离我而往也……"吾以为绝确，毫无过言也。

日前吾函致陈箓公使，附问其有无接光涛先生为我请托函。复函附阅。由使署出名，而光涛先生之函竟有无亦不提及，此固是办事上最简便处，不过社会上事大概如此，吾辈毫可不以为难过。吾辈平日相处，尽是亲友，万不能以之相比也。

日来巴居少行动亦少谈话，全然孤独生活。这种孤独生活同我这样孤独的人倒很相宜。我时亦跑到公共图书馆同大学图书馆去，均同吾寓极近。身体强健，乞勿为念。

前接胡师函嘱索各处仪器目录，已寄上两大包，有一仪器馆回函称我"严济慈博士先生"，那你不是博士夫人了？大概太早一点！一笑。吾往函言代科学社索取者，故有此误会。

朱君八九两月将离巴黎往海滨居，吾大概留巴黎，可自己照顾信件，预备功课，补习法文，余再谈，敬请

痊安

你的爱慕光谨上

岳父岳母大人及六叔父六叔母大人均此请安

胡师资助大超过预许

（1924.6.11，巴黎）

真卿吾爱：

本月七日接令叔父母大人手谕，诵悉一切。吾爱虚弱已久，务望静心调养，勿过分勉强作书复我，致使数剂药、数日夜调养之功，尽费于二三行字间。吾辈来日方长，似觉不值。固以爱体贴入微，知我想念之苦，然能时由诸大人或蠡禹弟告我病状，俾明近况，则慈当设法自解，不以爱病萦怀，苟有补病体之恢复，则区区数月间不能读爱亲笔书，慈岂不能忍受乎！

本月五日接胡刚复师挂号函，寄十五金镑，系四月廿三付邮，封面虽书"经西伯利亚"字样而仍海行者。汇票外围一厚纸，而未附一言，岂胡师封信时误将白纸封入，而将写好之信纸外落乎？细审之，则此厚纸片，似故为保护汇票而设，岂尔时胡师适患疟故未作书耶？此十五金镑不知由何来，若由胡师出，则胡师大超过预许，吾日内当即复函也。

金镑汇价极稳定，无甚涨落，在四月底每金镑仅换六十余佛郎，今换八十五六佛郎，则此十五金镑倘汇佛郎来，与今相计，又将差三百佛郎矣，故遇佛郎涨时汇钱，购金镑寄出较宜，以一月后佛郎或低落也。吾现净余一千七百佛郎及十五金镑，当可支四月半用，惟何师尚未函来，前电汇到之千五百佛郎尚在朱君手也。佛郎日来又日落未已，吾金镑拟稍藏，故周内或向朱君作借五百佛郎，想当我许也。

日内接家书知荪徽在上海地方审判厅任事，并云舍弟子祯婚事日内可定，系邻村女，想一二年内即当成礼。家事治理方面，当使龙钟老母得稍疏解也。吾兄弟姊妹五人皆将长大成人，惟吾独最后。他年尔我子女反将称人哥哥姊姊，必将大不满其父母也，一笑。

父母之年，不可不知。家父母今且五十矣，父亲生辰在八月，母亲在六月。在外时久，已不复记其为何日，清夜自思，深自惶惧。年来姊妹先后于归，吾又远离，惟留得一个小弟弟在家，在此小不小、大不大的时候，恐又不能十分听顺亲命，所以年来舍下虽只有可喜事，恐怕两老的心里不能有什么十分快慰。在这五十周年必更多忆前思后，不停地想，在他人是抱孙的时候，或不免亦要流几颗泪。他们决不愿叫人知道他们是50岁了，不过我的三姊妹总知道，总要回家，我呢？真卿，你请岳父母大人送副对子，可托诸葛麒或张济翔带去，绝对不要多别的东西。我这样讨礼，家父母知道要骂我。不过我还记得，我去年回家时，你叫我将我家里许多长辈年纪生日开来，家父母以为不必开的，我就没有开，你亦不再问我。这是因为以后我们两次相叙，都很短暂匆忙，没有心绪的缘故。

六月七日

饭后往朱君处借钱，一登门彼即告我今日彼接何师函，前电汇千五百方系何师寄我者，当即如数交我。惟何师未一言与我，我日内拟往函，并告以胡师之十五金镑，前熊师来款千佛郎，吾亦曾告之。

刻接熊师迪之函，云前汇千佛郎共国币百廿圆，百圆由彼寄我，廿圆系余君介石汇来，托购中等算学教本与题解。余君或将于此有所编译也。余君附来一函，其函上赵君附写"赵俨附笔道候"数字。

身体强健，诸希勿念。巴黎大学于十九日开始考试，普通算学且在下月十七。课于今日完结，教授课完且祝大家考试成功。

吾于本礼拜六可换房，在五层楼，窗向外开，每月百五十佛郎，在巴黎住五层楼不算高，空气较现居要好得多，放心，余再谈。敬祝

　　痊安

　　　　　　　　　　　　　　　你的爱慕光谨上
　　　　　　　　　　　　　　　　十日

对着何师的信,不知道流了几多眼泪

(1924.6.18,巴黎)

真卿吾爱:

上星期三出门投寄汝函时接何师来函,译之如次:

我亲爱的朋友:

你到法国之后,内子病复,且极厉害,我的钱差不多全用在她身上,这就是吾迟寄钱你的缘故。今天,吾已做前所不能做的,电汇千五百方[1],由内弟朱君转,当已先此函收到。倘我的情形放松一点,吾再寄你钱,不过至早要等两月之后。

很要你好的何鲁
四月卅日

我当天就将此书附寄胡师,我绝对不是不满意何师,我亦不是有什么同胡师商洽,或作什么呼吁,竟不自知为什么缘故,就把它附寄

---

[1] 即法郎。

了，且很简单地上不连下不续，信上附二句说（亦是法文）："何师情形愈困难，我对他只是愈感激。"真卿！这两句话是真的，吾对着何师的信，不知道流了几多眼泪，我要回何师的信，深恨我的脑筋不清楚，不能把我要讲的话显出来，只是混沌的一团情感罢了。我决计明白告诉他，胡、熊两师的来款，或使他亦安心一点。因我而陷难境，彼心中亦必感受痛苦，不过我同时还要告诉他，你亦抱病到今且半年了。我这样说，依事实当是一句不多，一句不少了，你当能觉得！何师对我家里的情形是很明白的。

我房租饭钱都已付至七月八号止，现在身边尚余千二百方和十五金镑，不过月内就要托何君衍璿就近往 St.Etienne 取何师书，寄到巴黎，还得买点东西送寄存的那人家，大约共费三百方，所以我的余款，只能支持到十月底或十一月初。若何师能如其愿于六月底寄钱我，则八月十日左右可到，倘此时不接款，离我告尽时尚有五十日，适足西伯利亚信之来往如不过在那时候的情形，我觉得同三月时又将不同，何师处我觉得不能如前之切实催索。从前在梅陵人家住，尚可欠钱吃饭，在巴黎饭店是不行的。吾素短交际，在法国同学来往，无甚好处。吾住巴黎月余，不识一人，且深以此为得，以后你病好我们闲时我说些给你听听。三月前有一广东同学竟在巴黎大学法科教室内上课时行窃，当场被捉，送往警察署。国人在此，无奇不有，所以自爱者总须特别整洁点，有礼貌点，还得慷慨点。真卿！我们这样人在外国，处处觉为难的。我现在是有钱，不过八月的问题又早在我脑筋中了，总须八月十日前有钱寄出才好。自吾三月中旬之挂号信达卿前后，未能接卿书，来示亦未问及何、胡两师款究已收到否，不过吾深信卿同诸大人都很挂念我的。

昨接何君衍璿来书云："……昨接宋品汇君来书，得知吴陞如君已于三月间逝世，人才凋落，殊堪叹息……"陞如之学业吾曾在爱前谈过一二。

中学同学时，人且称吾二人为兄妹，彼实较我大一天，其在宁校为工科空前学生，固师友所共许。吾且认为同辈中学业之最有成就望者，何鲁、熊正理诸师惟看重吾东阳两个同乡。彼5岁丧母，9岁死兄（中学肄业生），14岁丧姊，16岁丧父，尚有一兄，谋活他乡，一弟寄食人家，兄弟均极友爱，以彼读书故，其兄未能完娶，以成聚家庭，今将毕业竟长逝矣，可谓极人生之惨事矣！吾三月底始寄彼书，且以婚事不妨从缓，努力攫取留学机会为言，忆前年夏，彼以眼病未能在上海应南洋烟草公司复试，彼固亦昂然长往，与我有同慨者，而今已矣，吾不暇人吊，益觉吾辈后死者责任之加重，与健康之可贵矣。惟此噩耗，确为吾生来所最使我惊者，上周又未接书，岂病复极重乎？万祈多托蠡禹弟寄我书，至要至要。陞如，他死当不瞑目。

贱躯无恙，乞勿为念，敬请

痊安

爱慕光谨上
第卅二号

一生努力以稍尽人子之心

（1924.6.25，巴黎）

真卿吾爱：

廿一晨接令弟书，反复读之再四，不忍释手，书中告我事实极多，而皆以小弟弟口气出之，一种恳挚殷忧之情跃然纸上，宜吾之深感也。吾爱又得眼疾，病上加病，身实不支，延医务望格外审慎，庶不致再有耽误，至要至要。于此点吾亦深知甚觉难事，不过吾们该问的是医生原有的本领同对你的热心，胡、何诸师交游较广，相知中或不无学医之士，有便亦可谈及，或有所介绍。宁地名医较少，倘外处有可信者望亦无畏繁难而设法就医，诸种困难，固在计中，惟以令尊令堂大人之爱汝，当无所不能也。亲恩浩大，惟有恢复健康后，尔我一生努力以稍尽人子之心耳。

终日终月卧床，目又不能启视，则必万念丛集，焦思不已，尤大不宜于病体，能有人为讲授佛学，至少可免些焦念丛思。若你真成了瞎子，吾将教你学算命，我后年在巴黎大学且习此科（Probability），适可归来授汝也。吾还想天天讲故事给你听，不过你欢喜言情的呢？社会的呢？还请预先告诉我，便可有所预备。你要知道，我们百年偕老,一天一个,亦得要三万六千五百个故事。

吾上星期四复何师函,译之如次:

我亲爱的教师:

我刚才接到你的信,面对这信,我非常感动,我又说不出什么来,我只觉我对你的感激因你感受困难而弥甚。我祝师母不日恢复健康,我的未婚妻亦自去年十二月抱病到今,尚无起色,她因此就很少给我信,即三月间我写信告诉她说我或将不免受经济上的困难,她亦竟未能回复只字。

两星期前我接到刚复师寄来十五镑,余款可勉强维持到九月底。

我不日打算托何君衍璿到 St. Etienne 去取你的书,设法寄到巴黎。

我假中亦巴黎住,来示望直接寄,因为令内弟不久要离巴黎到海边去过夏。

很感激你的学生

身体强健,乞勿为念,我的事根本说起来,值不得什么顾虑,千万祈你设法排解,使病体不以此而更加重。我每次写信,总想写些可以使你放心的东西,写完之后看看,却又不免时常夹些使你难过的话,这是吾万分惭愧地。真卿!你的身体最要紧。

在这卧床的牢狱生活里,还祝你最大的快慰。

你的爱慕光谨上

第二三号

哭一场，笑一阵，意至真，情至深

（1924.6.30，巴黎）

真卿吾爱：

廿七晨接读令尊手谕，敬悉一切，注射诊治，已见效未？身痛目痛，亦少瘥否？颇念念也。谕中有云："……宗英病根在白带……根本治疗，忧郁须摆脱，子宫须冲洗……宗英以处女关系坚不欲洗……倘现服药与注射均不见效，愚夫妇主张决延女西医为之洗之……"真卿！此种治法，以爱之人，自是万个不愿，吾闻之，初亦颇觉难受，惟爱病能置之不理乎？倘尔我同聚，哭一场，笑一阵，携手一同归去，倒是一段好梦，而今天涯海角，其如之何！真卿！尔我以挚友进而结良缘，意至真，情至深，卿其恕许我且据理以一商榷此问题欤！

爱试设想爱之罹病在前年今日，对此问题，当更觉踌躇，惟细经考虑则必得下之结论："吾就治，吾可终身不字人；吾不能不有健康的身体。国难方殷，父母在堂，人子之道与国民天职，吾不能不尽。吾不问其他，吾就医，吾就治。"此固吾辈有为青年所应取之途径，自爱如子，有望如爱，其有不以此为然者乎？至去年春吾将求爱于子，爱不我遗，则至一地步——如同游愚园时——爱将以过去事相告或出医生证明书相示，以慈之相知相爱，岂有不相信相谅者乎？此亦当在爱预料中，若然，而况今日乎？卿以爱我极而致忧虑，忧虑深而得病，是爱之病，实吾之德薄寡能所致，方自愧惭愆责之未暇，其反敢以为罪乎？若爱以为惟在今日始决不愿就治，免贻君以一生莫洗之不渝，则爱误矣！卿心兹苦，卿志堪嘉，惟所谋慈窃深以为未尽然者。身之不存，何物尚有，自杀杀我，岂爱所忍为，亦远非爱之初志也已！即经此医治，机械方面或不免稍有改观，无价之珠，亦或因之而堕落。然他年尔我相接，其心灵之所感受与反应，决不因之而稍异，我辈决不以此为人生缺憾，则吾对卿之心，可谓济慈担保者也。济慈于此，惟益觉吾辈身价之可贵，加勉自爱耳！且沪宁相处，虽未获全窥邃奥，而数叩其门，谓已升堂，亦无不可，堂中明珠，辱许瞻仰，并赐按摩，则慈无论为如何人，将来亦决无前传后事牵连误会之可能，爱于此又不必以早知如此何必重违君意自悔。人之相爱，非托空言，一视其互相牺牲程度以为断。所谓牺牲，又不全在事实，要在其肯牺牲之心之出于不自知自觉者。卿为慈快乐计，为慈幸福计，且将牺牲健康而不惜，此种愚爱，实可以感鬼神而动天地。故今日者实所以使尔我相知而益知，相爱而更爱也。卿有此意思，有此精神，吾已领略靡深，感激无涯。劝卿祈卿，嘱卿迫卿，不再固执，不再坚持，听父母之言，而就治焉。安汝心，松汝肢，女医士知大小，能粗细，毋以拒我者拒之，其难受或不如预想之可惊也。真卿！你爱我，你就治！自救以救我！！真卿，我亲爱之卿乎！！其吾听之！！

令尊来谕有"而宗英仍终日焦急不安，询之既不肯言，慰之只言无他"之语，寥寥数字，一幅春闺抱病图毕现于吾脑际中。最近第九号惠书"将何以为计""而苦无可诉者"此种隐忧,最伤病体,尔时以初到巴黎,诸事猬结,胡、熊、何师函迭至,均须一一复答,又恐考试在即,稍事预备,致未能于此点立即善为解说,以疏爱忧,罪甚悔甚。亦以吾接款后,欣慰异常,举前恐慌情形,转首忘之,以为爱当亦若是者,爱尔时病亦似有起色,故更不愿以此不快意事相扰,谁知事有不然者,此等疏忽处,还希谅之,惟至今日,乃不能不与爱详言之。

慈初适异域,亲友鲜少,款项偶或不济,则惶恐万状。此非实事,一杞人忧天耳。知卿爱我深,助我力,深体此意,乃作未雨之绸缪,免陷难境,重伤卿心。故稍觉不宁,辄行告急,日或数起,且张大其词,耸人听闻,实则到无论如何地步,决不至于如我函中所言之甚。经济恐慌,留学生界常事,人之穷困无望远过于我者正不知多少,然我决不至于如彼等之得过且过者,以有爱在也。吾住房不愿甚高,食物不愿甚恶,皆期稍释锦念。滋养对于人体之重要,数四叮咛,吾拳拳服膺,顷刻未忘,爱于此当明吾之此言乃实情,非故为饰词,以求宽怀也。

吾之事究易设法,倘年内不能如爱所冀得一较妥者,则吾明夏倘得硕士,可暂回国。汝读书,我做事,花晨月夕,对坐偕行,肯即同居,尤所欣幸。一二年内总可请得省费,重行西来,继续为学。真卿!此志不衰,吾辈学业终有成就之一日。若此一年所费,不过千圆,即何师感爱莫能助,而熊雨生、杨杏佛诸师想亦能出数百圆维持过去。就眼前论,所余且可支四月用,即遇穷乏时每月膳宿所费不到四百方,此区区之数岂不能向相识者挪借,维持一二月生活,旅馆住久，房租迟几十日付，亦不算什么。真卿！汝其爱我，毋以慈为念，我事不足虑也。

双亲慈爱无匹，昆仲友爱逾恒，人生如卿，真是前生几世修得。卿深感之，喜不自禁，常以此相言，来书亦数数以此相告勉，慈深为卿幸，且深引为自幸者也。而今卿抱病数月，知恩如卿，或不免颇自歉责，胸中所怀，乃不愿相告以倍增其忧，而重加其难，即蒙见询见慰，亦总以"无他"相推诿，其可以相吐者惟汝之爱耳，彼又远隔重洋，非同隔衾，卿心可谓苦矣！惟卿之不言不吐，原期所以减轻亲忧，不知因之反增加多少，聪颖如卿，岂于此而忽昧昧若是耶！病中多念，且当求排解，外来之忧，又何可任其郁积蠹食，病上加病也。言念及此，不觉汗从心上，真卿爱我，务祈摆脱一切忧虑，以减轻济慈之罪过也！父母之爱子女，一出天性，病中无以为难受，亲恩浩大，待汝复健康后，尔我努力为人，俾一生不复有伤亲心处，卿以为何如？家父母自知爱病后亦异常挂念，每一来谕，无不言问，家父且拟附上一方，当亦是相念深相爱真之所表示也。

吾于爱病，不焦虑非人情，焦虑非英雄。吾以爱卿故而同情，而怀念，而祷祝；吾以爱卿深尤自设法排解，以求受卿病最小之影响。爱病不久，即可恢复健康，不留余迹。苟吾于今因而终日昏昏不能读书，将致迟延归国，使尔我不能早日相叙，则其损失已不赀，他更无论矣。身体强健，乞勿为念，吾于此当更特别加意，而爱尽可放心也。

真卿吾爱！！爱其摆脱一切，无以吾事为虑，顺亲意，听亲言，体亲心，亦即顺吾意体吾心，安心就治，自易见效。庶病日去而身日健，济慈在外当更安心读书，诸大人亦得放心，享其天福，吾爱此时之乐，乐也何如！若或他人言论，全可不顾，沪滨留别，言当在耳。富贵利达，均非所期，尔我惟以相互间之高尚纯洁神圣之真神爱情是求，则将无往而不适。闭目依爱神之指引，挽臂走幸福之大道，快乐在望，转瞬即是天地间纵有信男善女，当无过于尔我者矣！吾爱真卿！！汝爱慕光！！

真卿！吾爱之卿乎！！我之所感，非言语所能表示，更非笔墨所能尽述，惟爱我者所能心领而神会，爱情沸炽，其心一之，真卿！真卿！！祈许我吻汝额，祝汝安！今夜当来相伴，抚汝入睡，汝其无以我为念！吾爱之真卿！！其吾知之！！！

你的爱　你的未婚郎慕光敬白

人望成才，锻炼最不可少

（1924.7.9，巴黎）

真卿吾爱：

上周寄上挂号函，想已收到，苦未能多多书之，惟卿爱我，当能心领而神会也。往事来日，望无多思过虑，尤无以慈为念，安心安神，则用药自易见效，而病日去也。对医生、对治法均当深信勿疑，苟得其心，则药益灵，此种心理作用，亦望勿忽之。

巴黎大学每学程考试例分三种：一为笔试，二为实习试，三为口试。所谓实习试者，原为实验科学而设，如物理之实习试则每人一题，得题先将该题所作实验之理论方法用具等说出，卷交检试员签字，再往实验室实验，实验毕将 Data 交监试员签字，再返教室作结果之讨论。关于算学学程无实验者，则实习试亦为笔试，惟命题多在实用方面也。

普通数学考试时间如次：

笔试（分析）七月十七日七时半；

实习试七月十七日十四时；

笔试（机械）七月十八日七时半。

考试时间约四小时，题或仅一个，惟内分若干节，法文称之为 composition（组成），诚不虚也。故吾以为欲考试之有把握，不全在其功课之预备充分与否，而健全之身心，尤属重要。有聪明少年而不能持久，经二三小时努力后，则神智昏昏不复能思索者，将不足以语此，是必其身体之不甚强健，或初临战场，未有此经验之故也。在国内教师出题，多按学生程度，高才生处之安然无事，严重考试，碍难成风，宜吾辈之毫无训练也。人望成才，锻炼最不可少。凡百职业，无不各有其锻炼方法，惟吾学术界徒以师长教乏人，遂令吾辈青年一以优哉游哉可望成功者，是大惑矣。倘笔试得录，再于廿二日口试，闻教授几可于十分钟将所有书问尽，此颇为慈所顾虑者也。日来为作前十五年所出考试题，笔试方面似可有把握，月来所读，多在温故，求所知者于一二分钟内唾手可得，此固感于考试需要所致，盖亦惟此方得谓之真知，所有算学结果，自不能尽行记得，惟不能不有求之脑袋如取囊中物之能力，则方法尚矣。待考试后，何师书籍可到，当即预备下年功课也。

刻接段师调元书，竟以兄相称，殊令人置身无地也。

身体强健，务祈勿念，珍重养病，是告是盼！余再谈，敬祝
痊安

你的爱慕光启

一事举则百端理

（1924.7.15，巴黎）

真卿吾爱，如抱：

十一晨接禹弟来书，读悉一切，而于爱病，言之未详，想正有起色，渐复健康，故无可多言者。惟禹弟书颇与我一种快慰，远地通问，不论消息好恶如何，要使人读之，其心和而平，气舒而缓，吾今始悟此理，益觉前此之不当，殊自愧感，惟尔我间可相互无所谓愧，无所谓感，卿以为然否？望卿亦安心静神，一以养病为事，将见一事举则百端理，吾且将为汝作痊愈纪念也！

何师寄存各书，已于上星期一由何君衍璿代取交火车站运寄，不日可到。何君本年报考微积分及理论力学两科，此次结果仅力学得文凭。惟法大学考试每年有七月、十月两次，想暑间补修，微积分亦不难考录也。果尔，则十月间可得硕士学位。

昨日为法国庆纪念，此二三日间举世若狂，街头里巷，无不跳舞，较之国内情状，别如天壤，此颇足以现国家观念之厚薄也。午后适吴君孺谏唐君准过我，乃同往游巴黎铁塔（La Tour Eiffel）。吴君孺谏自梅陵往涂威，道出巴黎，将有事于农也。唐君去夏来法，在巴黎习美术,前沪美专女子部教务主任,亦四川籍也。

日来天气较热,有达摄氏表卅度者,法人已深以为不堪,实则吾且着背心。后日始得考试,跃跃欲试,待之久矣,不知将来结果如何耳。身体强健,希勿为念,放怀珍重,不尽百一。敬祝

痊安

你的什么随你叫慕光谨启
第三六号

登巴黎铁塔

（1924.7.23，巴黎）

真卿吾爱：

　　日来身痛目痛，均稍减否？日间能否离床稍作藤椅坐以疏久卧之困？天气亦不十分热否？恨未能旁坐挥扇解闷。望无多思，便得安睡，庶身体精神不至于日就亏虚，至要至祝。吾身体强健，诸祈放怀珍重！真卿，你应一声"Oui"（是的）。

　　七月十四为法国庆日，吾乘兴游巴黎铁塔（La Tour Eiffel），不日考试，不之顾也。塔高约四百米突[1]，凡三层，第一层有戏园、菜馆、旅店，第二层有菜馆、茶肆，第三层即在顶上多售玩物、纪念品。吾即于其上作品寄汝，聊表有所念，念宗英，有所思，思宗英之意耳。同行吴君孺谏戏为我撮字其文曰"Sois Philosophe et patient; le succès est à ce prix"。译之英文为"Be patient and a philosopher, the success is at this price"，可谓妙语。真卿，汝病在今日或足视为一小小不快意事，惟转瞬云散光天，望不多介意，则"不伤君心"矣。自塔顶下望，电

---

[1] 长度单位"米"的旧称。

车汽车一如作战之蚂蚁。巴黎之大，或不及吾生长之农村矣。铁塔上下，均用电车，置身其顶，正是凌霄，卿当知吾之逍遥自在也。

普通算学笔试，已于十七、十八两日考完，尚未大错，时间亦够，可望及格。笔试报名共三百五十四人，国人亦有六七，惟至第三次考力学，则仅留三人，同乡乔君亦以分析不称意，未竟考也。口试又延迟一日，至廿三晨，明晚当可有笔试结果也。

何师藏书，已由圣泰田运到，多杰作，共二百余册，约值四五千法郎。下周当即从事读书，预备来年功课，吾精神上当益觉快乐也。

廿一日下午

笔试刻已出榜，吾果及格，得录者百一十人，国人共二人，报考则有九人，以考试地点分三处，故前知之不确也。吾口试在明午三时许，想总可过去，因吾笔试成绩尚好，即口试错点，或亦不至于落第也。真卿！以我之资格，报考此文凭，得录毫不为奇，不过我至今敢自信以后考试亦决不至有不及格者，当亦爱所能信我者也。爱还当为我笑一笑，作给我的奖赏！再谈敬祝

痊安！！

你的爱慕光
廿二日晚

以第一等考得算学文凭

（1924.7.27，巴黎）

真卿吾爱，如吻：

吾已以第一等考得普通算学文凭矣！此为吾在法首试，即得捷报，卿亦必以为快。吾写此函如在爱怀中，爱方徐徐拭吾额作欲……，爱读此时，又……醉！

法考试录取分 très bien，bien, assez bien, passable（very good, good, good enough, fair or passable）四等。普通算学录取无一为 très bien 者，可见其记分数之严厉矣。有 bien 十九人，吾其一也，他中国人则为 Passable 也。彼来法已多年，曾在一 Ecole spécial de Mathématiques et de Mécanique（算学力学专门学校）毕业，考时彼坐我后，见吾运笔自如，琳琅满纸，曾过我小谈，安徽籍也。

吾考取之第一所感愉快，即为默想吾爱得信时之情状，其次即为朱君因而对我所加之重视，吾于下详言之。胡、何、熊、段诸师处，亦已往函相告。

何君衍璿为往 St.Etienne 取书，因在寄存家写箱面收物人地址，乃书朱君，俾免多少说明。十五日书送至朱君处，朱君即来寓相告，

169

以书太重，须将箱打开，方可将书散置坐人之汽车中（巴黎之汽车如南京之人力车，在街上做生意）搬运，此颇费时，故朱君以且待吾考后再设法为言。十八午后考毕，吾即往朱君处，朱君问考试如何，吾即不谦实对，且出题相示，吾且细言吾所有小小错误，实所以表吾之做起，彼即说我一定可以取，口试即错一点，只要笔试好亦不成问题。彼后即为我用錾斧开铁钉木箱，举书移置汽车，足足有一小时之劳工。彼且言与我同来，便可助我将书由车移置室中，吾婉谢焉。真卿！此句话，吾很觉难能可贵。

吾于廿四午后三时许才得口试，因口试每人竟至半时或三刻钟，吾口试间教授当即告我录取，即驰往朱君处相告，彼大为道贺，且深言来夏必可得硕士。与谈入研究院情形，并言国人在此多十年不能得一硕士，而以国人之巴大第一科学博士为吾许。国内学校能均如东大，东大学生能均如我，则中国其庶几乎等语。盖朱君于今始信吾之已有根底而勤学，固非一般留法生所可同日语也。朱君且以为早知如此，则一到法，即可入巴大，当至少可得两纸文凭也。朱君末问吾膳食情形如何，为言彼在一处吃饭，非饭店，乃一老妇人家，人不多而价亦廉，仅1/4法郎一餐，其物彼觉较他处为美，彼可为我介绍，与之同往。朱君于去冬原在共和饭店吃中国饭，其就彼家者已六七月，固未前告，盖朱君极老成，与人毫无来往。察其意，则似彼在法之信用，固不愿为人有丝毫所滥用也。则此介绍，实为朱君对我重视有信用之表征，外国饭似较中国饭多富滋养且价约等，故吾于包饭满月后即随朱君尝试。

普通算学于廿五日正式分等出榜，午后范赟君（前母校园艺系助理，去夏来法，在 Verrière-le-Buisson bien 某公司实习）患腹痛过我，托为介绍朱君诊视。朱君极殷勤，为解衣详察作方，嘱周后再来。吾复以算学结果居 bien 等相告，彼乃故起握手道贺，并言当即作书国内捷报，且当往乡下作二三日游，以为努力考试之报酬。朱君之心思之生活，固一完全法国优等生生活也，爱闻之必深以为快。

国人在巴大理科极少，有一二人读力学或普通物理，未得考录，读普通化学与应用化学者有十余人，惜少得文凭，所知者则仅此两纸之普通算学耳。

爱若以我能否于第一年内即读三文凭而得硕士相询，吾将以为有极大之可能。倘吾能于去秋八月到法，预备两月法文，即于开校时正式入学，则读三科，想能过去。好胜如我，自信如我，读三科过去，读四科亦过去，盖吾从不知天地间有所谓落第事。吾之过去，均非勉强，吾且以在巴大所得文凭均属 bien 或 très bien 自期也，然何于来年吾仅读三科耶？三科一年，已属罕见，而吾所将读之三科尤属难能，法人普通固以三年得硕士者也。且所有课程多成深浅直系，非广博之横系，故一时欲多读，在其课程本身上亦有自然之限制。加以离爱远来，身心方面，均不敢略受微劳。吾到法来就寝永未有在半夜后者，此非以蒙爱后，志气消沉，实或用功方法，益趋正当，不作那拼命式耳。此皆爱之力也，爱之一言一指，印吾脑筋靡深，终吾身不稍忘，去年春初即以睡眠太少为言，深感深感！惟爱目下入睡能稍早否，可不待至晨一时否，恨未能傍卧抚背劝睡，颇以为念也。

鑫弟七月二日来书，已于三日前收到，卿安心养病，可勿急急寄我书，吾之所望者非爱书，乃爱之病日去，而体日安也！住房吾当即移下一二层，危险事极罕见，且巴黎设备施救甚周，惟吾人总以格外小心为上。当即如言，而爱尽可放怀珍重，慈于寒暖气候，多自知留意，病中望勿为细虑，至盼至嘱!!贱体强健，乞勿为念。余再谈，真卿！真卿！……哈，哈。

            你的爱慕光谨上

真卿吾爱如抱

（1924.8.5，巴黎）

真卿吾爱，如抱：

"真卿吾爱如抱"此六字为我今日之惟一无上快乐，使离家万里而不知苦，学问事业，向往益甚，宜其一笔一画，端整书之，吾爱读之将一字一眼，目如有所见，耳如有所闻，身如有所接也。爱之病系相思，则吾今日可多言以重引起爱之思绪乎，颇自疑惧，惟既以思我而病，则其聆吾言，读吾书，当如得仙丹，静心处之，当能有得，爱以为然否？

吾爱聪颖绝伦，万事了然，故心境少宁，性又过敏，遇事必多方顾虑，以求至善尽美，即有深知其益而为所希冀者，亦或以因此将感人太过而不愿为，于是心中乃起无已之剧战，两不相让则第三者纤弱之体受其害矣。故以爱之纤弱多敏聪慧三者兼备，乃有今日之情境；亦惟以爱之贤德，不日当复健康，因以得一种第四之美性，则天地间之完人，惟吾爱耳。诸事务求放宽，感觉务求麻木，无失望，慕光为爱而生存者也。无使天下人讥严郎为命薄福浅之徒也，慕光此生为不虚矣。

蠡弟七月二日来书，有家姊近来身体亦日趋于善，饮食渐进，下学期或可继续修学之言，去今且又一月矣。此一月间为状若何？殊念念也。修学事尽可缓提，于此点深望善体慈意，无有丝毫误会，至要至要。好学如爱，为同辈中所独见，吾生平每不易轻称人善，而独于爱则相爱之前，敬慕靡甚，且吾取人，又全不在课艺，得爱后始知人事一二，益悟人生之为何。别来病来，益见爱神之真面目，使尔我两人今日相见，诚不知其欲生欲死，将笑将哭也。则爱此病，未始不为我辈之极大教训，使吾此后刻刻以卿健康为念，心理上、生理上慎加检点，决不致迁一时之愤或图一时之快，以伤爱也。以吾之年之人，岂尚不知责任之所在乎？！

安心静气，以求病尽去，再觅相当地点，以为养病之所，因环境改新，精神加畅，于新瘥之体，最为相宜。万无以稍得行动，即谓全复健康亟亟以学业为事，致病根总不得去也，故下年无以入学为想。吾敢断言爱为爱本身而期于我者，非盖世之科学家，乃健全之郎君，则爱因可深明吾对爱之心矣。

真卿！吾之卿乎？吾于汝爱之如女，感之如母，既母既女，是为吾未婚之妻！人有疑汝病为及时之故，爱固可无所待者也，以盲爱慕光故，乃忍受一切而不辞。非如慕光之孑然一身，昂首长往，势使然也。宜慕光之爱之感之，而不知当如何处之，始可以报真卿于万一也。故爱之志坚气浩，远非吾之所及，而为吾同辈中所最崇拜者，卿又谦以不可齐为言，其视点为何如！吾尝自思人若尔我可谓相知，倘是一对男或一对女，不知又将何如。真卿！吾辈于此不能不深感老天有意也。惟杭医以质弱气傲，为爱病源，确有见地，诚尔我所当引为自反者也。真卿！吾重述吾言曰"吾人当竭力学业，但决不能以健康为牺牲"，则天下人当不能以荒懒相责矣。

朱君于八月一日午后来寓，取何师藏书之《科学通论》数册，相谈一小时，偶言医乃以爱病且八月余相告，彼笑谓概系一种所谓maladie sociale（social sickness），吾国青年女子恐异常受苦云。彼两兄弟不日将作海滨游，吾拟以丝袜两双相送，当极受欢谢也。

吾于初二日始着丝袜，乃生来之第一遭，卿而在旁，或且抚吾肢称如许白、如许美也。着袜摄影，而足不显，是可惜耳。摄影凡四次，将择其最佳者洗之，半打价五十五方，当不坏也。

前昨两日以梅陵周君梦熊之邀，乃下乡游，沿江散步，坐观人士钓浴，绿树花红，殊觉心目一新。法国人士最喜玩游，每逢礼拜佳节则火车必增加次数。一至夏间，巴黎为空，有钱之家多筑别墅于山间水滨，即工人亦多率其子女，往乡间亲戚家过一二礼拜以为快。

身体强健，精神愉快，放怀珍重，不尽什一。敬请

痊祺

你的爱慕光谨上

卿之爱我无所不至

（1924.8.12，巴黎）

真卿吾爱：

订婚纪念之前夕得爱书，为乐何如！盖自第九号至今，且三月矣，久旱甘雨，不言而喻。况以日夜默祝痊愈，一见"慕光爱鉴"其所感宛如爱当日之毅然相许，挽与我手，令人不禁欲跪抱者矣。读之，而所言又若是哉！吾默然不知所言者半时，真卿！错蒙娇爱不知几生修得。汝之病，吾之恐慌，直使尔我相知而益知，相爱而益爱。盖是以激起与表示最高尚纯激之情感，为尔我一生幸福作无穷之开拓与保障。故吾今日深以此数月事为快，爱当亦有此同感也！

卿之爱我，无所不至。素所深感卧病床榻，左筹右思，诸种情形，亦在预料中，惟不想一至若此之甚。尔时到法日浅，恐虑过甚，告急之声，日且数起，以卿爱我为最可靠，所以防诸师之不应手也，乃令爱受苦加病，左右为难，多方告借，中心愧感，实无颜以对也。惟来日方长，图报正多，爱必能恕我。生平寡交，同辈中无可告急，又恐贻笑他人，深不愿与诸友言之。惟假中有暇，不妨稍事著作以求得一二百圆，而吾竟不之为者，深不愿不有休息时间也。吾之自为如此，忍使吾爱抱病之体，奋不顾身，其何可哉！爱对我宽容，且将以我为是，则惟有祈爱曲解吾意，首以保养玉体为事，有余力然后为慕光筹之。吾事殊不足虑也，到法且将一周年，此年所费仅约800圆，真卿！不过800圆，情形稍好，岂是费力，何师而离上海，吾将即函刚复师托向杏佛、雨生两师筹补，请勿顾虑，至盼至嘱！

若吾在法情形，日趋于善，盖吾与人相处，日久始深，亦根性使然也。吾无恶脾气，足使人厌，旅居间自能主客相得，而与朱君之感情，一日千里，殊出预料。爱闻之亦必深以为快，八月五日吾往朱君处送以丝袜两双，并出照片样张相示，托为代选（八日寄上系样张，周后方能洗成，容再寄奉）。彼许十月间返巴时为我摄照，并出以前成绩相示，吾拟托摄在此生活情形，如书桌、卧床、读书、写信、就睡等以寄吾爱，何如？吾问彼何时离巴，乃八月九日，是在吾双兴饭店包饭期满之前，彼嘱可同往那法国人家（兹事前曾提及，想可明白）先试吃一餐，是七日晚餐也，殊较可口，彼坚不许我付钱。饭后且同步旅客散步公园片时，彼告月内倘有我函由彼转者，彼已嘱其主人为我转来，当不至于遗失。同在异乡无所谓别情，惟临行时亦颇有一种不忍分手之意。昨晚且接彼来片告到。吾自今日起始往彼法国人家（亦可说饭店，不过勿挂招牌耳）吃饭，十二时进去，寂然无人，忽一老妈妈与小姑娘同出来："先生，日安……朱先生已经离开巴黎了，他说他把我介绍一位顾客先生……那一定在这里可找到一些好东西吃……你到法国依朱君说还不久……你讲法文已很好……从前此地有一英国人，他到法国且三年……"不二分钟，顾客且先后进来，有三十余人，概皆学界中人也。此处食物以及环境均较双兴饭店为良，而适在大学之旁，与吾寓相距尤近。

万里邮传，稍误时日，当所不免。前接家函，亦言有两次书发出日期相差二周，而同时寄到，恐失落亦所不免，凡遇此种情形，希勿焦念，为要。何师电汇之日另一来函，前已言及，恕不再赘，所谓300圆，想合熊师百圆言之。

现值初愈，身心两方均祈格外审慎，多事休养，以求根本转弱为强而后已。来书可稍短，因事关本身，语出心头，最费精力，望勿勉强多书，来日方长，从容可谈，日以不足，继之以夜，真卿以为何如。贱躯无恙，寒暖一切均自知留意，祈勿以为念，余再谈，敬祝

痊安　快乐！

你的爱慕光谨上

真卿！吾写至此，视时计忽午后六时矣。去年此刻正挽臂步向鸡鸣寺寻亲也，思往事，念来日，同此刻作书称吾爱，都是一样甜如蜜！！

慕光

寄上照片两张

（1924.8.18，巴黎）

真卿吾爱，如吻：

八月十八夜！

寄上照片两张，希爱存。望即以其一置卧房榻前，睡前起后，形影相随。其一置书室桌上，可助书兴，则到校回家，慕光均不离左右也。健后能外出时可选购或订制两框，其大小须依照片，无切照片以就框，至要。其余三张请以一代呈家岳父母，二转致苏徽兄及家父母，可勿急，不妨有便时托人带也。其余一张，拟赠梅陵法文教师Madame Damoisceau。其夫妇二人，多年老教师，在梅陵时吾以法文稍好，与谈较多，其对华人甚善，对我尤特异。吾在巴大考得算学文凭，彼尤重视，当即来函言贺。刻在法南部旅行，每到一地，即以其风景片作问好，凡此皆足以见老年人之多好意也。附呈阅函，写满四页，足见一斑。且前周君曾以其照片相赠，彼亦曾向我索取，故拟即以此所余一张与之，爱心与我同意也！

周来读书甚好，兴致勃然，想吾爱一函之故也，爱之于我大矣哉！吾爱近状如何？想必日趋于善，三四日内当能再接爱书，何快如之！惟病久体弱，务宜多养。近来饮食如何，能一碗饭否？心中尤宜多从乐处着想，愧不善辞能文，稍娱心神，望多与致和侄玩游，至盼！

暑后当以休养为宜，倘爱以家居无事为无聊而坚欲入校，则只宜稍读一二文学功课，便可与一二相知聚处，或与休养有补无妨，惟万不忘休养之本意。爱年内一切行动，总当以此为中心点，切记切记！

昨日寄葛敬中先生一函，托其向陈请省费活动，闻彼在省亦有一部分势力，不知肯尽心否。此种事当视为不费本之生意，有赚无赔，吾人不宜一喜一忧，反为其奴也。

身体强健，希勿为念，余再谈，敬祝

痊安　快乐！

你的爱慕光谨上

凡事当努力，烦恼则不可

（1924.8.26，巴黎）

真卿吾爱：

前函云朱函君正筹备赴美想已成行，不知拟入何学校，望无引以为羡，吾志得酬，爱愿亦偿，爱以为然否？竞林女士高师毕业后，亦作如何进行？晤时祈代为道贺，那"a well educated gentleman"爱已能向之作报复未？一笑！

六月十日后未接何师函，不知彼刻尚在沪否，下半年就教何处，诸种事爱当亦不知，望置之，其他情形，谅所素稔，不必赘。

日前接苏徽来书云，舍弟或即今冬成婚。闻之深喜，使龙钟老母家事治理得所替代，爱亦必深引以为慰也。

忆行时，钟凡先生欲托带物交某女士者。该女士名李溟，吾且闲谈一二，彼于去冬往梅陵入女子高小学校，校居一切，仅费二百五十余法郎一月，盖亦受经济困难而居此者也（此后知之）。春间曾与之同吴、周诸君散步林间，其时仅知李女士、严先生，竟不全识其名也。月初吾以周君招往梅陵游，周君乃为谈一切。先是周君寄吾书，书成就便托李女士投邮，李女士见封面乃谓斯人彼所欲识者，彼曾接其师斠玄先生函云"有张宗英女士之未婚夫严济慈兄……",周君乃谓即前同在梅陵之严先生。"兄,兄,吾始以为怎样一个伟人……","你要多少高多少大么?……"李女士于六月间已离梅陵往法南部,拟有事于农桑。闻彼随某君同来法,某君固某大学毕业生,某部之官费生也。相住且一年余,忽又与某君(B)善,乃遭前某君(A)弃。A固有妇,而在法又正无已。若B则为前弑陈篆未中者,故李女士之所交,多一时知名之士,周君颇豪侠慷慨,故颇渐相近。惟彼早孤,无一亲人,或亦有不得已者。虽然,究难得人之原谅,而陈师重之,想当聪明。周君性直,不致作恶,望无过敏。多言私事,且谤时贤,深知不当。惟言而不知所止,尔我间当无妨,望勿以为罪也。

　　月来多读Coursat(巴大微积分教授)所著之高等分析(共三本,在国内时已读过本半)与Appel(巴大校长)之理论力学(共四本,国内时读过一本)。假间均可毕,则开校后于此两门仅须随时浏览他籍,当不费力,便可多事物理,以每周且有实验两次也。来年教授多当世学者,满冀有缘结识,则吾人志望,多为鼓奋,或可望有几微成就。故吾深以此一年为我此生学业之最要关头,当不容自懒也。

　　在此处饮食是较前双兴饭店为良,日来天气凉冷,仅十一二度,在南京所做之西装,在此仅穿过两周,以太单薄欠温。较之在南京时全赖爱之清爽,以解其热,着之始不以为苦者相去远矣!

　　吾爱近状如何,眼已痊愈否?精神方面,务求安心静养,以尔我之人,总当有好果,即或心中不免时觉有不如意者,久而计之,还当自慰,或所谓日计不足,月计有余也。吾在此读书虽经济方面尚无正当解决法,然能离国居此,深当自喜,国事纠纷,机会殊少,去年不出，则今年明年或尚家居可也，一生不将如彼已乎！为学情形尚难预言，而明夏之可得硕士，当在计中。硕士不足道，是亦以其远在吾人预期下故也。退步言之，则东南教授恐一半且属美国学士也。吾在此见官费生，不但不羡他，且怜之不暇，能有读书之心，则吾受天之赐较之彼等厚多矣。吾深以为凡事当努力，而烦恼则不可，真卿！吾爱！努力爱慕光！！尤努力勿烦恼！！！勿忧虑！！！珍重身体，千万千万！！！！……！！

身体强健，起居寒暖，一切自知留意，希勿为念，余再谈。敬祝

痊安　快乐！

你的爱慕光谨启

岳父母大人前请代候安

丹丹两心诚如天日

（1924.9.2，巴黎）

真卿吾爱：

　　双八节[1]蒙赠素绢，启封一见，大喜欲狂。不禁举以覆面，则如接樱唇，满抱怀也！拜感拜感！丹丹两心，诚如天日。俪句宏愿，操此券指日可得。吾将以之昼束腰，夜覆枕，固爱神之所附也！8.8.1924下有B.L.Y.三字，系何缩写，尚未得解，望明告我，当永记勿忘。一周纪念又为同游秀山之第一次，是重纪念也！何快如之！吾前书中所云十八纪念不知日期无误否？尔我情史中诸纪念日，望一加考究追忆，开单告我，幸甚！吾且将以尔我之订婚结婚纪念，代我们之生辰，作一旬二旬……十旬之大庆，是此确为尔我同年同月同日同时之生辰也！卿必以为然。八月四日来函，亦同于该月廿八收到。

　　是日且同接家函及贻兄书云："昨晨汝姊分娩得产一男，快慰快慰……""昨接……诸大人如获至宝……"真卿！真卿！我母亲多少

---

[1] 1923年8月8日，严济慈赴法国留学前，与张宗英订下百年之约。双八节即二人订婚纪念日。

快乐！无他事可与之比也！爱必以我知母亲之快乐而深自喜，不知更有原因在。吾去年此时返里，路经家姊家，即入谒诸亲，惟仍思当晚抵家，得早见父母为快。家姊坚留宿，言翌晨同归，且嘱休息二三日后伴往某处就医。该医亦儒者，前吾在杭投考时与之相识，蒙重视。其寓离舍下六十里，用艾灸火，专治某症。吾姊早有就医意，若无其便，深不愿人知，反致贻笑，固深盼吾之归来矣，是九月初事。十月底贻兄奔祖母丧回东阳，就验了，哈哈！此岂非吾弟弟之功乎，吾姊当多留几个蛋待他年归来，与汝同吃，爱必曰快哉此蛋！吾又思吾父今年五十得甥，汝父去年五十得孙，他年汝父母得外孙即吾父母得孙之日，是又何故耶！真卿！

家父来谕又云："……宗英近状如何，已痊愈否？念念。妇女之病，概由月经不调，或赤白带下，或经前经后腹痛等症，皆因气血不足故也。先调其气，后调其血，气血足百病自除，故宜用中药为宜，盖非疮毒外科所比，张翁或颇信于西医治之，倘张翁有函寄汝详言病状者，望即转来一阅为要。宗英之病汝母刻刻挂念，相隔千里，未能朝夕相见，吾脚病未痊愈，不敢远行。德贻公事有暇，当即代往南京一行，稍尽吾与汝母之心，诸葛麒赴宁时还当托其带往火腿一双……"真卿！汝读此一段，当深感父母爱子女之真诚入微，其出天性，殊不与智识之高下成比例，爱至今当不以前言"你父亲比你还厉害"为是。吾乡闭塞，尚无西医，故鲜知其功能，吾复父函亦以汝病中西医并用为言，吾父非善医，亦不以医为业，吾父视病概不取费。病愈人多来物相送，吾父且深以杀人为虑，惟以高祖医名，又设药肆，故颇有人请商者。于汝且将骨肉关系，视汝病若己有，故前拟开一方相寄，而日盼病情不至乃已，痴想开方，殊难必其见效，吾且不敢劝爱尝试。然其愚之不可及，实以相爱之深，盼爱就痊之切所致也。爱当能领感，爱病愈后望一往函以疏两老之念。年来舍下喜事层出：长子订婚，幼女于归，长女得子，幼子成婚。两老五十可为已了向平之愿，目下所不能释怀者惟汝病耳，汝病且愈，其乐何如！其子远游国外，婿为政海上，媳为举世佳人，邑中早成佳话，爱闻之亦必深以为慰，吾于此不能不深感吾祖母大人之德，祖母万岁！！！

六月卅日寄令尊函代收留，甚感。忆中附致蠡弟一纸，语尤多忿，尔时心绪颇不佳，函发后颇悔之，劳爱代留，深幸。欲与令尊戏欺吾爱一节，纯出当时设法慰汝之热忱。今读爱书，忽觉将不免自堕嫌疑，耿耿此心，爱能吾谅。三月间想爱接济，或亦有之，尔时不念爱病久重一至于此，其后则医治多费，必渐趋窘境。岳父于来谕中总未提经费事，其心岂不我急，个中苦况，当所深解，慈固非极蒙昧者也。六月中复何师函，故有爱亦一病至今，且无起色，即于吾告急之函竟亦未能作答之语，盖欲彼明吾之无别法可暂设也。七月十二日来书，吾且于八月廿日挂号寄往刚复师矣，请其阅后，掷还吾爱，并告以身存余款，托即商何、熊、段诸师，期九月底前有款寄出，而何师下半年如何下落，是否势必乞助雨生、杏佛诸师，均希斟酌等语。廿六日寄何师一函，亦大同小异，有"……四月之久始一来函，殊令人不忍卒读……"之句。

吾身边至此刻止，净存一千四百方，足支三月用。吾至今日遇必要时敢向朱君开口借钱，彼兄弟两人在此岂不能出五百方相借乎？以吾之gentleman，衣冠整楚，图书满壁，岂不能欠房租一二月乎？故吾

即五月内不接款,亦不致陷于难境,而心中旷然,毫不作杞人忧,望爱亦如之,放怀自解,至要至要!!!吾此一年所接款如次:

十月(自带,爱出)	500方合65圆
十月(置装余)	1000方合122圆
十二月(何师来)	500方合65圆约
一月(何师来)	800方合90圆约
五月(何师来)	1500方合190圆约
五月(熊师来)	850方合100圆
五月(爱出,胡师代寄)	889方合80圆
五月(胡师来15镑)	1286方合130圆约
置装用胡师来	150圆
何师来	55圆
	6825方合842圆约

区区不过八百圆,已能过去,诸师相爱岂至费力,故最不值得即爱之隐忧焦虑,受亏于无形,珍重身体,为惟一事。胡段诸师来书,相爱重视,言溢于辞,爱当能见之,若何师更不必言,不知其过宁时曾见之否?何师母亦殊难得,惟他年严师母尤将过之。病稍愈后可往亲友家作一二月住,如镇江桐君处殊相宜,境地变异,思想为新,与病体殊有益,此意望勿忽之为幸,宁镇相距甚近,杨任俱最相好,所费当亦不巨也,能有一床余地,即无不可事。而胡、杨两师处亦可一过谈,吾非嘱爱往为请命,深以两师相知之深,爱聆其言,将心地为宽,雄气百倍,不至于整日家坐,徒呼奈何,于爱病体心理方面亦有助也。读书事不必说,详情再言。

岳父母有恙，不胜惶悚，不知日内已复健康否？宗蠡之病，未能为医，闻之心痛，早知此一年事，吾决留国任事，思极绵力也。真卿，恕我！父母兄弟嫂侄前均祈先为问候，日内再来函。禹弟读书事将如何解决？亦在念中。苏徽来函云拟八月底，往宁一行，不知不为战事所阻否？诸维心照，余容再谈。敬祝

健康！

你的爱慕光

英雄气儿女情相助益长

（1924.9.3，巴黎）

真卿吾爱：

方读书间举首忆今日为星期三，待下周寄函则非十月初不到，倘不为战事所阻，母校开学，当在本月下旬。吾真卿之脑际，又或有读书问题交战其间，则吾此函势不能待至下周，故虽仅二日，乃复作书，想且与前函同到，爱体吾相念之诚，则虽词不达意，当能心领而神悟也。

尔我皆青年英俊，毋庸自谦，且思英雄气儿女情合为一题，相得益彰。儿女情以英雄气而得尝真滋味，英雄气亦以儿女情而不或至于枯竭致不复振，是两者最相为助，深解此旨，乃有慕真之结合。其谈婚也不戏不谑，以诚以敬，可见之矣。慕光求吻，真卿以欧行送别相许，别矣。其第一书则言："昔者友辈言别虽觉……尝谓'黯然销魂'之说过火辞耳……所思仅及于造就之宏大以为暂时别离……而今则……"第二书有"设法自解思及'不有离苦，哪知聚乐'之句则他年预况，充我脑海……"之句，是非不知愁也，匈奴未灭，何以家为，慕真之情长，慕真之气等长耳。真卿于此倘欲不以吾所言为是，其可得乎？

慕光碌碌，无足言者，若真卿则非真卿之意志之道德之……之为人，万不能至此，其成其败，可不问也。敝屣富贵，鄙视声利，倾城倾国，不欲以此炫人，能文能诗，未敢于此自满，其心中固自有最高尚最纯洁最……最尊严之理想在，而以慕光为其意中人，是盲爱也。慕光惟自喜为前生十八世修得，则其相爱相感为何如。慕光承爱意得爱鼓舞，益加努力，尤觉此生之不容自已，此所谓英雄气儿女情相助益长。慕光一生爱之左右手耳，或有几微成就，皆爱之力也。而昧昧者流，曾为不入耳之推测，以慈将就苟安，即求成婚，是或深知慕光，然毫不知吾爱真卿者也。

是爱之情高意深，寥若辰星，而杭医与准提灵佛，则以为志大气傲致病之因，是知之而未得其真也，惟其言深不可忽。

尚有一事足反证吾言之确凿，即爱之知吾不德而欲我绝也，其心中所感痛苦或不减于我。盖如此爱之主张，宣告失败，此后解决问题，恐当多取人意，此吾所以深知爱之终能恕我也。是固以卿盲爱之深所不自禁，或亦壮志雄心，主张不愿稍失也，拜感拜感！

富者取贵，贵者取富，有无相易，以求相济，此普通心理也。若富者取贫贵者取贱，所以利其贫贱，以供其奴，则又变态心理之常者也。若以爱之德之才之性情之容貌……之人何不可希冀，而独垂怜垂爱于慈，是神之赐，洞悉现状，无一可取，而不厌弃，是盲爱也。熟察来日，诸多荆棘，就之若饴，是雄心也。此二三月来，于爱境地，益加明了，则其意志之高尚雄壮纯洁严尊，直使慈惊叹拜倒。呜呼！吾何幸而得之，是约翰达克 John d'Arc 之流欤！惟终身犬马之报。许多事境地不容其不稍顾虑者，昂然置之，噫！何其壮也！济慈于爱此生倘不能维谨维勤，一以吾爱之幸福为事，不但情话中之罪人，亦名教上之罪人也，世尚有忘恩负义如我者乎？

以爱之人，何事不可为，况读书乎？其犹有人以爱为无志读书乎？爱之好学，素所钦佩，年来之病，当以用功过度为其主因，务宜恍然知悟，设法休养，再无以读书为心，且我辈读书全在智欲之满足，非为生活问题，济慈能任事之日岂肯许爱度粉笔生活乎？爱之报效社会，提导后生，岂区区在粉笔上乎？吾无嗜好，爱素节俭，箪食瓢饮，乐在其中，且稍事积蓄可为风雨之备。任至何境，尔我相聚，即不觉苦。吾自得爱来，即不复知失望事，而深感老天惠我之厚，盖人心虽恶，卿终我知我爱，能得卿之相知相爱，则天下之幸运有福，孰有过于我者乎？当尔我之初遇也，正如牧童之仰观星月，痴想蟾宫，回忆当日情形，爱或将哑然一笑也。惟吾当即存心，诸葛且以东阳无金屋相戏，毓华之问，当犹在耳，此梦告成，拜感拜感，与我一生以无上生机，一视天下无不可成之事，乃决心成学以报老天。到法来，学问道德，自觉均有进步，皆爱之力也。

爱久病多虚，务宜摆脱一切，安心休养，虽不说如准提灵佛之从此废学，而此一年内万万不能读书所以然者，盖欲知爱之是否完全恢复健康。一年休养，使身日健而病永去，以后再为学亦不晚也。假使吾爱入校，病而又复，尔时汝父母作何想，汝自己作何想，汝爱作何想，慕光恐惟有当即回国殉葬耳。汝能否冒此危险，汝能否许慕光冒此危险？真卿思之，吾为此言，吾心兹痛！吾无一事一言，可使爱称心快意，言之固愧，思之尤苦。汝弟来函所言汝固执向学情状，吾急且忿,真卿!聪明若爱,何一昏至此耶!吾拟明夏返国,爱必以为相爱深诚之故,而不视为志气消沉,则爱岂不肯为慈故,而休息一年乎?爱纵不为自身计,独不为慕光计乎?"……英现对于读书等事均已置之不顾……""慕光!慕光!望无以英病为念,此次无论如何,必医至痊愈恢复前此健康而后已。"痊愈,恢复健康,必须有一年之休息而强健始可证明。往镇江去,且作两月住,至要至要。

爱之愈深,望之愈切,叮咛亦愈甚,当不以词害意。吾身体强健,寒暖自知留意,诸祈放怀养病,来函望多言病状经过与身体现在情形,至盼。他事可不问余,再叙。敬祝

痊安

你的爱慕光谨启

天下事当留意者甚多

（1924.9.8，巴黎）

本月四日晨接八月十二书，附朱函与卿书（原书附还，望存之），读之不胜骇异，当即往大学取考得之算学文凭，持往公使馆。见李君，先问前陈使有无接杭州朱光涛电，伊答就彼忆及当无，可即一查，吾以朱函书中所言相告，彼谓毫无其事，此地只有成全断无破坏学生事。即就办事本分而言，接此种电，当通知该生查询一过，方可答复，吾等当不至于糊涂至此。彼即入办事室查询，本年未接一浙省电报，吾亦以此事殊令人惊骇为言，并出文凭相示，兹事而确，则此种误解，将使我失信于朱君，朱君失信于陈使，不容不辩明。今依汝言又如彼，吾不能不直接或间接以此答知朱君。彼谓尽可以彼言告之，彼负责任，且苟有此电之答复，则此处当不为转。呈省长教育厅长之陈请书，该书八月十二付邮现且到省矣。真卿！李君之言当可信，彼深以朱叔或朱函之托罪陈使为无礼不道德。惟朱君之于此事非责任所在，全属好善之举，乃竟出此，殊不可解。果尔，则千钧一发之秋，将无所不为，朱叔老成，当不出此，而朱函何一年轻至此耶！岂与卿友爱之深，以致无可托词而出此欤！朱君初甚易视此事则有之，惟出此殊令吾爱丧心，故有……（见后）之言，而慈亦将不能不自认穷困，全属己过也。思念颇久，乃作下函，呈阅。

谋先先生大人　道席

辱蒙垂青，关念提携，铭感无限。日作由令侄紫封女士与敝亲张君书得识先生曾代向省署交涉，复电商驻法陈使，热心提掖，感何可言。济慈于七月底考试完后即将所得成绩陈请使署，幸蒙转呈致省长教育厅长陈请书各一件，业于八月十二日寄出，想日内已早到省，务恳先生代为鼎力面请，俾底于成，使济慈得益安心向学，他年或有几微可就皆先生之赐也。

济慈以国内大学毕业文凭，呈请法教育部，得认为与其硕士相当，乃直入研究院，惟法学制与美不同，理科研究院无规定功课，全在个人读书实验，盖其所授功课，尽属硕士范围也。济慈到法先预备法文三月，后来巴黎，学年将告结束，研究事业无从开始，乃即入巴大上课，月余就考，幸均及格，且居甲等。此固济慈所重读者也，所得成绩亦仅足为入研究院之资格，故于陈请书中之履历上即未提及，若在研究院则除末后博士论文外，便无所谓成绩，此等处想省长官所能了解，还望先生代为说明。

紫封女士，当已抵美，戬宜先生，起居想吉，江浙糜烂，国事益不堪问矣。肃此谨上　敬请

道安

后学——鞠躬

电询确否,未便直言。此事究如何,爱亦无从探知,万望勿介意焉。天下事当留意者甚多也。

痊安 快乐!

你的爱慕光谨上

寄朱谋先函,写杭州缸儿巷朱函转,想可交到,又及。

爱之于我诚万能也

（1924.9.13，巴黎）

真卿吾爱：如去年此刻！

但愿人长久，千里共婵娟，如去年此刻。光阴迅速，三秋一日，再明年今日后年今日，不四五个……。真卿慕光，思往念来，只是一团无限快乐，其已尝者将可一而再，再而三，以至于无穷数，未得者则计日相待，此尔我所以念过去，必及将来，只有一种快慰，一种奋兴，相爱日深而无止境也。桃下一抱一拥，团圆饼一吞一吐，满幅活动影片，此刻且同时开放于尔我之脑际，东西对映，况复对玉照以吐情，借邮传而寄语，天下之乐，尚有过于此乎！环之在吾手，如汝手之抱吾腰，真卿醉耳！作如是想，即得如是感觉，此理不足为外人道，要尔我所能同感之也。

爱，吾之明星也。使吾知天下之大，有不容自已，相爱之快知所以为乐，指引前途，昭示乐园，凡吾一身所有之善者皆爱之所予，所无之恶者皆爱之所去。爱能使我喜，使我哭，使我生，使我死，爱之于我，诚万能也。尔我今日或似驾一叶轻舟于汪洋澎湃惊涛骇浪间，则爱固吾之指南针掌舵者，前途尚遥，而回顾所已行，前途成功,当在指望。暂时之苦,转眼且将引以为快为荣,吾以济慈名,庵佛字,盖取一登彼岸(济),便尔成佛(慈)之意,则爱今日观音之修世也!

学业成功,非可必能,求知先贤之所已得与当今学者之所从事,而为该学问之一良好学生,想非难事。惜吾国人,未有于任何种学问臻于此域也,倘一人得之,则后世势必有继者,斯学于吾华遂独树之帜,是其促进与创设之功不可灭,纵彼于该学问未能有所贡献,其对国家对时代当已能为人所不过责。济慈于此,何敢让焉,不然殊无以偿吾爱今日之苦也。在此当留意一般助教授辈之生活,并预备回国后如何可以继续为学方法,满冀十年后能在世界学术水平线上立足也。以此为怀,则来法殊相宜。

本月八日寄上一函,言朱君来电之不确,想已游览。惟报载俄境近多骚扰,北京又将不免战事,函件往还殊多失落之机。惟吾身体强健,诸事总勉力设法维持,务祈放怀,即周余不接信亦望不以为念。接此函时,望一往函舍下,以告近日情形,免万一家函失落时,不生忧虑也。

蠢弟之病,已痊愈否,念念。吾爱务宜安心休养,以图全复健康,待复原后再设法勤俭,以报父母,其在今日惟有放怀之一法,事事总从乐观着想,即就国事论,江浙风云,酿成已久,竟能开战可谓一大进步,惟望其早告结束耳!余再叙。敬祝

花好月圆人寿!!!

你的爱慕光谨上
中秋节

际此时艰，还望镇静

（1924.9.17，巴黎）

真卿吾爱：

此地于十四日始报见京奉铁路不通。家函乃取海道，同时又有西伯利亚寄一函，万一能到，可免家人一月无函，劳念之苦，因吾每两周而一家函也。

本月四日晨接八月十二来书，附紫封函，当即向巴大领取考得之普通算学文凭，持往公使馆。见李君，告以其事，彼为查调，谓年内未接一浙江来电，且深以朱君之诳语推诿使馆之无聊而不道德，吾又恐斯事使馆未便自认，乃言既如伊说，吾当即据之复答杭州，李君谓尽可往函直说，彼所言彼负责任，代转省长官陈请书已于八月十二付邮寄出。此等事已于四五号函中详言之，并附录致谋先生函稿。吾以此事，未免直白，致生难为情之感，乃始以由紫封与爱函得知曾为向省署交涉并复电商陈使，作感谢之语，继告使署八月初代转呈省长教育厅长陈请书，托为面请，设法成功，末告以吾到法先预备法文三月，即届学年将告结束。吾虽已入研究院（研究院无功课），研究事业无从开始，乃即报考硕士诸学程，幸均及格，且录甲等。惟所得成绩亦仅足为入研究院之资格，故于陈请书之履历，即以巴大研究员为言，而不及考得之成绩，此种法国学制情形，想省长官所能洞悉，还望善为说明等语。吾于此书中所当说之事实，均已无遗，惟不以申辩口气出之，全然一封请托书也，似较妥。有国内大学文凭可直入法研究院，即承认为与其硕士相当，此定章如此，惟于吾辈学业无益。

前书及紫封函所言，来电陈使，乃属朱君，而来片则又云"彼叔曾与省署交涉，由省署电询……"，是否日内吾爱又有接紫封函耶？此点殊可注意，而此地则未接朱君电亦未接省署电，是可必也。紫封函已于八日函中附还，想收到。

日昨接杨师函，附上一阅，拟即以曾往陈请书告之。哈佛华文讲师原为赵元任先生，忆为白朗克翻译，未满贵同学意者也。哈佛物理博士，与胡、杨称善，闻与竺可桢等同时考得留美，七十余人居第一，固吾华英俊也。月前与其妇来法，刻正作柏林游，闻十月间返巴黎，且拟作一二年住。

英文报载国内战事较详，日来多看之。来片系八月廿八，江浙战事即在二三日后，沪行恐未果，宁居当无危险也！际此时艰，还望镇静，安心养病，为惟一事，即遇任何大不幸事务恳忍苦以全。尔我一片心彻底了解，至诚信任如尔我有何事不能看破相谅耶！济慈又当如何自爱，以轻吾爱之挂念耶！无过以济慈为念，济慈任至何境，当图自拔！祝你健康安好！！

你的爱慕光

吾民族阋墙之斗殊不合时宜

（1924.9.23，巴黎）

真卿吾爱：

八月四日、八日、十二日惠书及廿八来片，均先后收到，敬祈勿念。读来片所言朱叔事似与前函稍有不同，若云该电非朱叔出名，则爱可设法间接或直接代复朱叔，明言此事之不确。详情已见前诸函，不再赘。

浙江独立，沪事未告结束，奉天军势殊雄，此地所见，如是而已。余则多属议论，颇以世界方盛倡国际和平，如日内瓦之Society of nations，而我且事阋墙，则吾民族，殊若不合时宜者，报纸中几无日不言之。

时艰若斯，务望格外珍重休养，以求恢复健康，勿烦恼，勿忧虑，贱躯无恙，务祈放怀，余再谈。敬祝

痊安！

慕光谨上

岳父母大人暨

叔父母大人　均此候安

大哥大嫂鑫禹弟及致和侄均此道好

诸师爱我，一出至真

（1924.9.30，巴黎）

真卿吾爱：

依此地报载，似沪居不如留宁之安。深望爱与父母兄弟未能成行也。假中未明何师在京寓址，七月底往一函，告考录事，八月廿六又往一函均寄上海，未敢必其能如时收到也。故于八月九日寄熊段两师各一函，有所商请。又恐段师返川，熊师失和，校中欠薪，乃又于廿日挂号寄胡师，告以曾函熊、段两师，祈彼留意此事，总期接函后能有些款寄出为要。胡师素较裕，又有兄弟相处，故无法间当是彼处较易为力。惟又不可以难事均推诿于彼一身之恶印象。此吾寄彼近两函止言所根据之原则也。

吾于廿八乃作函寄何师，告以熊师来片，一再失望情形，请即寄我若干，以济燃眉，由西伯利亚、海道各致一函，便稳快兼顾也。

诸师爱我，一出至真。世事多艰，力与愿违，亦所不免，惟重视与感戴之心，将因之而益深。愁云战雨，转瞬且过，吾辈此时只有格外互谅，格外忍耐，济慈在此还当格外保重，格外节俭，格外用功，能如此亦就可一再告急，以求谅也。真卿！吾之方法，只是向他们呼吁，没有什么难为情的。

世事艰难，一生将无不在奋斗中，则今日者只一种锻炼耳。

离国万里，函件往还，费时三月。倘爱身体恢复健康后，能随时留意吾行动注目之所在而察其能实现与否，倘觉不能待，则一方为之转移其目标以作亡羊补牢计，便可不致多误时日，一方再函告我也。譬如卿接吾函云某日致书熊师有所商请，而熊师不在宁，则当为设法转去，或代函何、胡两师，苟非然者，则吾将在此瞎子等天亮，盖有许多事为我所不能预知。直至察识，将在数月后，而吾之难题，亦正此"数月"时间问题耳。

身体强健诸祈勿念，初瘥之身，望勿稍忽，至要至要。战事不足虑，健康是第一要紧，身体近状，极愿深知，曷不有以详告我！

杭州来电询问，未有其事，若云由省费署出名，则可直接或间接，望设法函告朱君以不确，紫封赴美，已成行否？

昨日此地报载，安南信件均可由西伯利亚行，故四十九号函仍取该道。吾将以海行为补助计，则此函之发，非重告急，望勿误会，至要。

余再谈，去年今日爱在上海，慕光在汝旁……

敬请

瘥安！

你的爱慕光谨上

沪滨抱别，历历在目

（1924.10.6，巴黎）

真卿吾爱：

沪滨抱别，今周年矣。孟渊北站，一碗面和泪……几只香蕉，一份报纸，黄包车上，步步回顾……真卿！真卿！慕光！慕光！……诸中情形，历历在目，誓言嘱语，刻刻铭心。在此一年中，尔我之相知相爱，且由无穷进而为无穷之无穷，深当引为自快自慰，若人事之多不料，时艰之难如人愿，均不值介怀者也。吾爱必以为然，且愿共加勉焉！

十月二日九时

真卿！汝又于此时而留沪也，殊足纪念！吾日内读英文报，颇以沪之危困可惧，而以爱未果行为祝。及本月二日接八月卅一自沪寄报，得悉苏宁一带情形，则又深幸吾爱之得到沪。九月二日寄下之报，亦已于四日晚收到，居留迁避，吾爱有父母兄弟指挈，见机而作，自得其宜，吾在此自不必作无谓之焦念也。惟借居避乱，饮食坐卧，多所不适忧时哀世，尤多抑郁，而以抱病之身，遭此颠连，将何能堪。两次来报,封面所写,似出蠡弟笔,不胜疑虑,蠡弟亦已全复健康否?战事迁延,为日已久,倘备款万一不济,又何以为法?卅一日来报自爱多亚路,二日来报则自浙江路,是否迁换寓处,吾沪地街道不熟悉,惟此两处概均在法租界,胡师所住亦爱多亚路。饮食问题,又如何办法,举家围坐一室,本人生快事,而在如此境况下,恐不免对哭。岳父母大人精神尚不十分疲倦否?自岳父母下想均同来沪,惟六叔父母一家又在何下落,均在念中。

荪徽兄当亦避居租界,曾晤见否?何师已否南下?其母妹当留沪,亦往谒否?何师未下,当有空屋,惟该校又为法军寄息,亦不便。

家函由西伯利亚,如常接到,惟总不如海道之稳,故此函由海道。九月十八由海寄四十七号函,廿三由陆寄四十八号,卅日由海陆寄四九、五十号函,不知均先后收到否?函寄宁居,又有人为代转递否?以后来函,务望提及最近收到函件之号数。

想九月初必有函自海道给我,则周内可到,吾日望之。而吾所欲急知者,则又为日内近状,其何能知之。时局大势,此地报纸日载电报,尚可知一二,来函望详言府上一家经过,至要。吾爱身体,务望深加留意,无稍疏忽,切盼!切盼!

避难情状,未所闻见,个中苦况,当非想象所及,吾爱与吾父母兄弟,均亲受之,独吾远处国外,安然无事,然其精神上之不快,实有过于左右追随,同受斯苦也。

身体强健,乞勿为念,巴大开学定下月三日。九月廿二寄胡师一函,卅日寄何师一函,不知均能递到否?甚为念念。胡师情形又如

何，余再叙。敬请

 痊安！

你的爱慕光谨上

岳父母大人前祈代候安

大哥大嫂鑫禹弟及致和侄均此问好

赴欧周年庆

（1924.10.13，巴黎）

真卿吾爱：

真卿，求神问卜，是无谓的，汝病颇涉外科，西医较中医为可靠。不过留学生亦有欺人不读书的，这班医博士更靠不住，加以职业性质，就毫无诚意，更不当心。所以希望择医格外审慎，免得一换再换，一误再误。汝在沪何不托何师（或胡师）介绍，就商宋梧生博士，他是理医两科博士，去年始自法国回去，就学生论是很不错的，在霞飞路住，还没有挂牌行医。我去年此时会过他，函中亦曾言及，不过吾深希望你病已去了，你只在求恢复前此之健康，但病情还望详商告诉我，便可与朱君商量，探询有无药品可为汝不时之需，当邮寄回。

汝病我无刻不在心头，我早想问问他，不过不到今日的交情同机会，我不便谈这种事。明天我要庆祝一周年纪念，六时就起身，到朱君处，同他兄弟两人往城外去，他两人去网球比赛，我去把他拍掌，他弟弟还是去年的锦标呢。你可知道我同他两人交情的进步！

十月十一日，国庆后一日

欧行先一夕

七时许三人同跑，三人同乘车，比赛时间原为八时至九时，因与赛者不至，致未及举行，乃就近同散步。十一时许始为代携球拍照相器返寓，因朱氏两兄弟又分往医院与他处也。午后二时许，彼二人同过我，此为广才君到寓之第一次，由彼为我在窗外廊上摄一影，容再寄上。我今日整天不读书，作为我的纪念，双八节亦如此的。

十月十二日欧行周年

　　中秋所赠，眉目双双，围而成圆，固吾爱之血肉也！不禁泪下，盖数月抱病之成绩欤！抑为其爱作数月保养，留以作千里之寄意耶！

　　旬前接家函云蒙岳父赠寿对，家父母铭感无既，还希吾爱代为致谢。八月底家中交诸葛麒君火腿一双，托其带奉，恐一时不能到宁也。敬祝

　　痊安！

你的爱慕光

战事影响土匪又起

（1924.10.21，巴黎）

真卿吾爱：

大哥沪上中秋来书，匝月即到，贵恙已就痊否？言念无似。乱中健康之体，不免得病，况以久病之身，沪居中必不能望有健康舒适之时，惟不太甚，致复旧疾否？念念。日内想已返宁寓，患河鱼疾者亦已尽复健康否？

本月十六接荪徽兄九月廿三经西伯利亚来书，有"……寄宿租界夜出日归……沪宁火车阻绝，南京之行尚未去也。宗英病体谅已就痊，南京尚平静……"等语，是彼未知爱之在沪且将一月矣，吾于此益明乱中起居出入之未安，不然，岂有不图晤会乎？又云："……吾东受外地战事影响，土匪又起，刻闻金宝时君于数日前被匪掳去，索赎价7000圆……又有湖南难民600余人，于本月上旬由永康入东阳，到处窃掳，家二祖母家内被窃去1050圆……"金君为吾中学旧友，北大明夏可毕业，其家离舍卅五里，若荪徽家离城仅15里，离舍亦15里，如此情形为前年水灾后所不及，甚可虑。不知有守土责者如何设法，苏浙战事终了，亦随之而没否？

昨日由朱君交来何师函一纸，系九月四日上海付邮，大意云试验成功，欣贺奚似。江浙战事已开始，南京情形不如，苏常松嘉之扰乱，并为介绍将来法之中法通惠学生杨智钟君。何师于八月底独返沪，师母以身体气候关系尚留京，此吾于彼寄朱君函知之，且有"严君成功，出人意料，汝于此可见苟事能依我而行，则其结果，岂易想象，而事事总与我愿违"之语，何师盖亦颇以此为快欤！其告杨君智钟亦足以见之，而朱君当时亦即为我捷报何师也。

款项事未提一字，以此书附朱君函内，前寄吾款则以寄朱君书附吾函中。想何师尔时返沪未有旬日，校中薪给情形不知如何，故一时或尚未有眉目，但想总不置我于脑后。惟罗君元叔九月初旬由法回国可抵沪，彼回国川资以家款未到，闻多由友人集借，则到沪后又以战事围困，势必由何师设法。但我于八月底亦有一函寄何师，满期九月底何师有款汇我，则下月初旬可到。否则吾九月底，又有告急两函，是十月底总无论如何有款汇出，能如是吾可不吃苦，不然，殊难言之。吾于日昨往函范赉君问彼余款情形，彼同时竟来函告借，亲友无人，告贷殊难，日中深欲买物理四本，需一百余方，深不敢动手，以面包远较书籍为重要。故爱接此函时，望为往函何师，能得彼已寄款复函，则爱亦可早日放心。此函达爱前，约在下月中，能即寄款，款到且在十二月底，吾乏钱已一月矣，可怕！

江浙战事，已行终了，中法学校想不多受影响，年内所冀惟何师之源源耳。南京方面，恐不足恃。在此学年七月间，满冀得安心读书，不为经费恐慌而烦恼，此七月所费，不过四百圆耳。尤祝吾爱得享受健康快乐幸福!!

  敬祝

  痊安

              你的爱慕光谨上

你是我的明星，我的一切

（1924.10.28，巴黎）

本月六日、十三日由海寄第五十一、五十二号函，廿一日由陆寄第五十三号函附公使署转来省署批示，不知均收到否？省署批系九月九日发出，云：

> 顷准贵公使函转留法生严济慈请补官费原呈一件，请查照办理等。由准此查欧美自费生选补官费缺额，本省业经选补一次，现已无缺可补。准函无由，相应函请查照转知为荷。闻二三月间由在德补四名，美二名，英、比各一名，率多省中一二人之私意。在比利时者前一二年原在法国，其父为营长，与省长同县，在外法文亦懂不清楚，读书无问矣。其同县尚有两人在法国，此一额所得乃由三人分用，此乃此三人中之一人陈莘君（新昌人）亲告我者。彼在巴大读化学已三年，未得一文凭，彼等之得官费，公文到来，一如天降，更不必说见公使作陈请书之无谓矣。省中办事，固不必依若何资格与经一定手续，吾之批示，极属自然，固为吾人所预料者，不过有此纸存案，或足为他日代请人之引语耳。

此事将来全赖省中活动，在此无可为力，吾之资格已作得硕士入研究院者矣。则后有所言，亦不过如此耳。敬中师复函附阅，彼以农商教育两部任命作中国代表于上海合办蚕桑改良会事，恐在省中尚多熟人，闻与厅长张宗祥颇相得，故两月前一往函托也。在此一人每月六百方当俭省，三人千五百方颇可裕如，能得一省费，则正可读几人书，兄弟姊妹，异域聚处，当益觉天伦之乐！又闻浙江教育厅每月例派欧美教育调查员五人，率多中等学校教职员充之，夏间有两人来巴黎住数月，英文且不懂。前三年有张凤君（原杭一师教员），以此来法，即留读书，每人旅费5000圆，能得此一名，亦殊不恶。

今晨吾已往大学注册，缴费九十五方。其定章学费分inscription入学初行之，百廿方，及immatriculation每年六十方，其余则图书馆费每年十方，实验费约每学程每季廿五方。故吾今晨缴费为九十五方，以微积分，力学两科无实验费也。

四月长假，转瞬过了。看报读书，吃饭睡觉，一日之间，如是而已。其生活之单调，孤寂性成如我者尚不为苦，巴黎之盛于我何有哉！汽车电车，瞻前顾后，我走巴黎街中如汝走在上海（忆去秋同游沪上，见汝下电车，如御重负，顾盼我一如大事告成不胜自豪以告喜者，深慰）！殊无安步之快，非不得已，殊鲜外出，离寓非饭店即图书馆也。即在国内时沪宁过暑，清淡有素，与今相差无几。尔时日夜所期即邂逅能见吾爱芳影耳（吾常故意要遇汝，走近了，吾又想避汝，吾到今不自知什么心理，汝早能感觉此现象），一转眼，一点首，远过吃人参燕窝汤，足使我可有数周的用功努力，努力。为什么……今则船行大约星期一二到，陆行星期三四到，一接函，不啻抱吻，其快乐不想可见，况我每周有一二时得借纸笔与爱长谈，开卷离坐，无不与汝言欲做与已做，你笑眯眯的，只是安慰同勉励。真卿，你是我的明星，我的一切！

功课预备，已有头绪，三科一年，志在必成，容次函详言之。此次（十月间）大学考试，就普通算学言，国人报考者五，无一人取。吾乡友乔君国儒假中刻苦预备，又不获录，殊为快然。乔君在一小旅馆住六层房，自己做饭，一日吃点萝卜等已耳，如此情形殊易令人气短。故吾于此一二日来常过彼伴谈，藉破寂寥悲感。其同考有刘一君与段师调元辈均旧识，来法且五年余，先做工积款万方，后入巴大读书，至今二年，未得一文凭，款已告尽，明后日又将往找工去。又有福建林君原在Nancy大学读书且两年，假后来巴黎，此次报考普通算学，竟亦未录。去年彼所读且为微积分，力学，及物理三科，可谓太不自量矣。用功读书，二三年毫无结果乃为常事，吾在此在同国同学鸡群中已渐占名誉矣。七月间考得化学文凭者为安徽郑大章君，亦取甲等（mention bien）。彼来法已四年，近亦来寓吾旅馆，日前过我，相谈颇久。下半年读普通算学，普通物理二科，拟于明年七月考算学，十月考物理，便易预备。彼决读化学，而于算理且求有充分之预备，其人极用功尤虚心，可谓难得，数月后交谊当有可观。其初三年在中学读书，盖彼国内中学毕业后即来法也。

返宁寓想已有数日，玉体状况，甚以为念，日昨盼函尤切。晨接葛师函系九月廿七发出，甚令人疑虑，盖爱于十三大哥寄函后两周间，非万不得已必与我函，体贴入微，如卿爱我，而今日竟不接函，殊令人疑虑不置也。但前大哥十三日函且先何师四日函涵清九日函一周到，加之大哥与葛师两函之快，乃属例外，惟据此以强自解脱耳。又或吾爱以吾函自西伯利亚行者未有失落，亦改由陆寄，是亦最可能事，果尔则当于明晚同家函齐到，恨吾函不能待后日发，转遗爱以怀念也。身体强健，尽可放心，此数日且拟不读书，以为开学前之休息，或欠信债，当事清理。

安心休养，恢复从前之健康为吾爱惟一事。真卿！你当能明白我体谅我听从我！！诸事放怀，至要至嘱！余再谈，敬请

痊安

你的爱慕光谨上

岳父母大人前祈代候安

大哥大嫂蠡禹弟致和侄均此道好

本学期功课表

（1924.11.1，巴黎）

真卿吾爱：

兹将本学期功课表录次，俾爱怀念间得知汝爱此时此刻所事为何，望远镜下亦得见复成桥畔否？

星期 期时	一	二	三	四	五	六
8			物理实验			物理实验
9	微积分	Dyna & Statics	物理实验	微积分	Dyna & Statics	力学演题
10 3/4	微分几何	光学	物理实验		光学	物理实验
14			电磁学		电磁学	物理实验
14 1/2	分子运动			物理演题		
15 1/2			Kine-matics		算学演题	

215

共十四次讲演，两次实验。教授九人皆当世贤者，就中如Goursat, Fabry, Cotton, Drach及Leduc尤为不朽之士，能熟得一个，将于学业鼓进不少。本年所努力即为明夏考试得意，均得录而所居等第尤希稍高。微积分、理论力学、普通物理三科同读，全校当惟吾一人，而此等科每年录取仅报考生之三四分之一，取甲等（bien）者不过二三人，特等则时无之（très bien）。故吾而幸取甲等，当能为人一时所注意，发榜后当即往谒教授，与谈继续为学事，当较受欢迎也。平时与教授无接谈机会，惟有口试时倒占半点钟耳，演题须先报名，国人于此多极谦让，吾当仁不怕丑，惟其教授资望均较讲演者为浅也。得硕士后当一方预备博士，一方继续上课，学程如analyse superieure, geometrie supefieue（超几何）；mécanique analytique et mécanique céleste（教授为Painlere），Calcul de probabilite et physique mathématique, physique cheorique et physique céleste（关于以太、相对论等），Chimie physique et Radioactivite（教授为Madame Cuffe）等当在所必读，诸科概仅一学期，将以与博士预备有无关系定选读之先后。博士预备之为何，当视此一年内所熟识之教授以为断，能以最短期间内完博士业，或再读书，似对己对人均较妥善，想吾爱亦必以为然也。工程方面有暇亦思便带，生今之世，经济界实业界，均有不容忽视，科学实业携手，为战后各国所最努力以求十分实现者。在吾国科学实业幼稚时代，此种人才尤为难得，而实最切要者。科学家能为实业家解决疑难问题，实业家能与科学家以种种资助。不过在吾国现状，科学实业如何能得携手？真卿！吾留意实业，亦为发达科学的非以资本主义改人性志有如是之甚也。在此能稍谙工程知识，对于实验室等之设置大有助力。吾于学问总求能于算理名家原集，得窥门径于己期养成一生为学之能力与习惯，于国家期得扶此学问独立于东土，使后生不出国门，得以为学。其他习惯上制度上凡足以泯灭好学之青年或促成之者，总当设法破除之或建树之，使他不再受我们的苦楚。一个青年在吾国今天没有一条康庄大道可使之十分努力向前跑的，这是最可痛而最危险的。真卿！我现在觉得是一天下午在物理预备室和你隔桌对面坐谈，竞林在那角里窃听一般，不过有些不同，就是尔我的心里眼里看不见竞林，只有你坐在我的案上。真卿！看了，不是你的爱对你无声地说个不休！暂住，且祝你

  安好

你的爱慕光谨上

倘若生活艰难我们就觅一荒岛过

(1924.11.5，巴黎)

真卿吾爱：

于九月初接八月十二惠书后，仅得一片及数次报纸，抱病避难中，诸种情形，至以为念，而爱于二月间未能尽怀相告，即此一端，其心中所受痛苦，当远过我万倍，惟吾爱到沪所得之病，是否不久即愈无刻不以为念。及于上月卅日接何师挂号函附汇票511方80生丁（想合国币50圆），并云岳父大人交彼百圆嘱代寄我，则一哭不能自止。沪地避居，百物居奇，离宁匆匆，何能多备，此百圆者不知费大人多少心血以筹得之，以省得之，此或是全家的饮食费，或是汝的医药费。战事迁延，几近两月之久，与其他困难日甚情形，当非初所预料，则苟以此百圆故，致全家受无穷之痛苦，吾之为罪，伊于胡底，清夜自思，寝食且废，真卿！吾且知罪矣。使双亲于流离避难间，捐衣食以相寄，尔时我且安枕高卧，暖衣饱食，固由双亲爱我之情之非寻常万万可比，亦由我之太不知双亲苦楚也。何师所言胡师愿我注意物理，并非新见，当与彼前寄我函同一意也。吾于算学物理，视为一科，未愿偏废，不过两人之事加之一身，年限问题耳。想起来只是叫你太吃苦，只觉叫你太吃苦，真卿！我无论到如何地步，恐都不能报偿你万一。真卿！我只有刻刻这样存心，这样努力向前跑是了，真卿，你为什么这样地爱我？

真卿！身体为百事之母，此乃涵清语。他来函叫我好好安慰你，寡德鲜能只是与你无穷的忧虑和痛苦，惭愧无地，真卿爱我还祈恕我谅我。安心养病，诸事放怀，庶病日去，身日健，双亲亦得安心，享其天乐，无以日后问题为念。尔我幸福，只在尔我二人身上，或只在尔我二人心坎里，倘或生活艰难，我们就觅一荒岛，过我们自己的生活去。安心养病，无以诸事为念，我虽函函言之，日日言之，亦不以为过也。

真卿！明天开课矣，我此刻之快乐，宛如前数年在中学时学年考毕作归计也。功课颇忙，不过临睡时赴校间，我总有时候思念你，每周仍当至少寄你一函，或稍短耳，你应许否？

本月初一为法清明节，以补假故，大学开课又延迟一日。

十一月三日五时

身体强健，诸祈勿念，放怀珍重无任盼嘱，余再谈，敬祝

痊安！

你的爱慕光谨上

岳父母大人前代为候安。

叫醒国民者之为大

（1924.11.11，巴黎）

真卿吾爱，如抱：

母校闻于十月十日开学，不知确否？在此情形下，即得读书，亦属无谓，前颇以从事根本事业之建设，政治自有澄清之一日，筑巢风雨中，当自怜耳。默首读书，读不出什么者，其报效家国远不若疾呼街市，叫醒国民者之为大，而于今日情形为犹如是故真正热心社会事业如学生会者，实为今日之英雄。惟以平日毫无修养根底，故动即为他物所诱，是最可痛，可惜耳。国人只能忍耐而无勇敢，只能吃苦而不知抵抗，所以最能安居乐业，惟与禽兽成性者相处，即不免为鱼肉，此吾国民性上所当急求改进者也。江浙战争当认为两省人民之大耻，而留为省耻纪念，民力之薄弱，于此显然，毫无所顾累者已早入兵盗，而上等人士又有租界可避，各保各，民意就无从而结晶而表现，此地报时载广东商团与军队开仗，最合理亦最善法，或亦广东受苦最久深欤！欧洲各国，其对内也稍采社会主义，略弥贫富之日甚，其对外也，则惟极端之国家主义耳。

上课且一周矣。各功课均公开，初开校听者尤众，例须先二刻钟到，方得坐前边，故一晨而有二课，即不能自修。教授类皆六七十岁，而以 Goursat 为尤衰，而讲演似最清晰有头绪。这班老头子往往小题大做，故事尤多。其及彼等自己工作，尤嚅嚅不休，三四十年前事，宛如昨日。听讲者亦颇多六七十岁之老太翁、老太太，科学之在法国与讲演之即为创造者，宜人听之宛如说大书，当不如在国内科学之令人头昏也。故出门散步过大学而即入听讲者类类也，大学功课表则街头市巷无不张贴。忆在宁听课之最有趣，即为第一年王泊沆先生之国文，欲使国人之于科学一如文哲，不识在何年。功课颇觉忙，实验明日开始。今日为欧战停止纪念，放假。巴黎中区，有总统阅兵学生游行等，当极热闹。

　　身体强健，敬祈勿念，余再谈，谨请
　　珍重摄养，敬祝
　　健康快乐！

你的爱慕光谨上

岳父母大人前祈代候安。

知识无涯，方法有限，创造全在于方法

（1924.11.25，巴黎）

真卿吾爱：

久未得书，渴念无似，左右设想，殊不得其解。由陆行则本月初付邮之函已可到，计尔时江浙战止且半月，有何不幸欤！爱也岳父母也大哥嫂也或蠡禹弟也亦必告我一二，不忍令我终日在渴望焦念中，人之痛苦，依境而迁，患难中当不以琐事介怀，爱于避乱间望书之切或不如平日，而吾之望爱书，则于此加切万倍，何月余而不得息也！何师来函系九月十七，大哥来书九月十三，想岳父晤何师在十五左右，于大哥书中未一先提及此意，又未即函寄我，按之平日情形，此事毫不足以为怪，惟竟月余而不一得函，诚何故哉？真卿！苟非整日上课忙，心神稍为寄娱，吾恐已发狂。

日间光阴，概用在教室实验室，归来则整理笔记，默思一过，吾上课时最注意教授之如何导引新理，如何介绍定义，而于演算等仅录其步骤，待归寓再自为之，则所知者将真知之，随时可应手而出，随口而答，是于考试将大有补益。如是则教授讲演之印入吾人脑筋之深，将远过自读书之所得，而终身不得忘，能于根本学问加以如是训练，将临茫茫学海而小之，更不致有望洋之叹。所授功课均为吾所曾预备，惟以此故吾于今日能做此种功夫，一年后当可于最普通最基本的算理，得确切的了解和坚实的训练，是于将来继续为学最便利亦最有希望，吾深觉法国大学教育只是教人如何理想，如何解决，一种为学的方法，予以指导，加以训练，而不在新奇的理论或现在的进步，此种问题由各种讲演会传布之，因人而到研究此种问题时，能自得之也。若但求知，尤属个人易事，故其课程非专智识之传递，乃实方法之训练，以此而论，则如公民教育……等等，无成立课程之资格。知识无涯，方法有限，创造全在于方法，而训练全限于少年时能得之。吾于夜间能稍自读新书，大都不出课程范围之外，礼拜日则早睡迟起，作为休息。

室中于本月起，已有汽炉，时在十二三度间，房租亦加四十方。伤风咳嗽，早已痊愈，身体强健，务祈勿念。

廿一午后往听博士考试（算学）主席为Goursat，即微积分教授也。

余再谈，真卿！你的信怎么这样久没有到？

敬祝

痊安健康！！！

你的爱慕光谨上
十一月二十五日

我的爱呀！你听见否？

（1924.12.3，巴黎）

真卿吾爱，如抱：

我到此刻——星期三午后一时，不得不执笔写信。此非是课忙，更不是不念汝，五旬不接只字，绝非偶然事，令我不能想，更不能说，日来尤夜夜多恶梦。真卿！汝苟一月不接吾函，将作何设想？天乎！天乎！祝

吾真卿　安好！！！

即汝而病也，何岳父母蠡禹弟而亦不一与我函耶！真卿！汝其能读此书，至少当即寄我"慕光！真卿"四字，则距今三月内可到，不然，吾不自知……真卿！我的爱呀！你听见否？真卿！真卿！祝吾真卿安好！天乎！神乎！

你的爱慕光谨上

吾心碎了

（1924.12.10，巴黎）

真卿吾爱，如抱：

本周又不接函，盼望几绝矣！周来读书无心，夜不成眠，真卿！我可暂离汝而来此，我决不能背汝而生存……真卿！我的爱呀！汝其尚能读此信否，倘三月内不接汝函或汝父母兄弟函，吾当以不告我真卿！汝无论在何地吾当随汝同处，吾于爱外无不可违弃者，真卿！吾决不能……，汝即觉孤苦，望稍忍吾二三月后……真卿！吾心碎了！吾不复能书。

七日

本周倘不接函，吾想打电报，如次：

Chang-yemai, Technical Collège, Nanking, is all well?

八日

刻忽接自沪寄来报数张，封面系禹弟书者，大与我以生机，是爱等于战止后两周余始克返宁，殊为我前预想所不及，修理铁道，开回军队，实在大费时日欤！爱待回宁后始与我信乎？则明日由西伯利亚来，当可到，吾望之无似也！倘爱幸安好，则接此书，望勿介怀，吾一得爱书，将如获捷报也。

九日

昨晚幸安睡，吾只是等天暗邮差来捷报到，希勿念。敬祝安好！

你的爱慕光谨上

汝全为我而受苦

(1924.12.16，巴黎)

真卿吾爱：

十一月十四自沪来书，已于十二日晚接到，欣喜之状，非吾笔墨所能形容。翌晨即作片由海道寄蠡弟嘱转告，真卿！吾于此惟益觉爱之受苦，远非我想象所及，非然者决不致如许久而一与我函也。吾今又恐爱接吾前二函而怀念不已，殊自不安。真卿！此亦至情流露处也。同时接荪徽书，藉悉吾爱详情一二，吾于日前且告以久未接爱书，托彼询问现状也。

十月底接何师代寄五百余法郎，当即往函谢。岳父母大人，由海行寄宁寓，来函所言，当留意，嘱阅后毁之，似不可能亦不必也。真卿！汝试欲将慕光任何废纸毁弃之，恐不可能，且尔我间何事不可说，又有何人掺杂其间也，是不必。蠡弟待我向来独厚，即在尔我言情间，亦惟蠡弟最力玉成之，中心铭感，固无时不在心，惟少所表现耳。想后日蠡弟与尔我来往尤密，亦事实使然也。昨夜睡熟最好，且得梦见吾爱就坐缓行状，一幅美人新痊图，惟未多语，又确似久别重逢，受苦弥深，莫知慰之所始情状。

十三日

十一月九日自沪由海道来片，已于今晨收到，居沪尚有多少人，岳父及诸兄弟，想均已返宁，岳母想伴汝留沪。叔父母一家又何在？汝留沪为医病乎？抑但待宁寓定后即归乎？宁寓又何以迁移？忆前年夏曾有欲迁寓之意，不知房东又欲加租费乎？新寓将去秀山多远？沪居尚不十分寂寞否？日曜荪徽亦常来过谈否？诸事放怀，安心养病，望此后，毋以学业为念，吾志得酬，爱愿亦偿。

我此后当益知感父母，我此后当益知感岳父母与爱，爱益保重健康，我益勉为好人。真卿！我只觉汝之受苦，全我给你的，或汝全为我而受苦的，我不知道该怎样地报汝，真卿！

身体强健，诸希勿念，敬请

痊安　快乐！

你的爱慕光谨上

岳父母大人前代候安

我的心神顷刻不离你

（1924.12.24，巴黎）

真卿吾爱：

　　本月十一接上月十四由陆来书，十五接九日由海来片，十六接爱玉照，喜不自禁，注视俯且接矣。真卿！汝何病而益丽耶？真卿！你只是美的化身，善的代表，一团天真，日夜侍我，我何幸何福，不识几生修得！我注视一而再，再而三；我开而复，复而开。我即往购一框，费十七方，装陈面前。真卿！我的眼前只是爱的影爱的美，我的心里，只是爱的情、爱的善！伴照者是否陈公子？

　　本月十日、十六日寄上第六一、六二号书，不知均收到否？第四九号由陆行与五十号经海行者同时发出，无甚事亦无多言，预备戒严中受监察，他人得之，亦不过知尘世间尚有一对如尔我者，即失之亦望不以为念。

　　何、胡、熊、段诸师来款，已先后一一收到，敬祈勿念。

　　上月廿六接十月廿八家函云："月余未接南京书，不知宗英病已痊愈否？汝母日夜念之。"尔时我亦久不接汝书，因此益增疑虑，而于家禀则以不提及了之，益深不愿与两老以恐惧也，惟即往书苏徽询问。真卿！家母最能挂念，得汝痊息，当快慰无似，爱与致和影，近日始寄上，因前战乱中恐易失落故也。

苏徽来书（已与上函附上）详言吾爱当安心修养之理，谅早面告。吾亦深以彼言为是，而与岳父母之意尤相合，吾爱务体双亲之意，此后诸事放怀，更无以学业为念。真卿！人当知经验之教训而受用之，不可固执不回。去年春间爱好学心切，稍痊即行入校，因以一复再复，夏间勉强支持，或属爱情浓炽，心力强健之功，而入秋则又病矣。玉体之年来虚弱，不容不有所休养。就他方言之，尤觉读书之无多益处，吾人求学，非谋生计，但求其人生身心受用耳。吾尝谓中国女子多未读书则可，谓无教育则万不可，吾国庭训当远过牛津大学之gentlemen教育而上之，男孩子百分之九十席不暇暖，能使之静心坐三四时而不思动者，则其所得之教育将远过于其所受之知识为有用，而女子则于其庭训中已早有此德，因而发生其他美德。真卿！吾非崇拜旧礼教，其有修改必要，自不待言，但其中价值，亦难抹杀。吾不能说明吾所欲言者，爱知我，当能解我。我的理想，只是如爱者就是尽善尽美，感人动人，只是美善，永未有聪明能令人拜倒者，只是令人猜疑，令人嫉忌。真卿！我的心神顷刻不离你，紧紧地抱着你，亦只是你的美善。真卿！益求美善，但从此不复入校读书。吾深明科学价值在道德政治下，但欲求立国今日世界，吾国不容不发达科学，我而成功，就己言或亦不过是一个牺牲者，但以爱故，身心两方，均有安慰，故爱为我一生之明星。我深信爱决不以我以几个x、y为判人标准。慈固愚昧，于吾数千年之文化，绝少沾染，然亦知天地间有无数珍宝，不容藐视者，来日爱正将使我享受之也。

耶稣诞节及年假自今日起至下月四日止，假中拟与朱氏兄弟稍作应酬。

战乱中诸友戚家，不甚罹难否？钱女士等家均在战区，而顾女士（某小学教员）家尤近上海，不知如何？亦在念中。爱十一月中付邮之详函，想不日可到，余日望之也。

贱躯强健，睡熟极佳，心境早复原状，万祈勿以前数函为怀，至盼！余再谈。敬请

痊安　快乐！

你的爱慕光

不知此生当如何才不负你的爱

（1924.12.30，巴黎）

真卿吾爱，如吻：

耶稣诞节昏起，邮差持书敲门，吾爱久许之详函至矣！一接厚封，如亲玉手，读之不知数十遍，即日内亦且饭后睡前读必数回，固吾爱神心之所注也。爱于疾难中，顷刻不忘其所爱，其怀念之或较平时为甚，勉力作书，竟至十页，铭感何似，慈未得书，只是满腹切望，虽能作吾爱种种困状之想象，而切望不肯稍谅也，待得书，只是感激，不禁泪下。十一月廿五附报中寄我书，亦于廿四日收到，有"慕光，数月未能握管累你想念，对不起了"之语。真卿！尔我一人，无所谓对不起，能明我念汝之甚，慕光欣幸极矣，谅不以第六十，六十一诸书为怪。

爱之精明，素所最称仰，诸事处理至当，深庆一生有恃，大可补吾之疏忽成性也，忆胡师亦尝以"她将来诸事可为你出主意"为言，可谓识人矣。细读来书，深觉吾爱之熟筹善虑，面面顾到，而爱我之无微不到也。我深感爱之存意，我深赞爱之行为。真卿！我于此不必加一词，我想我只需对爱重说我深感岳父母大人之爱尔我无所不至也。我尤深自疚，即我于今确信爱春间下关病复，全由我三挂号函之故。去年春间又以我之不知爱致爱受多少气，因而得病，真卿！我不知此生当如何才值得你、才不负你的爱。真卿！

何师于九月间汇来五十圆，十月初代寄胡师十五金镑（此即彼对你说及者，实系胡师购好汇票，交彼转寄者）。十一月初熊师先后两次各汇五十圆，段师汇五十圆，由海行方于日内接到。吾现身边余款，有二千六百方，当可用至明年五月间，望勿为念。何师至今尚未能全寄岳父交彼之款，其前来二函（已附上），亦深自觉不安，此情可不明告岳父母，免对何师怀不美之感，何如？何师爱我，当亦尔我所深信者也。何师不久总当有款来，段师亦言两月后再寄五十圆。明春当不致有缺乏虑。岳父大人可不劳心，经年来多费，不识大人心中何日始得前此之安宁，以岳母沪居，致吾岳父年老治事，星期晨夕，犹不得安坐弄孙以自娱，乃在客窗孤灯下过生活，言念及此，何能自安耶！本当于今即上禀岳父母大人，恐书太重只得待之下次。胸中千言万语，亦未能与爱尽万一，身体强健，务祈放怀。上星期六与两朱氏兄弟同往观戏，本星期五彼等将请我云，详情容下次谈。敬以十一年之贺年词"a good time of everyday"还祝念日之吾爱！！

健康快乐！

你的爱慕光

无时无刻不以爱的快乐为中心

（1925.1.4，巴黎）

真卿吾爱：

我今天起来第一件事就是想你、看你、写信给你，祝爱……民国十四年[1]的健康和快乐！！

这亦就是我的新春开笔，诸事如意大吉！

慕光一月一日

上礼拜六（二十七日）午后一时朱氏兄弟过我，约同往游，乃在巴黎最繁盛区Opéra及总统府等处散步，四五时许彼买糖果归彼寓煮茶，六时同往晚膳，七时半往Comédie Française（国立第二戏院，多演古剧，共有三处，一为Opéra，三为Odeon即在此拉丁区也）观戏。戏为莎士比亚之Le Songe d'une nuit d'été（One summer's night dream），膳戏资费许多话始让我出，其弟尤坚执不肯也。本礼拜四彼等又过我同往散步，晚膳入Falie bergcre看观景（Spectacles）听音乐（Concert），布景极佳，光又陆离多变，恍惚间青云上绿树下女子出现，衣极单薄

---

1 即1925年。

者且舞且歌……。我到法来，亦只是这两次看戏，我此次看戏亦只欲借此与朱氏兄弟益相接近，彼两人确为极完善之青年，虽年少来此，绝不染华习，我颇以为世家子弟，自不同也。此日所费概由彼等出，其弟以校中所用力学讲义（班乐卫教）借我，谓极简单而明了也。

吾与朱氏兄弟感情至今可谓亲善，彼二人在法对诸相识或于我为独厚矣。真卿！我以爱故，永未有吃些微苦，将来善状，更不待言，即在法之短时期间，将亦只是可口滋味，心中无所恐惧矣。望爱亦如之，无为济慈过虑，庶精神不致终日为忧，此种稳健无忧的心境，于病体尤为紧要，务求得之，至祷至盼！

来函言梦我去夏考试落第，是爱为我日夜预祝所致，或亦半由紫封函述使署复电文所激怒。真卿！我深愧无才，可使爱有些微的快慰，但我当一思一动，无时无刻不以爱的快乐为中心！

一月四日

朱君告我何师妹与大同大学校长胡成婚，是殆敦复先生欤！忆敦于十年冬丧妻，恐已有女且十四五岁矣。真卿！天地间有物最普通而最宝贵者，人人得以享受之，倘有人于此而失之，则虽无论如何成功，总不能不认为莫补之恨……汝曾前知此事否？汝不健不便外出，不识这姻缘又是某先生作介绍也，望就所知以告我。

身体强健，诸祈勿念，冬来天气甚好，巴黎至今未雪。熊、段、何、胡诸师来款一一收到已详前函。余再谈。敬祝

痊安 快乐！

你的爱慕光

岳父大人奖励勉嘱，爱护弥殷

（1925.1.13，巴黎）

真卿吾爱，如抱：

本月六日寄上第六十五号书，不知已收到否，日来岳母大人玉体如何？殊以为念，吾爱近况又如何？

上星期四接何师由陆来函，汇百圆，系十二月十六付邮者，函附上。中附寄朱君一纸，略译述如次："……舍妹已于日前与胡敦复先生——上海大同校长——订婚，圣诞节即将成礼，距今仅十日耳。严君知胡甚详，故吾于此可不必述其详。吾母昨日有慕光未婚妻张女士之访，尔时吾方外出，未得晤。闻较前好多，惟尚觉倦耳，不久当可复原。津浦通车无常，汝姊不能于吾妹于归前返沪，惟吾年内，且有要事晋京，一月后当同南下也。我日内当有千余方汇寄慕光，望即以此书告慕光，因我无时另作书也。"此书系十五日写，次日即以百圆寄我，故又将此书附我函中也。吾于朱君诸事无所隐，彼亦问我："你现在究有没有钱？"人当不以有钱与否，为定青年之优劣也。真卿！爱晤何太师母时，想彼必以其女婚事相告，不知爱曾往贺否。

本月九日接岳父大人手谕（十二月一日），奖励勉嘱，爱护弥殷，

236

并言一二月间复寄我款。真卿！此事务望劝阻之，附禀一纸祈代呈并转达诸意，至要至要。吾刻存款有三千余方，已可用至六七月间，吾心中已远不如前之多恐惧，必要时朱君处亦可通融。岳父年来恐无日不在筹虑中，拜别未两年，正不知白发添多少，于此时万不可重增其难，且吾今日又无此需要，将见来处困难，远过平时，而吾效用，并不见高，是不值也。见与不辞，不与不索态度，我极以为是，惟在今日情形，务望吾爱极力劝阻，至嘱至要。

余再谈，敬祝

痊安　快乐！

你的爱慕光谨上

不有离苦,哪知聚乐

(1925.1.20,巴黎)

真卿吾爱:

十五晨接上月十七付邮报数张并附函一纸,读悉一切。何、胡、熊、段诸师来款一一收到,已于前数函言之。岳父十二月一日来书亦于周前收到,当于寄爱第六六函中附上一禀,想不至失落也。

岳父有一二月后再寄我款之言,此事务望吾爱劝阻之,理由已详前函,爱当能体吾心明吾意为我极力阻止也!至要至要。

玉体远健于前,欣慰无似,还望安心医养,俾除病根,庶得复原,第一无以我情形为念。爱病颇久,欲求复原,自非旦夕之功,故宜静心勿失之躁急,能晚步庭阶间,与致和玩游,度日不觉其长,而有清兴,则吾今日为爱所遥祝者也!病情究在何地步,想就爱本人所觉及一年来病状起伏情形可推知一二,倘病已日去,则速度之迟缓无妨。用中医之调补药,一方注意起居寒暖,即可转弱为强也。倘病根尚存,则不宜放任,恐愈久而不易治。德医药有无见效?殊念念也。真卿!汝往摄影赠我,因而发热周余,往邮局挂号寄我信因而重伤风,爱之两次小不适,皆以我之故,于此尤足证我爱年来之病,皆我之过也。真卿！吾爱！我当如何忏悔之！真卿！你是我的相爱，我的相知，我的指针，我的救星……你是我的一切！！我一生一世，只有一个真卿，一个宗英，一个宗英，一个真卿！！！

嘱注意青年之摄生一节，尤为铭感，经爱圈点，吾即视为吾爱言，已存之座右。于此忆沪上爱曾面劝，行前最后一函爱又明言之，爱于病中犹不忘此，其爱护系念慈者可谓至矣！慈敢不自爱哉？我于此本未多犯，忆廿岁时为最剧。此后则年或四五次耳，是有赖于遏止，盖动念约数倍之，迨与爱言情，则心有所寄，念且不兴，十月间未一犯之，此吾在沪时极快且感，乃与爱言之。得爱后，则吾身不复为我有矣，我虽竭力于健康学问事业，犹万不足以报吾爱，其敢作自弃自戕之举乎？得爱如真卿，虽任何人当必因之而自爱，况慈本稍读书哉！故语尝谓吾爱真卿实为我决不致堕落之保障。恐身不支，故即不固留爱之再作一日居也。吾深感卿之爱我无所不至，凡能予我或可予我者无不予之，他则不可从。吾亦深感爱之用心，而不愿重违，尤不愿草草出之。吾于今益明吾爱见地之高，不然一夕幽欢，便增今日别离相忆无穷之苦，且如今尔我怀思，多属预想，作尽回忆，诚如爱所云"他年预况充我脑海，则奋勉之精神以增"，又云"不有离苦，哪知聚乐"。申言之，尔我今日实所以增加来日快乐之浓度与幸福之高度，总之我毫无些微病，后益当加勉，庶不负爱，使我儿女得有健全之身心。真卿！此乃人类惟一天职，亦尔我真正共同事业！你为我生个女，我为你生个男，尔我未全实现之理想，惟彼等实现之，此人类之所以无尽期也。我身体不强壮，以幼时少运动，少疾病则或以摧残未甚欤！后日则与爱共处，自能适度。尔我爱情，超出欲外，则尔我所相知互见而共信者也。我之身体,即爱之身体,我当以爱故而益求健康,望爱不以为念。勉嘱之言,尤望多寄,惟相爱者之言最能在心最能力行也。意重情真,以上言之未免失之粗鲁,惟想尔我间毫无所隐,不掩善,不饰恶,庶可得爱之赞许与指责,以迁恶而就善也,想爱不以之为罪。

身体健康,祈勿为念,本礼拜六将有物理实验考试,学年内共三次,此是第一次,平均能及格,即可作普通物理文凭之实验考试,到时将只有笔试一场也。余再谈。敬祝

痊安 快乐!

你的爱慕光谨上

岳父母大人前祈代候安。

趁着机会练练胆子

（1925.1.27，巴黎）

真卿吾爱：

廿一接上月廿一付邮报纸一束，内附一函，廿三接上月廿八挂号函。读之益自不安，盖吾月来心中常以吾爱接六十号左右诸书或多忧虑为念。虽其所言，固自情不自禁者，然于吾爱来书中所言诸种未能作书情形，竟未能想及一二，是必设想不及，为愚莫甚，或未肯设想，是不知体谅，二者必居其一。真卿！以为然否？真卿恕我，所恨者十一月十四来书乃于第六十一号函付邮之次日接到，则吾爱于接六十一号函时不知又作何情状，此吾今日之所最焦念者也。来书云"总是我病的不好……"你的病都是我给你的，如是说只益显我罪恶，疾病来去，非人所能主持，惟我健康者毫不能设法慰汝，反时添痛苦，清夜遥思，歉愧无似，而爱又言之如此，殊不可也。我彼时望信情急，深以忧虑吾爱疾病之故。爱病年余，离宁赴沪时不知究如何，避乱中最易耽误，到沪数月竟不接只字，最后大哥函则又以宗英来沪即又发热为言，因是疑惧日甚，乃至寝食不安，更不知当时寄上诸书言之为何也，望爱恕我。爱之念我，顷刻不忘，慈所深知深信，正惟以其深知深信故，乃疑惧疾病加重而如彼之甚也，爱必能我恕耶！

来书云作书困难远过从前作文百倍。真卿！吾四十五号书所云，或未能达我意乎。真卿！尔我间任何事不但都可谈，且必都要谈，此乃是原则。不然，茫茫谁复为尔我之知己耶？以尔我之相知，有时亦可稍为戏谑，因决不致误会的，即或动气了，我将即负房中玫瑰花向爱请罪。爱不笑时，我有口有手有膝叫爱笑，所以不笑的时候，至久不过千万分之一秒。故尔我谈话间只是从心所欲，随口而出，毫无顾忌，更不必思考。不然，日夜相处，如见上司，岂不倦杀！惟今尔我千里别处，偶或不解，则书函乞恕，往来且二月余，所受痛苦，则在接书之时，尔我相爱固不在请罪而后恕之也，是请罪书实无从消过去之痛苦，不过言此后之不再有斯罪耳。真卿爱我，诸事能恕，惟以其能恕故恐感痛苦而益甚，此慈于在别离中宜于言语上稍稍留心，庶不开罪吾爱，致感痛苦。四十五号之所言，即在此耳。吾爱爱我深待我厚，平日修养尤有素，自无失言之虑，于你爱前更可随口言之，随笔书之也。尔我前或有令人不快语，往往因感环境困难，致心境不好，乃或出之，是非尔我之本性，更非有意也，实不过是迁怒耳，爱以为然否？

来书最诚恳，最关切，我欲有所言者尚多，只得留诸次函，但读来书，似爱又有筹计入校事，此颇以为不可。努力健康无复以学业为念。德医处再往医否？见效似不宜间断，自爱如我真卿，当能酌量去就。想岳父母大人尤能为决之，而我之所请于真卿者，则无以慕光为虑。何师于十二月中汇来百圆，此事前函已言之。

上星期五理论力学 récitation，叫我到黑板上去了，一个黄种人敢跑上去，恐不多见，已使同学惊怪了。我之上去亦是因为不能躲避的缘故，我平日做题逐次交去，所以这教授或亦留意到那中国学生，那天他就向着我叫 Ny Tsi-ze，好像很熟的样子。我亦就趁着机会，练练胆子，作他年读论文的预备。

上星期六物理实验考试，题目每人一个，有同有不同的，由各人自己抽。我运气不算坏，抽着一个题名 measure of a resistance（method of a bridge），须先将用具原理作法等写出，再往实验，末复加以舛差等讨论。实验分数是不容易多得，但我一定可以及格，请你不必做梦，结果待下次告诉你。平时报告不交，但由助教随时索阅，当面为言种种不好处，并要记分数，我得13分，同学们普遍多只9或10分的。人多疑我是日本人，黄种人在地球上尚有人的资格，是不能不归功于日本的。

余再谈。敬祝

痊安　快乐！

你的爱慕光谨上

愿天无加汝病

（1925.2.3，巴黎）

真卿吾爱：

十二月廿八惠书，上月廿二接到，爱寄此书后之一周内始接吾第六十一号函，爱又以彼函而感不适乎？吾之为罪，将复何似，翘首东望，殊自不安，而以本周未接爱书乃益甚，意者爱若稍健，则于接第六十一号函时必复即勉作数行，以防前数函之或有失落也。去年春间医治已见起色，以吾之数挂号函而致病加重，倘今又以吾函，失德医之效，与吾爱数月摄养之功，则吾之为罪，夫复何似！真卿！真卿！愿天无加汝病，以重汝爱罪！！

来书云有言难尽之苦，惟尔我亲尝者知之，尔我来日正长，望不于新痊时汲汲言之，多费精力。尔我胸中，欲求一倾，似不可能，虽日夜书之，只是愈书而愈多，惟待来年枕畔耳。且尔我心心相印，事固多不待言者，惟以吾自束发读书，即多在学校生活，少知人事，故多想象不及之处耳。爱所欲言，可即将"如何如何"言之，而不及理由，吾当无不遵守。惟谨凡爱所见所想所主，皆为我所最钦佩所最感激者也。真卿！爱只是我的明星，我的指针，我数年前的想你，亦只是同想天上的星月一般，真卿！

见赠芳帕，快同抱吻，真卿！吾于此暖寿酒又不禁引起要说故事。忆前赠花篮，宗蠡说："姊姊说这个寿字的送 Mr. Yen。"又贺年，贺年片是亲制的，一面中文是爱的笔，一面西文，我这一张独是爱的笔，且祝 A good time for everyday！数多人很在其间寻味，其实他们妒忌些什么，那寿和日日好只是真卿早早独许慕光的。慕光今日当如何加勉，附爱裙下同登极乐之堂，庶不万分负爱也。

日昨接涵清兄来书，知郑君书五病故美洲，痛哉！忆彼赴美洲中舟函且以携手欧陆相约，吾与书五亦称相识。彼患胃病，左肺衰微，然不意竟如此夭折耶。吾人于此当益觉健康之不容一刻忽视。国人体格与西人相较，殊欠发达，每至五六十岁即衰老不复能有所事，而法国教授总在六十岁上（年轻者如四五十岁非无仅有），其所有四五陆军上将均在七十岁左右，国人每多年长始学，又即呈衰老，殊非经济之道。少年体育，真宜极端提倡。

物理实验考试结果尚未发表，容再告。身体强健，望勿为念，放怀摄养，无任盼嘱。余再谈。敬祝

痊安！

你的爱慕光

天地间若有爱神必为你我祝福

（1925.2.10，巴黎）

真卿吾爱：

物理实验考试吾得12分，最多为15分，有三人。与考有四五百人，不及格者约占五六分之一。国人同读物理共五人，与考者四，郑君大章得10分，余二人一为6分、一为2分。一年三次考试，平均能得10分即为及格，故其记分，殊不宽也。此次大半多是10分或11分。

真卿！此必爱神从中为力也，天地间无爱神则已，有之必为尔我祝福，则尔我所切信者也！

巴黎至今尚未得雪，此是今冬特别情形，惟以房中多有汽炉，故温度时在十五度左右，外间任何寒不足惧也。校中教室等处，每觉过暖，女子多仅留单薄内衣耳，此或亦是习惯如此。此地多细雨无烈风，故自房中披大衣外出，不觉难受，倒有清新之气，不数分钟又入室矣，外出未便时时带伞，今则细雨蒙面亦已见惯而毫不为苦矣。巴黎气候殊少晴明，却少变化，固较逊于沪宁气候，然亦不能谓之甚恶。在此吾一周不就浴，便觉得要就浴，此可见气候与国内之不同。吾于法地气候不满意处，只是夏间热量不足，出汗太少耳。今夏有便拟往南方乘热去，并可借此一游诸城。来书所云报载法沿海及内地气候不佳，想指日前沿海大风，在此并不觉得。

来书附言，大书报上摄影望留之数字，南京兵变图乎，摄生重要说明图乎？爱当叫我注意之事，甚多，而嘱保存者则必他年茶前饭后有复谈及之价值。胡氏结婚图乎？恐又非是也，四五日后吾当能知之。

前来书附，岳父大人拟托朱叔麟求补者费事概多由省署决定，派调查员似由教厅主持，调查费每人五千，一次交手，倒较省费为尤好。吴君昌履为省署教育科员，诸事事前恐不能深知，迨事后彼当知之，但已无及矣。倘成则蠡弟即可来法，此语吾先与爱言之，到时爱可转禀双亲，免函件往还，多费时日也。真卿！吾满冀蠡弟能于我归国前来法，亲人异域携手，何等快乐！！！

玉体务望随时加心珍摄，尤无过以我诸事为念，至要至要。岳父母大人及六叔父母大人想均同在沪过年，祈代为候安。志和亦曾笑眯眯对我照片看吗？那时候你亦红着脸地教他叫姑丈么？

真卿！我不确知今日是旧历正月十几，只觉是我求爱的两周年了。真卿！你为什么这样地爱慕光？？？

还祝你此刻的

安适康健和快乐！

你的爱慕光谨上

诸事多从乐观着想

(1925.2.24，巴黎)

真卿吾爱：

　　元旦惠函，已于日前接到。该书字之细整，一如吾初到法时之第一第二号函，足见吾爱目力手力心力之将复原不远矣，欣慰无似。还祝吾爱健康与年俱新与日俱增也！

　　关念家母，至感情深。年来幸健，或似吾之得爱、姊之有男，快慰之故欤！苏兄明达诚厚，而尤重视吾爱。忆十一年夏彼偶见汝于省立医院，后来校适吾不在，时吾与少铁同室，彼与少铁谈（相晤已数次），忽便问及吾爱，少铁乃大言为彼之学生，严亦相识者（此后少铁告我）。彼又告我以见爱于医院，盛称容貌举止言态为彼所未前见，乃问我认识否。我答举校同学师长以至仆役，当无不识彼，不然直无目无耳者耳，若彼之识我辈与否，则又一问题，自度我无一物可使彼识我者。苏兄笑而不言，后证以少铁语，不知彼胸中作何怀想。十二年春吾赴沪过镇江就商，彼极赞同，尤欣喜无似，颇以沪上之行为多危险，而尤宜机警，如入虎穴，步步宜备退走也。真卿！家父母之爱汝，或全以吾故，而彼则以吾故前，幸得一见美人，在爱当日谁梦待诊席上有一语音极与汝爱相似者在耶！彼尤敬仰岳父大人德义之高，五六月间某日自府上归，告余曰，就我观察，老伯任何设想，无不以汝为念，其为汝顾虑或不减于为自己女儿，此次彼所受痛苦，或不减于汝（斯言也吾至今而益信，则爱当日所受痛苦更不知几千倍于我矣！真卿！我当怎样的抱你！！！），其对汝用心，早如父母之于子女（此语以今思之，尤为至理，因爱早于此时许以我为汝父母婿矣）。望汝此后竭力对老伯父母对宗英……荪徽颇以同事辈为无聊，其在南京时每逢假日常来城北游，此次爱与诸大人以乱沪居，彼得时相过谈，深以为快，他日吾爱返宁，彼或觉若有所失也。

贞元女士在京执教，斟玄先生现不在东南乎？美恩女士何事在手，成功如何？乱中亦沪居否？曼英女士又如何？贞元女士关念在法情状，深感。贞元与紫封亦相知，吾爱可否以所谓打电事经过告贞元，或得水落石出也。

自三月起为第二学期，课程略有更改，录之如次：

关于微积分者：

微分方程及偏微方程	Goursat	星期一、四，九时
讲演	Denjoy	星期五，十七时
问答及演题	Denjoy	星期六，十时半

关于理论力学者：

讲演	Montel	星期二、六，九时
讲演	Denjoy	星期五，十五时半
问答及作题	Cahen	星期五，九时

关于普通物理者：

热力学	Fabry	期二、五,十时半
电动学及作题	Leduc	星期三、五,十四时
分子运动论及作题	Guillet	星期一、四,十四时

物理实验……

物理实验为星期三、六之上午

吾原抽出一小时往上力学,而微积分之作题,当不能兼顾也。题例由上星期出,待下星期叫人上黑板做,教授为发问改正。吾当可向同班中抄得题目,故所失无多也。问答作题均在星期五,所出算学力学物理三科题,吾例于星期日做完。算学题即于星期一借给两位中国女士,力学题则待交卷改过发出后借她们。她们说于南高开放女禁之首年,曾在南高数月,即行来法。她们还记得李玛利、曹美恩女士。她们的姓氏省籍,我还没有问,不过吾还曾在两月前对她们及她们的先生,介绍吾爱,她们还问你什么时候来法国呢。

本学期微积分问答及作题教授Julia将于次学期授椭圆倚数及其在几何学上之致用,此学程当在微积分文凭范围外,惟Julia为少年英雄,人极锐利,且此课不常设,故拟随便听听,须来年自修中头脑中先有一个观念也。真卿!我功课不能谓不忙,但我用功,能有常度,身体方面,自知随时休养,更无自戕者,务祈吾爱勿以为念。有一事相请,即爱勉多寄我信,一行可,"宗英安"三字亦可,但期吾每周能接一信。有时盼信而不得信,心中即若有所失,于接信前读书效力为之大减。来信例星期三晚七时到,故逢星期三晚吾必早一时往晚膳,七时归来而不得信,间或竟夕读书不及一页矣。爱之未能每周致书,实出不得已,故吾于此情亦未愿前告,且今得一解决之方,不知爱以为可行否？爱健时先将信封书好数十存之，遇伤风等不能作书时，即将信封装置任何物（如他人来函、报纸）付邮，吾现接爱稍不适消息之难受，或远不如盼书而不得书也。即健时亦不能周周详函十余纸，故详函可日日书之，一月而投邮，余则仅书"日来身体尚好……离乡万里诸祈……"数语足矣。汝爱得之如获至宝也！不知吾爱以为可行否？四月中尚有春假两周，功课例于五月底停止，六七月间考试。

元旦佳梦，乃尔我无量幸福之预兆，亦吾爱心理日趋佳胜之征象。诸事多从乐观着想，尤无以诸事萦怀，则胸心宽舒，不致抑郁，而有清兴矣。天气好时，亦宜多出散步，深望吾爱于汝爱不在左右时过日而不觉其长，真卿！转瞬间且将两年矣，再两年时……

每周二寄上诸函，均由宁校转，自岳父赴沪后，不知无误否，想大哥在宁，必需时当能为照料，故日后倘不接爱嘱，仍寄宁校转。

本日在法国为节期，叫mardigras，人多化装戴面具，涂颜色，裸手足，结队在街上叫嚣以为乐者。余再谈，敬祝

痊安　快乐！

你的爱慕光谨启

岳父母及六叔父母大人前祈代候安。

努力读书,努力健康

(1925.3.3,巴黎)

真卿吾爱,如抱:

二月廿六接岳父大人二月二日手谕,知爱旧恙复作,不甚疾厉否?深以为念。岳父以为或因立春节气所致,想不久即可病除,望爱不为过虑,更不宜有所焦念。汝病原在周期,则其或觉愈或又作亦固其宜,呈波状以复健康尤毫不足异,能逐波较平,最足喜矣,故爱今日更不宜自厌病、自悲观,即吾人不当以爱病为病复,而当视为未断根耳,最不宜焦虑恐惧。真卿!汝病吾未能亲为侍养,满腔情怀,亦不知从何处说一二慰藉语,吾少知人事,又不能作汝病状想象,故吾只自读书,努力健康。汝病如爱言不足虑也,望爱亦以此存心为要。医药虽稍愈似亦不宜间断,宝隆医处后即未往亦可惜,此情望益留意,毋稍忽为要。

禹弟不适,亦即愈否,念念。诸弟此刻想已随岳父回宁矣。上星期三晚以朱氏兄弟约同往odéon观戏,为过节也。自体强健,诸祈勿念,安心休养,无任盼嘱!余再谈。敬祝

痊安 快乐!

你的爱慕光谨启

不宜为相对论而读相对论

(1925.3.10,巴黎)

真卿吾爱:

昨日寄去禹弟画十张,其中一张为奉赠吾爱者,爱可如意选之,倘与我选定者(别有记号在内)不同,则禹弟当可以两张尽归爱,故吾望爱所选与我所指不同也,还望将所选者告我何如。

何君衍璿事拟更为函刚复师,庶或别多机缘也。

真卿,你的老师汤藻真先生来法国了,数日前郑君大章告我汤君拟与我一谈,可否相许,自是十分欢迎。昨晚来访,坐谈过夜半,彼留德约二年,凡入二大学,只是随便听课,不求一种最宝贵之训练。来法又仅拟作数月住,刻尚不能阅一句法文,是此大好机会,等诸虚掷。夏间回国任北大职,则此一行,最多不过识得几个新名词耳。此意吾对面言之痛快,彼亦心服,彼初接谈,且侈言相对论等,实于初等物理力学毫不了解,彼为言近十年来几何之进步,而于几何之重要结果又多茫然,此非我考他,实彼在我处翻看书籍,我须将章目节录译成英文,而彼极多误会,一知半解之点,吾一一为指出之,吾乃深言吾辈青年基本学问之重要,若相对论等,恐于己于人均非急需。吾人当读物理算学而自及新近问题，不宜为相对论而读相对论，以作哄人之用。吾国学术幼稚，凡事多在吾人实心实力以出之……彼亦深以我言为然，而觉初到欧时之错误，彼尚诚实虚心，故吾亦联络之，当引为同志，惟其思想之荒谬处不容不更正之，因将贻害青年太多也。在法当尚有数次谈，或亦一友也。日前又接北高教官郭善潮君书，所询亦多可笑，吾已直言告之。郭君于十二年暑间以何君增禄（在南开任助教，与彼系同乡，亦浙江人）介绍，曾访我叙谈数小时，同膳一次，彼亦尚虚心。若来此，我当使之不堕汤君辙也。

空话太多了。你病好些么？真卿！真卿！努力休养，无任盼嘱，身体强健，希勿为念。此请

痊安　快乐！

你的爱慕光谨上

今日吾爱生辰

（1925.3.17，巴黎）

真卿吾爱：

今日旧历为二月廿三，吾爱生辰，异地怀念，因以倍切，不知他年今日，甜梦醒来，将作何庆祝礼耶！大约是这个，真卿！在你的生辰，我尤满心感岳父母双亲亲恩之浩大，还望为转禀我此刻的孺念。此寥寥数语，就是民国十四年慕光致真卿的暖寿酒，以来年视今日，礼之厚薄诚有天壤之别矣。

未得书至今又两周矣，日来身体状况如何，甚以为念。岳父同诸弟想早返宁，吾爱与母嫂仍作沪居乎？近来亦服中医或西医药否？念念。

郭善潮君拟夏间来巴黎，吾请其过南京时往谒岳父大人或访蠡弟，并请先将过宁日期函知，便吾爱或有物欲寄我时可托带也。望购洋袜一打，颜色以黑为宜，他无所需，糖果等物经爱摸摸含含者带我些许，何如？

我此刻在此作书致祝，遥知吾爱必在想象汝爱怀念之状，则千里之隔，如在身旁，人生相知相爱，夫复何加哉！今日暂离，只增将来年年月月日日夜夜的甜蜜耳。还祈安心休养,无以诸事为念。

  病中劳代函谢杨师杏佛,甚感。身体强健,务希勿念。本星期四又属节期,为Mi Carême休假一天,闻将极热闹云。余再谈。敬祝

  痊安　快乐!

你的爱慕光谨启

口试重要

（1925.3.24，巴黎）

真卿吾爱：

二月二十惠书，已于十八晚接读。逢春小发，即就痊可，无任欣慰。还望随时留意，俾日进步，以复健康。刻或已反宁矣，整日车马，尚不觉过倦否？宁地空气较佳，春来天暖，望多随双亲散步，何如？

所云何师授意其内弟时约往观戏一节，是何师有其意恐亦未有函嘱乃弟之事。在巴黎，人每星期六夜及星期日几无不往游戏场，故于我行前，在天蟾舞台时何师云，往巴黎每月可看一二次戏，不宜多亦不宜少（此语似曾告爱）。何师又尝谓我于语言殊欠练习，故有以看戏为一举二得之意。吾于去年十二月某日（年假中）致函何师，内有云今夜且将同往看戏，以明与其两弟近来之益相了解与融洽，何师又深知口试之重要，故与岳父大人言，或即联串而益饰其词，授意两弟恐未有也。（此种情形，在我知何师稍深，毫不以为奇，何师往往有此种情形。譬如岳父来谕述何师云敦复甚器重汝，若伊任东大当为汝设法。恐全是何师个人意想，可能并非彼与胡师曾有谈及也。）无论如何，朱君未常约我观戏，彼两人固亦极课忙用功者也。去年底观戏乃由我约，上月Mardi Gras节观戏，且出临时之意，购票仅三佛郎半一人。于此又可见朱君之节俭也。朱君坐电车必二等，吾且时或头等，以二等太挤也。

口试重要，颇关所取之等级，而与取录与否关系似较小。笔试能得十二三分上，似不至于因口试而甄落，惟若我者恐万不能，取特等très bien（verg good）则口试之累也。我平时于问答课，上黑板受问，似为极好预备口试方法，可练胆量不少，惜次数不得多耳。六月间三课考试，倘时间不甚拥挤，当无甚困难也。每课均有笔试两场，每场均要四五时，即或有不取，则十月间尚可考，今年总可得三文凭也。希勿念。

光远至今未能成行，殊出料外。我于前夏不走，今日必尚国居，则吾人尤不能不自喜，虽稍劳虑，总得过去也。吾又设想苟尔我前春不言婚，则时事若斯，恐爱虽欲爱我而不可得，吾为是言只觉冥冥中自有主宰，吾不知当如何感汝，尔我不知当如何努力享此无量幸福矣！！！真卿！

在法教育部官费积欠逾两年，月前忽来三个月费，此朱君告我者，每人每月一千四百佛郎。

身体强健，敬祈勿念。安心摄养，多求畅怀，幸甚。余再叙。敬祝

痊安健康快乐！

你的爱慕光谨上

望早日学成来归

（1925.3.31，巴黎）

真卿吾爱：

　　岳父及六叔父本月一日来谕，已于上周接到，藉悉吾爱已愿从诸大人及医者劝，无任欣慰。真卿！吾别汝远道来此，汝病未能朝夕侍护，年轻人不识事，汝亦诸事欲书而未如愿，故吾于汝病情毫不能设想，竟更不知以如何治法相嘱，而爱竟甘受痛抱病，以至于今。慈虽蒙昧，宁不知感，私心所尤不能不自责者？即爱我知我如我爱真卿者犹有所顾忌，岂彼未深知我信乎？皆吾德薄之罪也。真卿！汝之爱我，夫复何加！忆初言情，即结同心，合谋以对外，俗人多忌，汝如何助我杀敌？亲人未谅，汝如何为我粉饰？故汝实为我对真卿求爱之军师，得爱之功臣。既相许矣，乃即为我谋求学，而以停学任事之决心作预备。推爱之心，凡有可益我者将无不可牺牲，吾亦常受而安之，诚以尔我一人。尔之生活，即我之生活也，我之生活，即爱之生活也，我为汝而生存，汝亦为我而生存，有时固不妨损此而益彼也。尔我只是一个体，惟当知相感如尔我，则不致流而此为彼奴。故我战战兢兢，凡事只恐有违爱意，读书亦未敢疏懒，深恐无以报吾爱之望,来日方长,终身犬马,此吾今日所引为自解者也。爱近失和,吾恨不能身代,赴海求药,当所不辞,岂有以治疗为病乎?真卿!汝知我汝爱我,我毋庸多言,望复诵Believe me, if all the endearing young charms歌,祝爱早复健康,得侍随左右,以娱双亲。望汝爱早日学成来归,挽臂同入理想国也!

上星期六为第二次物理实验考试,当亦能及格,希勿为念。结果或须待月底方知,因自五号至廿号为春假,里昂何衍璿等函招假间往一游,行否未定,大概以不往为多,因功课有需整理,考期转瞬即至也。岳父六叔父前,待周后假中上禀候安,还望先为请安。身体强健,万祈放心,倘有时不能寄我书时,望不为萦怀,吾当自解慰,只望汝安心,余再谈。敬祝

痊安 健康!

你的爱慕光谨上

健康为人生第一要务

（1925.4.7，巴黎）

真卿吾爱：

三月七日惠书，于上星期四晨不期而至，喜出望外。以前两周迭接爱书、岳父谕，上星期三晚本不待书，乃爱稍愈，即勉致我书，疾病离困，无时不以我为念，"与使慕光焦念万里外，宁我因勉强作书，而病苦加重"。真卿！真卿！我当如何……

此函封面左上两边已全破，不知是否被人撕开，中且夹置自上海寄法国 Grenoble 一函，外用绳索缚好，或以该函封口用火漆图章（后可不必用），中又附明信片，令人注意，而不知其中所藏为明信片耳。就绳索推测，偷开似在国内，好在尔我无所损失，望不介怀。

第二次物理实验考试结果已揭晓，吾得14分，郑君大章得8分，余二人一得10分，一得6分。总计最多为15分。吾第三次若得4分，则物理实验即可免考也。

春假已于昨日开始，略事休息外，从事整理功课预备考试，里昂之行定作罢。倘天气佳胜，拟乘暇往 Versailles 一游，为前皇宫所在，即和会签字处，距巴黎仅二十分钟车也。

"健康为人生第一要务,事纵有益于学问事业然有碍健康者,无论如何不为焉!愿与君共勉之。"疾病为人生大敌,事有能除病去害者虽无论如何而为之,愿与爱共勉之。真卿!你勿要这样地能受痛吃苦!!!努力就医,安心休养,尤放怀一切,至盼至嘱。

身体强健,务望勿念。余容次函详谈。敬祝
痊安　健康!

你的爱慕光谨上

我将得四张文凭

（1925.4.14，巴黎）

真卿吾爱：

何君衍璿忽于上星期五来巴黎，同行有郑浩春君，海南岛人，亦中法大学生。星期五六同游诸大街诸博物馆，观名画雕刻等及诸名公园。星期日为西俗清明节 Paque，同游凡尔赛皇宫，亦即欧战和会场也。各处摄影数张，待洗成后再寄上，凡尔赛景片将于日后函中随时附上。自本星期起，吾已不伴何君游，何君拟星期五返里昂，下月初动身回国也。

我七月十日总可得三文凭，此三文凭为硕士学位之限制最严而最有价值者，加以去年之文凭共有四张，以之入研究院总可得一教授帮忙指助（寻题），依章至少一年，能得题大抵一年亦足。算学尚有二三学程（多仅半月的）可读，故我拟于下半年先行物理研究。物理范围较广，且作平行式，非如算学之成直系又有实验可做，故易得题亦易得果，同时往听算学课，三年中当可得物理算学双科博士，能如此似最好，否则预备一科，亦须预算二年（博士考试，一年中随时可请举行，亦有于开学初行之者）或年半，二三年光阴，转瞬间耳。真卿！吾得此四文凭回国，较诸贤或为整齐，巴大与外省大学难易又有不同，依何君言里昂大学仅有算学教授二人，理科诸教授中仅有一人为博士，里昂固法之第三城也。吾人尚难觉满意者，即以其未达所望故，故倘能勉难再有一二年住，吾当专力预备，以求最速，否则即如爱来书所设想，二三年后能自力读书，亦一快事……

忆十二年[1]春爱病，涵清尝戏谓待我医。吾不识事，涵清非轻薄之士，斯言确否，爱今日当明告我。吾一生无一事可与爱之幸福快乐比轻重。吾心中无一念可与爱之意志交战。爱万勿以汝身体故，致我不能久留为念，或因而勉受痛苦，强隐不言，致身体受伤，而无可补。盖如是则使我即成为当世之第一学者，亦无以报爱于万一，是爱趋我以所不能，岂爱所忍为哉。若预备博士，固不值识者一笑，则他日重来又何妨！

余再谈，敬祝

痊安　快乐！

你的爱慕光

1　即 1923 年。

参加许德珩的婚礼

（1925.4.21，巴黎）

真卿吾爱，如抱：

上周末接书，颇非所料，昨见报载宁校冲突，爱竟未能函告，则三月中旬恐又不适，不知近状如何也，念念。

何君衍璿于星期五返里昂，定下月七日乘轮返国，六月中可抵沪。尔时倘爱未回宁，彼当去访，想亦爱所乐见矣！相离万里，传书鸽儿归来，将如何喂养，探询尔郎消瘦几何！彼前寄我照片，乃先奉阅，彼事全未定，又少识人，月前为寄函何、胡两师，全赖两师之极力介绍耳。彼在巴黎时，吾又为往函南开姜立夫先生，虽未相见，冒昧往书，想亦不致为罪也。

上星期一接许君德珩与劳启荣（君展）女士结婚请帖（即同在巴黎读算学者，另一女子名魏璧，均湖南人）。吾送一把花，费卅五方，星期四下午行礼于中国饭店之万花酒楼，他们强我演说，好像作为科学家的代表，有人说他们有此急于行礼的必要。

十九日

近于旅客散步公园畔由中法友谊会设中国学生俱乐部，中列中西报纸台球留声机器等。吾于三月十一日之《益世报》见载南京九日两电，晨胡敦复偕其弟入校，学生数百人……逼令签字后永不来校接任，其弟头部受伤。午后东南大学中学小学开全体教职员会议，议决驱柳、胡、萧三教授，举经济委员，校铃公管，继续上课等。惜以后报未到，不知近日情形又如何也。惟事已如此，只有一直做去，想不久总得一解决法也。教授中表同情于胡师者想不少，只以平日无"吹"的习惯，故有事时即有意亦不能出诸口，徒呼负负耳。

刻接范赉君寄来报纸数条，有东大教授任鸿隽等致胡函，萧纯锦致胡柳函，东大学生校务改进会之宣言，三月十日胡敦复之快邮代电，汤锡予等之快邮代电，贡沛诚等四人致胡书，王兆俊等宣言，张宗蠡等致东大维持委员会书，经过情形宛如目见。……

安心养病，无以诸事萦怀，至嘱至盼，余再叙。敬祝

痊安　快乐！

你的爱慕光

爱情浓厚，流露于不知不觉处

（1925.4.28，巴黎）

真卿吾爱：

三月十五、廿二、卅日三次惠报均于廿四日九时、十一时、十五时收到，各附一条亦读悉，中有"贵友交谊……"初殊不解，继得之。乃于不知不觉间将爱书撕破，终又深悔鲁莽，开罪吾爱，还祈恕之。

对竞林事，蒙细味，爱固吾知己也，深感。在巴黎自顾不遑，安有余力助人。高帽西装，多是博学鸿儒，谁肯俯首请教，吾未得爱言，尤何敢忘许哉。前出吾爱玉照相示，全是借光之举，爱岂不我许乎？使彼等知我有爱，聪明如爱，岂不我谅乎？以所作题借彼等，则以彼等之请，例于交改发还（星期五）即与之，附上一纸，即本星期五发还者，想此于己无损，于人有益，岂何乐而不为？后此，倘彼等不再请，则不复交之，爱于此意见如何？务当切实明告，俾后此遇相似情形知有所遵循也。吾惟汝命是遵，尔意是体！！！慕光全是你所有的！！！！！！！！！！！！……！！！！

上星期六晚许德珩夫妇来访，或作拜谢贺客之意。吾于此琐事必亦言之，即看戏等，知为吾爱所不喜，则当力戒而不去，偶或不免，亦当明言，不然，小事相隐，则大者亦将违而为之，久则貌日相近而心日离，仇敌咫尺，人生至苦。故吾于汝，只是赤裸裸相见，求谅求恕，宁优为之，相诈相欺，誓死不为。人生倘不能有一知己，无事不可说，无事不共知，则茫茫黑暗，无一线生机，慕光不愿一日为人矣，你只一个我，我只一个你，故只有一个你我，无你即无我，无我即无你，尔我间有所言，当作尔我言，有所想当作尔我想，我此刻执管作书，爱固居我膝上怀里也，则爱之读是书，当不作与论"贵友"事，苟为我友即为汝友，当无所谓贵也。慕光只是真卿，真卿只是慕光，故只有一个？！

故爱所言，于事实为无据，惟情重意深，叮咛至再，一遇即发，亦尔我爱情浓厚，流露于不知不觉处，吾且深引为快为感也。推爱之所为，全属加勉之意，在爱心中则冰心一片，爱我如爱月儿，深信而毫不疑虑，即云杀人，亦当虽三报而不信。不然，则爱之情神何托？安慰何存？吾书而益言爱，卿且或将作旁观的讥笑，则爱之生机，岂不完全断绝，吾言及此，不寒而栗，四肢麻木，天下事之最可恐怖其有过于此者乎？爱之所为固全属加勉之意也，举竞林事言之，尤为戏雅轻厉得体。惟"还不早……"一句，幸不知作何解，既已涂去，何不重抄一纸，使慕光不见之？此等细处，尔我均宜加勉留意。夫既书而涂之，最足见卿之爱我而能恕之状，吾亦往往发一二分钟之脾气。过了一二分钟，即只觉爱之可感可拜，是尤足证尔我爱情之日进无已也。惟尔我，无尔我，完全了解，完全信任，不知怒更不知怨，知过能恕，知善能感，此一二分钟之脾气将自然而不发生，则今日者又何可将此一二分钟为之暴露哉！吾之撕破爱书，直一二秒间事耳，今之附归乃为我知过与力改之明证，愿与爱共勉之。苟有一言一行，足悦爱心，则人世间于我之报酬，无复过此，吾将无所不为，况区区本身之恶习性而不力思革除之乎！！！于爱所言，吾作苛责而改之如次："贵友交谊日进可贺，忆昔曾请为竞林补课谓以英言，姑蒙首肯，则今日者汝爱不在，虽将百请而不许也慕光！"如是则此种"一个"之情，益觉洋溢于言表，爱以为然否！

吾为此函之总结，吾于爱所言为加勉之意，乃彻底了解，乃无任铭感，是后当益加勉，庶不与忌尔我者以些微可乘之机，祈爱尤努力以身体健康自珍，无以慕光为念。

"数年当如一日……""愿无时以英为念，愿无置英于脑后……"

身体强健，希勿为念。整日舟车，尚不觉十分疲倦否？宁寓有无迁移？余再谈。敬祝

痊安　快乐！

你的爱慕光谨上

留影凡尔赛宫

（1925.5.5，巴黎）

真卿吾爱：

　　上周寄上第八十一号函，谅已收到。自沪返宁，不免劳顿，引起不适，本在想象中。到宁之日，又迫近西伯利亚车开行之期，故上周我颇不敢必期有书，竟接禹弟来函，令人喜出望外，尤感吾爱关怀之殷周也。玉体以疲倦而引起之不适，不知即自消去否？现状如何？甚以为念。

　　吾爱既未随岳父返宁，三月间身体不见好，又何以即匆匆归去也。来书之服中医药尚好，甚慰。必要时，无忽根本治疗，至嘱。宁寓有无迁移，去函仍由工校转，何如？希告。寄蠡弟普通算学二本，较寄禹弟画为早，惟由海道行，想已收到也。

　　苏徽归去不知拟作几日住，他日返沪，爱已回宁，当觉若有所失也。汝以何物托被带归给小甥，汝可为我详言之，因徽兄例不与我言琐事也。上周接家书，家父以得徽兄禀知，有云"只要宗英病愈，汝母亦诸事宽心矣"。此次徽兄归去，当津津于诸大人前述吾爱贤德，其快慰当有为我所不能想象者矣。

附影为四月十二与何衍璿，郑浩春二君在凡尔赛皇宫院内所摄。该宫以法德两次和约签字故，益增历史上之重要，选举总统，实于此行之，卿亦知有人于此曾遥念吾爱乎！

　　身体健康，乞勿为念，诸事还祈放怀，努力健康，至要至嘱。余再谈。敬祝

　　痊安　快乐！

你的爱慕光谨上

五月五日

岳父母大人前代为候安。

于考试无畏心

（1925.5.12，巴黎）

真卿吾爱：

上周未接书，颇觉失望。星期三晚不见邮至，满冀次晨当可得吾爱月余心神所寄之挂号函，八时许果有人来敲门，果是邮差，惟所出函为葛敬中先生致范赍君函由我转交者。真卿近状如何，至以为念。

考试定六月十六日起，各课日期尚未公布，吾已报名三课，学生考试约需一月之久，至双八佳节，当已得个自在，便可多说几句佳话也！临考，总较平时似觉当心，惟于健康，自知防卫，吾未经若何考试，惟所考未一失败，故对考试尚不谈虎色变，于考试而无畏心，而无受迫情形，则虽用功，倒是摄生，那成功的自慰，可滋补些微的疲劳也。望爱千万放心，毫不以为念，吾能考取二课，则已可得硕士，故虽有一失败，在我自己亦毫无失望。……

玉体如何，至祈珍摄，吾函似稍短，吾每日之念汝有加无已，真卿吾爱。敬祝

痊安　快乐！

你的爱慕光

巴黎学潮

（1925.5.19，巴黎）

真卿吾爱：

四月十九惠书，已于上星期六晨接到，喜出渴望之望外，读之尤觉字字是爱，句句是情，真卿！你只是爱的化身！！！

禹弟四月五日书，于两周前接到。所云岳父四月间手谕，则至今未到，岂邮误而海行乎，抑竟失落耶？中有何要事否？便再见告为幸。本周爱书迟至星期六到，同时迪之师四月廿日函，则于昨晨到，是此次邮传殊失常，岂西伯利亚铁路有阻乎？若然，苟吾函不能依时达爱前，致累焦念，为罪何如。上函仍由工校转，抑直接复成仓寓？希告为幸。

我身心均好，每得爱书尤多兴奋，此种愉快之情，惟尔我亲尝者所能意会。所云接我两照，形容均瘦于前，此由照片未好，乃使吾爱有是想。在窗槛上所摄，系直对日光，朱君又欲强修，乃呈露筋露骨之像，令人可畏，吾始本不欲寄上，继思吾爱当能为设想所照未好等情，非不知设想也，而不自禁地要作减瘦之想，是尤足见相爱之深也……我记得我园中小石榴树，每年初生石榴，爸爸说这是我的，我天天看它长了,大了,红了,姐妹们多少羡慕着,我不久就要吃了……甜!……

迪之师又汇来五十圆,是为本年之第三次,每次各五十圆,时艰若斯,顾念如此最可感。熊师诚挚寡能,对人尤刻刻在心也,望宗蠡代为面谢一声,益明感彼勉难之意何如。胡师刚复岂在宁授课乎?

三月底巴黎学潮,以反对法科国际公法教授而起。法国大学以课程为单位,每课程为一席,故有有席教授与无席教授之分,因一课程只有一有席教授,而同时有数人教授也。教授有一定资格,有席教授则由诸相关教授推选二人,再由教部择一委任之。此次巴大法科国际公法席缺,最合资格者有二人,均为外省大学教授。其中一人声望尤较隆重,他为社会党人,有关诸教授一致举前者,惟以法定须有二名报部,前教总长(社会党内阁)竟委后者,群颇不平,学生(法科学生均有党籍)反对派预将教室关闭,路上阻守,使新教授不得上课(学校内无论如何扰乱,非得主任请警察维持秩序,警察不得入内干涉)。迨晚事毕,反对派与欢迎派乃在校外隙地相持示威,公民(亦均有党籍)又从而加入,于是警察干涉,乃至双方打伤八九十人之多(法国学生同常人一般强悍,他们在二十岁时都要充军役一年,所以个个是打人好身手)。次晨教育部将法科主任停职,尤动公愤,学生联合会(高等以上学校,中学生不得加入任何运动,亦无组织)乃发罢课三日之通告,法医全体罢课,若理科上课仍旧,惟人数减少十分之二三耳。罢课三日,其第四日即为春假开始,假中内阁倒(新内阁总理为班乐卫,兼陆军总长。海军总长为鲍莱尔,亦巴大算学教授),新委任之国际公法教授亦自向教部辞职,法科主任复职,风潮于是解决。

行往摄影，病未见发，闻询之余，快慰奚似，还望努力珍摄，以复从前之健康，凡为健康之阻者，当是尔我大敌，尔我当不惜牺牲一切以驱除之。吾于汝病，痛过身受。一以清夜与思，深觉汝病间接直接皆由我之故；二以相隔万里不能有丝毫慰藉，稍疏痛苦。此情未欲前告者，以恐吾爱知我劳念而反引起不安耳。幸得稍痊，望诸事放怀，一以健康为要，庶病日去而体日健也。世事若斯，我辈于将来事业，大可不必抱若何之奢望，而尔之为我我之为尔，其心其神，当非天地鬼神所能夺其万一，洁然以求独善尔我之一身，深蒙不弃寒微，当可随遇而安，箪瓢无损尔我之乐，是诸事尽可放怀也。望以后只以健康为事！我身体强健，自知留意，功课亦不甚忙，务希放怀，若写函致汝，乃为我无上快事，亦最卫生之身心休息法也。余再谈。敬祝

　　痊安　快乐！

　　　　　　　　　　　　　　　　　　你的爱慕光谨上

岳父母双亲大人前代为候安。

天以爱赐我

(1925.6.2,巴黎)

真卿吾爱,如抱:

昨晨得玉照,快同抱吻。万里遥隔,朝夕怀思,汝虽日以一影惠我,亦不为多也。宜吾壁前桌上左宗英右宗英,俯仰之间无不是真卿!看汝裙缘花满欲溢,慕光当何以报之……即前春随双亲赏梅,梅庵过我者,该晚情形,影定纪念,夜昏不知,忘食不觉,当为尔我相知相爱,情所不自禁、心心相印而合作之第一日。那微笑促拜,而以闺中女相讥。又逐颜自豪似说"母亲,这就是我所……",宛在目前,真卿!

汝病而益秀丽,诚所谓天生美质,私心欣慰,不胜距跃。惟细观其神,则似尚未十分复原,务宜努力休养,诸事放怀。依岳父言汝病来易去难,则尤宜于稍愈时留心,求有进步,近来汝病体似觉前为好,即偶发亦尚不剧,惟能使一月不发,则将永不再发,此关似较难,但必须做到,方好。若读书等事,尤不必妄想,此吾觉吾爱于稍愈时,益宜小心也。不费力之消遣,亦可多玩,庶过日不觉其长,写信致我,实为健时最快乐事,尤为病中最费力事。因话语从心坎中出,每一执笔,无不旧事新题,潮涌脑际,最不可勉强支持。志和侄当已能走能语,天真烂漫,最是娱人。望多爱护之。真卿!此时光阴,当为汝最苦时代,小孩之玩戏,已失其乐趣,成人生活,又未开始。这都是我的罪过,这都是我的罪过!若我则以汝故,始未敢自弃,富贵才德济济中,爱乃独加眼慕光,慕光何所有,敢不自加勉哉。世道人心,即云不古,吾以爱故,虽无论如何,当不至怨天尤人。天以爱赐我,其报施我者夫复何加哉,故爱只是我的明星,我的一切。

　　昨接挂号照片及画片,而未得书,颇以为怪,岂封面忘书"Via Sibérie"所致乎?有时但书巴黎而不书明第五区(Ve),亦迟一天。身体强健,希勿为念,敬祝

　　痊安　快乐!

你的爱慕光谨上

旦旦以爱书为念

（1925.6.16，巴黎）

真卿吾爱，如抱：

五月十七惠书，于上周收到，有云"上周此周均未接书……"。本周未得书，言念无似，不知吾每星期二所寄出各函，后即一一收到否？故吾今日之所念，恐爱或有不适者远不如该"次周"又不接我函，诚想爱我如吾爱，以三周之久，万里之遥，而不得汝爱一语，可惧孰甚。汝来函本无时，吾偶或失之，且觉不安，况我函有期，而汝病中尤旦旦以爱书为念哉！真卿！我身体强健，饮食寒暖，自知刻刻留心。每星期二上书，虽考中当不稍误，故汝或不接函，当知邮误，努力自解，至要至嘱。

吾诸函均收到否？以后来书，望必言明最近收到之号数，吾此函特挂号寄上，将前函事复言之如次：

杨师处拟考后将硕士文凭由使馆或领事馆译成寄回，故今未往函，金法郎事吾不知所以，倘有机会，望代托杨、何诸师。何师未有函来。月前迪之师汇来五十圆，手中尚有余款，缺乏时可向朱、李两君处暂借，务祈勿念。丝织风景片现无所用，望勿购，袜不必托底。

惟郭君善潮后亦未有函来。

上星期物理实验考试，想可及格，容再告。前之照片尚未寄上，一因厚纸未买到，二因在理论力学课所摄之照片未取来，待考后一同寄上，爱不以为疏懒否耶！

昨梦与汝合卺，主宾尽欢，似汝尚在病中……醒后始恍然离爱之远，不禁自悲，吾于此又忆爱云元旦佳梦，何天不仁竟未能助力吾爱，使得长谈汝爱前，一如其所愿也！

身体强健，希勿为念，努力珍摄，至以为盼，余再谈。敬请
痊安　快乐！

你的爱慕光谨启

岳父母大人前代为请安。

爱的数学证明

（1925.6.23，巴黎）

真卿吾爱：

　　第三次物理实验考试得14分，平均得13.5分，最多为14.5分，有五六人，余亦当在廿名内（14分者有六七人），可得免考。国人同读除余外，惟郑君大章平均得10分，亦适及格。彼今夏不报考物理，当于七月中考普通算学一课。一年一课，不算为少。

　　玉体近来舒适否？爱之爱我，远过己身，垂念殷殷，铭感无已，苟稍体爱心，敢不益加勉以舒远念哉！吾以得爱来，深觉此生之重，健康方面未或稍忽，读书虽不疏懒，自省未有一日用功，或自不察。吾自后当刻刻以健康为怀，望爱亦可随时加我敬勉，但不当稍存忧念心。盖此种忧念，其来无根据，故无法可以破去之，将无刻不环绕身际，人生幸福健康，无不为之减。真卿，汝于此点望注意。譬吾此次考试而失败，则爱或将忧我灰心或惧我读书不努力；倘而成功，则或又将忧我努力过甚，有伤身体。其成其败，与爱只是一个忧虑，真卿！汝之为我忧虑入微，正真情重意之流露于不知不觉者，吾何幸而得之！凡预见危机，乃可喜而非可忧，因预知而可预防之也。吾苟考试成功，吾想吾爱知之必欣慰异常，继思慕光考后假中当稍事休息，不急往函，嘱九时前不得起床，十时必须就寝，多往公园散步……还要多出几个情题，忆前筹后，譬如秀山步月，回国后的第一件事……叫他没有工夫就去读书，慕光此时，快乐何如！吾爱一言之嘉许，远足偿一切之劳，而况考试哉！吾日来读书且较平时为少，因法校考试出题极有理，全不在临时强记，而每试必四时之久，故头脑须清楚，精神须充足，是为得胜利之必要条件。考试前一二日，务须有相当之休息。吾明此理，则吾爱可不以汝爱或用功过甚为虑也！

四月间接书，论吾续学事。吾隔两周始谈此事，则以该函所述颇简。冀吾爱或即有函来，我可有更确实之依据，而免空论。或竟违爱意，以伤爱心，此吾有二周之待也。吾今日于此不能有何决定，真卿！吾苟有力自决，吾必归去一见吾爱以为快！！！！！！考后再谈此事，有数点先言之如次：

慕光真卿，真卿慕光，尔我一体，此为我一切思虑言动不可刻忘者。我写信你读信，亦均不可偶忘此黉一字。

何太师母之面问，是最令人难受，为我所不前知者，请吾爱恕我！

真卿之望慕光成学，远过慕光之自望。欧行劝助如何奋不顾身，真卿之爱慕光，只以其尚向学，今岂肯任其辍学？任其辍学，是自杀。爱所发动之一线生机，虽三尺之童，亦知其谬，岂有汝爱而以此相疑乎？吾爱于三月该函发后，尤为各方注意公费。日内且来函嘱商何、杨，百计图谋。惟以慕光之成学为望，是其明证。吾之能感此情此心，当非是今日始，此真卿之决不欲慕光辍学，为人所共见者也。

真卿之爱慕光，亦以其有不损继续为学之便，故爱之爱我以德，早为慕光所同心。忆沪宁叙处如矢在弦……得以未发者，惟吾爱修养之深立，心之坚乃可乃致之，恐岳父母家父蠡禹弟均不尔我信也。则真卿之不望慕光早归，纵天下无人信之，慕光亦深信而不疑。

齾一体，福难同享，慕光健全读书，真卿且刻刻以其健康为念，则慕光于其抱病之爱人，不知当如何……真卿！吾当为汝传血，即将我血由医生传道于汝血管中，因失眠等都是少血现象，汝初或不十分赞成此议（我不懂什么缘故），则我将以为爱又忘了？一体之意，或竟以为爱之爱我，远不如我之爱汝，我用算学来证明如次：

设：真卿的健康=7

　　慕光的健康=9

∴　齾的健康=7×9=63

　　倘有方法将慕、真健康平均各得8，于是

　　齾的健康=8×8=64

尔我的健康的幸福，斯增加矣，何乐而不为！汝今明此理，尔我将来一切都依此原则去做。凡事之有益吾爱之健康者，慕光将无所不为，岂不能暂归国一二年乎？故初接汝函时，吾即决计今秋回国，后又恐有误会，故敢直问一切，尔我一体，汝身即是我身，又何必"……来书竟以种种见询未知视英为何如人……"之语相责耶！爱即以带多少长多少厚告汝爱，当亦不为俗，若以我之谋齾共同幸福之增加为藐汝，是岂解齾一体者之事哉！此"齾一体"当为尔我一生之原则，倘有事汝当为汝爱牺牲以求共同幸福之增加者。吾知汝必踊跃争先，我亦将爱之而不辞，因吾深明齾一体之义也，深明齾一体之义，而求实行之，乃有前函之复，望爱不忘龘一体之义而读之，当无所误会也。不然，则词不达意耳。一点相爱之诚望善谅之，认为藐视，则以由片面设想，或受古来女可为男牺牲恶道德之影响，望爱细审龘一体之义即可恍然，若末后所言"……乃顾而之他，取一言以塞之……"。是直以我之对汝如仇敌用技术，则来日方长，一言一动，皆足表现真情于不知不觉间，吾人方勉励之不暇，不必多辩也。爱之此言，固以顺气而下，无意之语，故吾亦不以为意也。又云："……纵不能愈，君归亦无所益，日面病人徒增君以焦烦耳……"末后二句乃语余非正文，读者不当置意，惟岳父母大人对汝刻焦烦何如？倘已不胜，则汝当速招汝爱归来为汝侍护，纵天不尽人焦烦，汝爱当不焦烦，因汝爱为汝之爱也!!!!!!真卿！吾为此语，并非指责，吾读汝书只是快慰，不然，又何日日引颈望之耶！吾或失言，吾或有过，望爱亦不以读此书，而益觉难忍。不然，吾又何苦于考试中写此长函耶！远游万里，未能朝夕伴谈侍护，以疏寂困，言念无似，还望努力珍摄，善自乐观，稍补吾过，身体强健，敬祈勿念，余再谈。敬祝

　　痊安　快乐！

你的爱慕光
巴黎　六月卅日

主试人法布里教授

（1925.6.30，巴黎）

真卿吾爱，如抱：

考取了物理笔试。上星期四考试有二题，一属电学，一属rayonnement（辐射），关于rayonnement人多以为无题而不预备，吾于两题，均无大误，益自望录。礼拜日上午多往待榜，十二时许改卷室门开，考试官（即四教授）在座，主试人Fabry（法布里）教授起读录取人姓名。及吾名时，考官Guillet教授左右顾盼，对我点首，吾答礼焉。吾口试为本星期三下午，由Fabry与Guillet询问，吾有各种理由想阅吾卷者亦为该两教授，下月中旬各课完后，当即往谒请教续学事，与教授惟考试间得有言答熟识之机会。Fabry又为光研究所主任，在法物理界为将最占势力者之一，彼年近六十，然尚有一班较老头子在。吾未寄上之物理摄影，即上Fabry课也，汝当能见其神采。此次考者二百二十余人，笔试取六十六名，物理试题待考完后译成英文一同寄上。

吾于考试前后一日，毫不读书，他日亦较平时为少，身体强健，务希勿念。

284

朱广才君以教育部学费久缺，由其兄托农商总长杨谋得交通部留学生额，公文已到使署，由下月起即可领交通部费。使署嘱填一调查书（交通部），彼请我代作，并为作呈退教育部学额请补发前欠学费一书，闻在法交通部所派学生有三十余人之多，真不知在此做什么。

余再谈，敬祝

痊安　快乐！

你的爱慕光谨上

今晨受法布里教授物理口试

（1925.7.7，巴黎）

真卿吾爱：

理论力学笔试亦取了，刻正往受口试回来。今晨受Fabry教授物理口试，我初上去时，他对我说："先生，你的作文很好，最好者之一。"（原文为：Monsieur, vous avez une belle composition, l'une des meilleurs. 译之英文为：You have a good composition, one of the best. 同考有高等师范生八九人）我对他一鞠躬。口试完后，我由讲台走下，走他前面过，他起来同我握手，同考均认为非常荣耀事。上星期四受Guillet教授口试，彼第一句问我到法多久，我说十六个月，他说不可相信（惊骇之意）。我的卷（物理有二题，分作二卷）无一错误，竟无一法文错误……他末后说，你回答我这个问题就很好了。昨日微积分考试亦可望录取，同考同学均已惊奇，大家都要同我握手，我的名字他们都能叫了……

两周未接函，祝爱近状安适！！！汝觉接此函能稍有快乐，则远足偿吾之努力矣。遥念吾爱得消息欲跃之状，其与我之快慰，又岂一二教授之赞许所能同日语哉。急于付邮，不克多书。还祈努力自寻快

乐，明日或再作书，可与此函同到。吾每星期二必有一函付邮，此所以不尽万一而先寄也。敬祝

　　痊安　快乐！

你爱的慕光谨上

今相识将来之世界人物

（1925.7.8，巴黎）

真卿吾爱：

　　物理已于昨晚出榜，吾取甲等（bien，共有九人，无一人为特等très bien者）第五名。前三名为高等师范生，第四为居里女士Mlle Curie，乃居里夫人之女公子。按法高等师范为法国生命所在，仅文理两科，凡教育政治诸领袖，莫不自此出。今内阁总理班乐卫与前总理Herriot（现众院长）皆前师范生，大学教授无论矣。理科（包数理化生物地质……）每年仅收二十四人，今年有八九人与我同读物理及微积分亦同考，故刻均相识，皆将来之世界人物也。吾人于此又可知高等师范之一年仅为普通物理与微积分二课（凡三年毕业，其最后半年已在著名中学实习，现完全官费，且给零用钱），则吾之一年三课宜令人瞠目也。日后见Fabry等谈及，将不但为之一惊而已也。

　　真卿！今日是双八节的前一月，此函达爱时当在佳节前。吾与爱约：双八节午后四时爱睡床上，将你房里的小竹椅置床前，汝爱座椅上看汝……真卿！如是尔我可有确确实实同时做同一的回忆设想，不要太久，五分钟，我就从椅上起来……真卿！你要同双亲兄弟同乐，不要一人太多想,多想易倦,同乐益快……

昨晚朱氏兄弟同来,且同往膳,同往看榜……余再叙。敬祝
痊安 快乐!

你的爱慕光谨上

考试终发,三课均获录取

(1925.7.14,巴黎)

真卿吾爱:

考试已于本月十日终了,三课均获录取。凡所成功,皆吾爱之所鼓舞勉励,吾之未敢自已。自得爱之日始,爱于今日当以知爱所信"汝爱之可造"为不谬而自快,吾尤以爱之明汝爱、能知感为自慰。天以爱赐我,报赐之厚,无以复加,吾其敢惰于为善乎?!

理论力学笔试两场于二日午前午后举行,考后颇自得意,迨晚间始觉疏忽间漏下一项,所得结果多不确,而方法与理论则无误。虽自知无论如何总可录取,而心中颇不能自解。若万一不取,将视为大羞辱事,更何以对师友,故未出榜前颇以此为念。笔试出榜预定为六日八时,尔时我方受微积分考试,故先托郑君大章代往看榜,并来试场前待我,我一出试场,便得消息,爱于此当益见吾之快乐矣。理论力学同考百四十八人,取四十四名,吾取第廿二(甲等九名,乙等六名,其余丙等)。微积分同考百十七人,取卅一名,吾居第八(特等一名,甲等五名,乙等五名,其余丙等)。其第一名即考物理第二者,物理第一则在丙等,皆师范生也。

日来作书寄何、胡、熊、段诸师，并致段育华师一函，商编译事也。昨日又草"东大毕业生在法之荣誉"一文，由乔君国儒出名，寄往《申报》馆，不知投稿需有何种保证条件否，不以其不合条件而不登否？接函后之一二周内，可留意此报，稿下次函内附上，因拟再寄往北京《京报》。京报主笔邵飘萍先生为同乡。明后日当向大学书记处请硕士证明书，持往公使馆翻译，或如去年之又作一省费陈请书，同时寄一所译文凭于杏佛师。葛敬中先生处亦将以所考成绩告之，并托为进行。闻蔡君无忌（元培之子，浙江在法惟一省费生）拟夏间回国，惟公使馆打死亦不肯为人出公文请补，故原动力全在国内设法。

吾于考试中较平时且少读书，上月卅日且与朱氏兄弟往观万国博览会，可想见矣，即考试完后亦不觉疲倦。惟吾日来，早睡迟起，除写信外亦不做他事。吾于文凭事办妥后，当往请见教授，再即预备两周年纪念。吾于双八节前，当全是休息时间，吾亦以成功故，细体爱意，益觉吾身之可贵，务须有充分之休养，庶老年时亦无受今日些微努力之影响。望爱无过以我为念，致伤精神。六月初之不适想以月事而逢气候不良之故，于此亦足证吾爱之虚弱，不知日内已早告舒适否？念念，努力珍卫，无过以我为念。日前向朱君借五百方，何师款不久当可到，不接时李朱处均可借，务希勿念。郑君大章家尚裕，又有省补助费（安徽）每年五六百金，事我极厚。二三日后考普通算学。

今日为法国庆纪念，忆去年今日曾在铁塔巅上思汝，今日吾爱之进步健康，已较去年今日为进步，斯为吾今日惟一之快慰，余再谈。敬祝

痊安　快乐！

你的爱慕光

领得硕士证明书，持往使署

（1925.7.21，巴黎）

真卿吾爱，如抱：

上星期五向大学书记处领得硕士证明书，次晨持往使署见李骏君，与商请补省费，蒙嘱自作一呈请书与使署代出呈文（为证验硕士是实，及成绩优良等语）一同寄出，吾已将呈请书作就，于昨晨交使署、呈省长厅长各一份，日内即可付邮，亦由西伯利亚行。硕士证明书（未译成中文，因使署所出呈文中已有言及，故不必）附呈省长文中，在上呈厅长，曾将此点注明。吾又先将硕士证明书由领事馆译成中文，寄往杨师（今日挂号南京科学社转，明日拟再往函何师，告以此事，庶杨不在宁时，该函亦不致久不达也）以备不时之需。呈请书稿亦寄去，俾杨同时可知我考取胜状，吾日前曾将此事在京沪报发表，杨等或可为向他处设法筹一种特别费。省中之事，尤不可缓，依公理法律言，当无不准，又由朱君处闻蔡君无忌（元培之子，浙江在法惟一省费生）来年任广东大学教席，秋间定回国，此点尤望注意。葛敬中先生处亦于昨日往函告以考得硕士，请补省费事，祈为设法玉成。

本周又未接书，一病又将匝月。际此炎暑，困卧床榻，又未得汝爱为之拂扇，困闷之状不言可喻。汝不快，则吾虽有盖世之荣亦何以为乐。安心休养，无以诸事为怀，身体强健，希勿为念。信恐过重，上岳父禀俟诸下周，两弟书一二周后当一一致答，还望先为道好，余再谈。即祝

　　痊安　快乐！

你的爱慕光谨上

致函法布里教授，得获回函

（1925.7.28，巴黎）

真卿吾爱，如抱：

禹弟七月六日来书已于上星期六收到。此次满冀可得爱书，以为偶感时病，当早痊可，孰知事有不然者。回宁后当以此次为剧，不知现状如何，心中沸念欲哭！虽其书中有"到如今已经写成十分之九，不过因天气又届经期故未敢将前信结束……"之语，恐用以慰我，或非事实。忆爱在沪时亦有云挂号信明日可付邮，隔两周方克寄出者皆此类也。"走路时勿想书""天热时勿过用功"。真卿！我于汝反竟不知作一慰藉语、嘱诫语，何我疏淡漠然一至于此也！！真卿！我归去，归去！

蠡

朱君日前晤蔡君无忌，拟云九十月间回国，已往省催发学费及路费。惟彼已否正式申明彼额自何月起作为空出，尚待日内向使署探询，以理推之，彼当于请路费书中言及。此事于前致杨师函中未能言及，望蠡弟为告知之是要。在国内活动，不妨先发制人作蔡额已空看，何如。

上星期三致函Fabry教授，译之如次：

教授先生，

在这一年里得以认真地随听讲演，深为荣耀，荷蒙取录，以为值得物理文凭，尤深喜幸。吾本年即复以微积分、理论力学二文凭而得硕士学位，敢乐为先生告。

我今于自后为学，莫知所适从，是请先生指示开导。若蒙赐见，尤深感激。

请教授先生收受你学生的尊敬和景仰。

昨晨始得获函，译之如次：

我亲爱的先生，

我先请原谅我未能早复你信，因我刻从英国旅行回来，始得读也。

下星期三（二十九日）四时半左右，请到学校里来与我长谈。

全为你好的

法布里二十六日，巴黎

我昨今且稍稍预备他要问我和我想问他的话。彼之赴英，大概有科学上任务的。去年冬间，彼应美学术团体之请及接洽诸事，在美有月余之久，回来曾在大学作《美国旅行之观察与感想》演讲。

考后身体极好,心境亦佳。惟诸事不愿设想,因我深知非我个人我自动所能解决,则又何必自寻烦恼。

敬祝

痊安 快乐!

你的爱慕光

法布里教授为我择题指书,与我实验室位置

(1925.8.4,巴黎)

真卿吾爱:

七月二十八日寄上一书,次日晤Fabry教授后当即寄上一片,想可同时收到。兹将详情复略述如次:吾四时半往研究实验室,法氏方与二人(研究生)讨论,嘱稍坐,先我而待者已有一人,后我而来者复二三人。吾五时许始得与谈,彼先为我道贺,极称难能可贵,继问愿否再读一普通化学。吾以在国内时曾稍读,在此又恐不能作四五年住对,彼云是非必需者,乃略问国内情形,并及五卅惨事,又以此后职业相问,吾以愿作教授答。彼称极善,云少年如我,能得相当事地,前途光明,曷可欣羡,我国科学之发展与独立,尤刻不容缓。彼又云我之物理彼所深知,惟我算学根底亦极佳,何不作算学研究耶?吾答算学、物理于我个人无所偏好,惟以我国科学之幼稚,有若干应用问题如创设一研究所,开置一实验室等,诸待有人。故吾于实验科学决不忍弃置。来年拟一方听算学课,一方入物验室随诸教授做工。彼云此意尤佳,算学如Borel授之Calcul de probabilite et physique mathématique(几率分析与算学的物理),在理论物理上,日益见其

重要。若物理研究室，则位置极有限，时有青年来做尝试，结果未佳者，故彼收受学生极为严格。庶学生学校两方不作无谓之牺牲。于我学识彼深知而钦佩，一年三课，尤足见其志意之坚，用功之甚也，必与一位置。我答我于物理未窥门径，倘蒙不弃，当加勉焉。彼又问我自己有何欲研究题目否，假中拟何事。又急转云，汝此一年做工已太过，假中宜好好休息。我答假中事正我欲先生给予者。彼云研究光学方面之Les applications des interferences et de spectroscopie合意否，汝当能读英文书，德文懂否。我以假中欲读习答。彼称极善，谓将有大用，为我开法、英、德文书各一，嘱假中先阅，并为我正式记名，假中即可往研究图书室阅读。迨十月初彼避暑回来，即可开始入实验室一同做工。再将题目于上范围内选定，以我情形，一年可竣，可有一印刷物（指论文）刊行，得巴黎大学科学博士学位。若不即归去，可再留意法之科学事业设备，加治算学等……末问我意以为何如。我致谢意，彼又再三道贺，嘱假中稍休息。吾即辞出，相谈约四十分钟。彼即为我择题指书，殊非前所敢预望，一种相敬相重之情，每流露于言辞间。

我想再留法一年，做法教授所指示的物理研究，预备博士学位，约明年六七月间可完，倘时力所许，以一二月工夫游英德，聊广见闻，九十月间当可达爱旁。我此年内拟同时听理论及天文物理（每周二小时，关于以太等问题，原无文凭）、高等几何（前半年，每周二小时）、几率分析及算学的物理（前半年，每周二小时，三月间即考试）及高等分析（后半年，每周二小时）诸课。俾有一观念，后可自继续为学，不作文凭预备，则除上课几时外可不加功，且多得文凭，于头衔上亦毫无用处，故决意专力物理（或同时预备一几率文凭），能得物理诸教授之满意，较为得计。算学既未弃去，则临行可往诸教授处辞别请教，回国后能继续为学，则亦不难与之携手。我今且将往函相关诸教授言谢，即欲使其知我一年三课，为他日请教预谋地步也。吾人学问稍有根底后进而求之，较不费力，非如打根底时之多苦。博士考试即宣读论文耳，无不过去，其难即在求师与得题，今蒙诸师垂青，则吾博士预备，可谓大半已在吾过去一年之工作中，此后又无如前预备考试之患得患失，精神上之愉快，将大不同，将毫无前所云"极力以求最速"情形，此我来年为学情形，可较本年稍轻，决无伤身之理，可求吾爱宽怀者也。法地生活，虽日加贵，来年费用，较前稍大，但留法期日已有定限，即事筹措，亦多勇往。非如前顾念前途茫茫，每自烦恼，益增痛苦，即青黄不接时，吾在此尚可向李、朱处借，当无复如年前之惶恐。故于经济一层，固待统筹，但可无自烦恼，徒作忧伤，则尔我今日可引为自宽者也。到本年底，诸事均将确定，尔时吾当函告何、胡诸师，请为介绍相当职务，俾可得假中数月薪俸作我旅资。一年后各方情形或稍定，较之今夏归国或亦较宜。明后日去函胡、何师，仅述晤法布里教授及来年即作研究事，而不及归期。

今日者双八佳节前一周也。吾日内即拟开始习德文，有一波兰人可教我发音等。彼与我同作物理实验，此次物理未录，正在预备十月复考也。法氏所指书籍均不繁重，系小册，旬日可竟。为商馆编译事拟作罢。近见班乐卫有小册名《力学原理》，有兴时拟为译出，仅数万言耳。以其人其题，可得国内时好故也。此前拟为《科学》作《近五十年来之算学现状》一文，自考后至今，全未读书。即使三课试题，欲为解出寄回，今且未竟，可想见矣。日来尤日日为筹备庆祝两周年纪念忙。吾曾废二日光阴选照相馆，废半日择一领带，携归后对镜照之似不配，又新购之，又或购花制片。吾又自购照片借照机托范赉君（前东大农科助理，植物）为照在室内写信恩爱诸情，尚不知能有几张清晰否。

八月一日

昨晨接沪中国银行挂号函附五百佛郎，封面系蠡弟所书西文住址，岳父大人中文住址贴上者，故知系岳父所赐。当晚接岳父大人七月十三日手书始证实，铭感无似，祈代为面谢。何师久无函来，日内想总当有款汇下，惟岳父款又可有一月用，四日后即为尔我订婚两周年纪念，我当长跪榻前，三呼

真卿宥我！

身体强健，敬祈勿念。此请

痊安　快乐！

将婚郎慕光谨上
双八节前四日

订婚纪念后三日

（1925.8.11，巴黎）

真卿吾爱，如抱：

……

刻已开始读德文，由波兰同学介绍其友（瑞士 Zurich 大学学生）之来巴黎游览者，每日教时半，约可有半月，此后再由波兰同学继续，因彼尚在预备十月考试，其友则早晨毫无事也。一月后想可练习看书，前由 Fabry 教授开示之英文书籍，已函往伦敦购买，周内可到。

本周未得书，近状如何，甚以为念。蠡弟书妹秋间即完婚否，望函知荪兄，可由彼就近备礼，吾往函时亦当先言及之。

美丽生合照，德风亭对坐鸡鸣寺，偶步此为得亲酥胸之第一日，思念往事历历在目，筹想来者，能不色舞？！真卿！我的爱呀！身体强健，万勿为念，余再谈。敬请

痊安　快乐！

你的爱慕光启
订婚纪念后三日

订婚纪念后十日

（1925.8.8，巴黎）

真卿吾爱，如抱：

七月二十日禹弟来书于上星期四（十三日）方收到，恐是邮差耽误，可恶。二十七日岳父大人手谕于上星期日收到，均言天气炎热汝未能写书，别无他故，倘汝身体佳适，吾心兹慰，即汝待我请罪悔过函到后，始与我书，去今将亦仅一月耳。吾知爱之必不相持如泛交一至如此也，他日相处一床，有罪或不妨以不语不声待我自省，如是烟消云散，将不一分钟时耳。若今日者则书信往还逾月，爱我如卿，决不出此，下周必可得函矣。双八节纪念书，两周内当亦可到，余日夜望之。日来以不得爱书细审前过，益自痛责，尝自省吾突然撕破之鼓动力究何在，一则以含冤生怒，二则以使爱有此想，将如木之有蠹，身体益难复健康，故不知不觉间不自主地撕破，撕破而寄回者要不过欲爱之深表明吾心耳。表白心地，莫真如此，初毫无怨恨之意，同时寄上之函言之极为诚长，可再读也，尤不意吾爱以常人眼光视此事也。苟云撕破寄还，在朋友间且无其事，吾云惟夫妇间可有之，相交不合则绝之，无须求其谅解，与之辩论，即不自主间撕破，自不为之寄还也。吾为是言，非欲文过，深欲吾爱之明吾心恕我罪而有以教之也。汝能恕我罪，则汝心中亦如释重负，而能愉快，吾一生惟求汝之愉快耳。日来耿耿，每觉事与心违，天下人恐将以吾为最不知感者也。假来随意休息，欲睡则早卧，午中时昼寝，有兴读书亦不计多少，故心中极为安逸。初考完体重减去三千克，以彼时暂热（刻已早入凉），试中又不想吃，而患得患失之故也。刻已增回二千克，惟身体毫未稍觉不适，务勿为念。近来汝身体亦好，至为欣慰，自后格外留心，俾日就健康，则此一年，尔我身虽两地，精神上之快乐，当远非过去一年可比，双亲心中快慰更不必说。岳父近来两次手谕，谆谆教导，吾当服膺，总期得报吾爱于万一也。余再谈，敬请

　　痊安　快乐！

你的爱慕光启
订婚纪念后十日

吾心常安，亦觉若有所失

（1925.8.25，巴黎）

真卿吾爱，如抱：

岳父大人三日手谕，已于前日接读，末后附书数语，读之至快。殷殷以休息为嘱，于得罪事毫不提及，尤觉感愧。以为我备寄诸物而致倦，益自不安。小侄学步学语可时与之狎玩以作消遣，至为欣慰。天气好时可多随双亲外出散步，于初痊之身，想多初益。诸事宜知排解，无为所累，我读书事转瞬即完，尽可不必诸多萦怀。徐州之事，亦不必惜，身体强健自能展其所怀。倘有相当事，即成婚后吾亦当不以儿女情长、朝夕相离为难阻汝。若吾身体康健，自卫未敢疏忽，饮食起居均称安好，即在国内时亦未有过此，或以加意自卫之故。祈爱放怀，无以一二天折青年耳闻为虑。尔我一不同处，即觉人神多嫉，若有可虑者，此由情真意重故耳，吾亦深觉之，但此种恐惧能为我理性所制服，故吾心常安，望爱亦如之。月来每周均接书，为前所未有，足见吾爱关心之切，或亦恐吾易有误会，故设法使信不断，尤足证吾爱相爱之深，处心之苦，吾罪之大矣，真卿恕我！

吾于**物理**见法布里教授后，即未见 **Guillet** 教授，恐生求师误会也。Guillet 对学生最热诚，人尤易与，为同学所共知，惟其资望则在四教授中为较浅，故吾所以终决舍之而始请见法氏。法布里乃如是殷勤，吾无复请见他人之余地。今晨出往午餐，路遇 Guillet 教授，彼乃嘱我随之行，彼问我下半年如何，预备博士有题目么……等，彼固或极愿吾之请其为师也，吾以曾见法布里氏对，并云将于 applications des interferences 方面研究，彼云以我情形很可好好研究，若上题已嫌稍旧，有我根底，不妨从事较难而更新之问题，法人之好胜多嫉，于此亦可见一斑矣。吾初本意将求见书同时寄彼二教授，朱君（知法人性情）言必不可，至今尤信之。吾与 Guillet 教授走语约刻钟，别时彼犹再三言贺，再会而言即日（au revoir à bientôt. 深愿不日重会，极客气词）吾有便时（如往拜年之类）当往言谈请教。吾此次之未能多得为师，心中亦甚觉若有所失也。

吾身强体健，望不为念。下周爱书，吾日待之，余再谈。

敬请

痊安　快乐！

你的爱慕光

附录一：

万里飞鸿，相知相助

致居里夫人的信

（1931年3月31日于北平）

亲爱的老师：

回到中国，我被任命为国立北平研究院物理所所长。

由于北平的大气条件比上海好，我们决定在这里建立一个放射性实验室。我们已订购一些测定仪器。我的工作将从检测我国的放射性矿物和热泉开始起步。

我请求您答应给我们提供一种含镭的盐（含镭的氧化钡碳酸盐）的样品。我们已放了一笔钱在郑大章先生那里，将由他与您结算这笔款项。我已请求郑先生做我们研究院在国外的合作者之一。

在我回国前，老师曾表示愿给我们提供少量放射铅，现在能否给我寄来，同时还有含镭的氧化钡碳酸盐？

中比赔款委员会决定给我们提供100mg的天然镭。我荣幸地请求您在具体操作上给我们以指导。

要进行常规的测定项目，必须要有多大体积的镭？实验管柱里面镭的数量是多少？

对于像我们这样的放射性实验室，100mg的镭的最佳放置方法是什么?

我已拟定了一个按其用途加以控制这100mg镭的分配方案,请您给我具体指出对下面这个方案应做哪些适当的修改?

2个RaSO$_4$或RaBr$_2$管,每个管放1mg镭元素;

2个RaSO$_4$或RaBr$_2$管,每个管放5mg镭元素,作为我们的第二标准;

1个RaSO$_4$或RaBr$_2$管,放10mg镭元素;

1个RaSO$_4$或RaBr$_2$管,放38mg镭元素;

2个RaSO$_4$或RaBr$_4$管,每个放50mg镭元素。

国立北平研究院本着科学的和人道主义的宗旨,重视镭和放射性研究,我们打算稍后建立一个致力于这一目标的镭研究所。亲爱的老师,我们相信您会毫不犹豫地支援我们。

亲爱的老师,请接受我的衷心感谢和崇高敬意。

严济慈(签名)

居里夫人的回信

（1931年7月27日于巴黎）

亲爱的严先生：

我相信您已经收到了6月1日我给您寄去的那种含镭的盐的样品和放射性氯化铅。这是您3月31日来信中所要求的。

关于您向我提出的那些问题，在镭的分配上我很难给您以确切的指导，因为这要取决于您将来使用镭的条件。即使如您所说不存在可溶性的问题，我也提不出特殊理由宁可买镭盐而不买放射性氯化铅。我还得指出，在碱溶液里面，硫酸盐能变成可溶盐，镭的回收率也总是很低的，因此需要用碱性碳酸盐对这种硫酸盐加以处理。所以，与其买这种硫酸盐型的镭盐然后又不得不把它转换成溶液，还不如不买它。

您如果把两个各50mg的镭溶液合并成100mg的溶液，可能更好一些。这也许会使您能在一次提取试验中获得数量更多的镭。

收到国立北平研究院放射性实验室成立的好消息，我感到很高兴。我祝愿贵实验室的工作有个成功的开端，并在不久的将来成为一所重要的镭研究所。这正如您来信中所表达的期望。

亲爱的严先生，请接受我最美好的祝愿。

玛丽亚·居里

致法布里教授的信

（1932年5月30日于北平）

亲爱的老师：

自去年10月以来，我们就在从事3000A°—3400A°之间臭氧的光线吸收作用的研究，以日光灯为光源，使用Hilger公司的带石英光学镜片的大型摄谱仪和摩尔公司的显微光度计。我们几乎找到了夏隆和朗布雷先生所标出的所有较弱的谱带，而且还发现了一些新的谱带，其波长尚未很好确定下来。在我们的实验中，我们采用三个吸收管，长度分别为15厘米、50厘米、133厘米；臭氧的厚度大致变化在0.8厘米—6厘米之间，以便获得在不同光区穿过臭氧的光密度的相应值。（这个条件在杜得耶先生和杜得耶夫人的实验中未能达到，因为他们所用的臭氧的厚度仅为0.4厘米—2.59厘米之间。）我们的吸收系数与杜得耶的实验数据在某些区间是非常吻合的，而在其余区间则很不一样。几天后我会把这些准确的实验结果给您寄去。如果您能指出这些结果中值得注意的一些地方，我将感到十分荣幸。

在今天寄出的邮件中，我给您寄去两张底片，分别装在两个纸袋里面，一张是臭氧的吸收作用，另一张是氖的连续光谱底片，我将把它同氢分子的连续光谱做比较研究。

  亲爱的老师，请接受我的敬意和感激之情。

严济慈

法布里教授的回信

(1932年7月19日于罗瓦亚)

亲爱的严先生：

您的多次来信收到，很抱歉未能及时给您回信。

今天我已把您的论文摘要寄给法兰西科学院，我想它会在7月25日那一期发表，张（Zhang）先后将负责修改校样。

您寄来的那些摄影底片也收到了，关于臭氧的那张非常清晰，祝贺您取得的这些成绩。

从7月14日起我就离开了巴黎。经过几天旅行之后，今天在罗瓦亚休息。这是个很美的地方，可惜几乎天天下雨。

再见严先生，我夫人向严夫人致以最美好的祝愿。

顺祝安好！

法布里

致法布里教授的信

(1932年9月7日于北平)

亲爱的老师：

您7月19日的来信收到，我们有关臭氧方面的工作能得到您的评价感到十分高兴。

今天给您寄去我的一篇关于《压力的摄影学作用》的文章，请您指正并推荐给《摄影科学与摄影业》杂志发表。

亲爱的老师，请接受我的敬意和感激。

严济慈

法布里教授的回信

(1932年10月21日于巴黎)

亲爱的严先生:

　　谢谢您寄来您的文章《压力的摄影学作用》。文章写得非常好,我们将在《摄影科学与摄影业》杂志上发表。

　　致以衷心的问候。

法布里

皮·克莱尔先生的来信

（1932年12月21日于巴黎）

严济慈先生：

遵照您的意见，今天我已把《压力的摄影学作用》论文校样交给张宗蠡先生。这篇文章将在《摄影科学与摄影业》杂志1933年1月这一期发表，排在第1—6页。我对您和您的同事钱临照先生的友好合作表示感谢。

我希望您的工作成果的发表会使您十分满意。我大胆地期望着今天您会继续我们之间的合作。

先生，请接受我的崇高敬意。

克莱尔

致法布里教授的信

（1934年10月9日于北平）

亲爱的老师：

　　随信寄去一篇论文摘要，题为《石英晶体中的扭力放电规律》，请您对论文摘要作必要的修改并推荐给法兰西科学院。

　　钟盛标先生很荣幸地拜见过您，亲爱的老师，我请求您的实验室能接纳他，或给他安排一些工作。

　　亲爱的老师，向您致以崇高的敬意。

严济慈

法布里教授的回信

(1934年11月25日于巴黎)

亲爱的严先生：

您10月9日的来信收到了。您的论文摘要在我刚收到的11月19日这一期的《论文文摘》中已经发表。您的研究成果非常有价值。正如您在《论文文摘》中所见到的，达维先生（Tawil）从事着与您同样问题的研究；在您给我寄来这份论文摘要之前，他已发表了与您类似的论文摘要。在另一篇更早的论文摘要中，他已经陈述了与施光率概念相联系的负荷特征相关法则。

钟盛标已安排在巴黎高师的实验室里，在埃日内·布洛克先生指导下工作。我已经见过他，而且知道他已开始正常工作。布洛克先生的实验室是从事大型光栅研究的设备最完善的实验室，里面安装有大型光栅（半径7米），是法国现有最好的光栅。它属于巴黎综合工科学校，但我已让他们借给布洛克先生用，是他出色地安装起了这套设备。我相信钟先生在他那里将会有一种极好的条件从事研究工作。在索邦大学还有岳先生，他在达尔莫瓦的指导下也工作得特别好。您可看到我们同中国之间良好的科学联系正在这些极好的条件下继续发展。

向您的家庭和您的朋友们致意,向您致以真挚的问候。

法布里

致法布里教授的信

(1935年1月4日于北平)

亲爱的老师：

几天前我给您寄去了一篇文章，题为《电场对镓和铯的吸收光谱的影响》。其中有几个错字，疏忽了。

第二页第三段应改为："塞格雷（E.Segré）所进行的钠的扩大实验（4），发现了与钾类似的结果。他事实上获得了在电场平行偏振光光谱上分解出的、两个被禁止的3s-md和3s-ms系列，但……。"

亲爱的老师，请接受我的崇高敬意。

严济慈

致法布里教授的信

(1935年1月29日于北平)

亲爱的老师：

  在我的那篇题为《电场对镓和铯的吸收光谱的影响》的文章中，图表10中有一个书写上的错误，该图表反映了与铯的正方晶系的作用有关的那些结果。随信寄去更正过的图表，请您转交给物理学和镭学杂志。请原谅我的打搅。

  亲爱的老师，请接受我最崇高的敬意。

严济慈

法布里教授的回信

（1935年2月10日于巴黎）

亲爱的严先生：

您寄来的各种信函都收到了，所有这些都十分有价值。

1）给《物理学》杂志的文章，我全都转给了郎之万先生。我先收到的是第二篇文章，而一直等待的第一篇文章后来才收到。我估计现在文章的校样大概都已寄给钟盛标先生了。昨天我已收到更正过的论文摘要，我想您同样也把论文摘要寄给钟先生；我已把您的信转给他，请他去办理在杂志社的那些必要事项。您的这些文章都极有价值，特别是关于电场作用的文章。布洛克先生认为，很值得向法国物理学会推荐。由于钟先生的法语讲得还不太好，布洛克先生打算以您的名义亲自宣读。

2）我收到了您给《论文文摘》提供的关于石英的两篇论文摘要，但事情办得稍晚了些，因为我患了次小感冒。我将在明天的会议上介绍您的第一篇论文摘要。这是一项很出色的工作，第一段我做了些小修改，为的是不出现与塔韦尔争优先权的问题，他声称他是第一个使用中空圆柱体的。再说争这个问题也没有任何重要意义。

3）昨天我收到一个邮件，里面有关于碱金属吸收光谱的两张极清晰的底片和一些照片。看到这些我极为高兴。我看这些东西没有必要转给物理杂志社，我会就此去征求钟先生的意见。该邮件在邮寄中保护完好。

钟先生直接去找了布洛克先生，请求他帮忙。布洛克的实验室是巴黎惟一用大光栅从事摄谱学研究的实验室；巴黎高师的设备非常好，人们在那里工作顺利。我听说布洛克先生很喜欢您的这位同胞，他工作得很出色。

在接到这封信之前，您就会知道您已被选为法国物理学会理事。我十分高兴能促成这次选举，而且在会上我对您做了热情的介绍和赞扬。我相信这是头一次一位中国物理学家当选我们的理事。理事会差不多每三个月开一次会，有一个联谊午餐。我们很惋惜您难以参加这样的聚会。

我们这里的工作一如既往。告诉您关于夏隆日（Chalonge）和他的朋友的好消息。他们还待在瑞典北部北极圈以外的阿比斯科（Abisko），他们在那里从事臭氧观测。那里的长夜即将过去，那个地方对他们也就不再有兴趣。我想他们月底将会回到巴黎。

今天巴黎和整个法国患感冒的人很多。我只轻微感冒过一次，而我夫人则发高烧，在床上躺了15天。她现在已经痊愈。

祝您全家身体健康。

致以诚挚的问候。

法布里

致法布里教授的信

(1935年4月11日于北平)

亲爱的老师：

我荣幸地被法国物理学会选为它的理事会成员，深感不好意思，真不知该如何表达我对您的感激之情。亲爱的老师，我将尽力做好我的工作。我希望1937年我能出访欧洲，出席一次法国物理学会的理事会议。

我无限感谢您为我在《物理学》杂志和《论文文摘》中发表的那些文章所做的一切。

我已经被列为国际摄影科学与应用第九次大会的正式成员。随信寄去一篇文章，题为《压力对摄影感光性的作用》。请您予以指正，并转给克莱尔先生。自1933年在《摄影科学与摄影业》杂志上发表一篇文章以来，我研究了三种不同胶片在反转显影区的压力作用。

我盼望法布里夫人的身体现在已完全康复。亲爱的先生和夫人能否安排点时间作一次远东之旅？现在北平的天气不错，这样我们将有幸能在北平见到您。我将给您寄一些北平的风景图片。

亲爱的先生，请接受我的敬意和感激。

严济慈

法国物理学会秘书长的来信

（1935年1月19日于巴黎）

国立北平研究院物理研究所所长严济慈先生，

亲爱的先生和同行：

  我荣幸地通知您，经1935年1月18日全体会议投票，您被选为法国物理学会1935年、1936年、1937年的理事。

  亲爱的先生和同行，在此请接受我最衷心的祝贺。

法国物理学会秘书长埃·达尔莫瓦

致蒙皮利埃科学院杰·卡巴内教授的信

(1935年10月31日于北平)

亲爱的教授先生：

我对于贵单位制作的那些光谱很感兴趣，我热切希望买一套。

在我们浙江省难以进入的山区，有一种由"非自然火焰"构成的奇怪现象，在夜里呈现为火球状。您为研究夜空而制作的这种仪器，会十分适合于研究这类很少被人了解的这种光源。对中国的夜空再重复一次这类研究不是很有价值吗？

您的摄谱仪配上一个可更换的零件，能否变成一台实验室仪器呢？如果您能给我指出光线散射研究的一些题目，我将十分感激。

亲爱的教授先生，对您的指导我将深表感谢，请接受我最崇高的敬意。

严济慈

附录二：

谆谆嘱咐，殷殷期盼

谈谈读书、教学和做科学研究[1]

一

读书主要靠自己，对于大学生来说尤其如此。读书有一个从低级向高级发展的过程，这就是听（听课）——看（自学）——用（查书）的发展过程。

听课，这是学生系统学习知识的基本方法。要想学得好，就要会听课。所谓会听课，就是要抓住老师课堂讲授的重点，弄清基本概念，积极思考联想，晓得如何应用。有的大学生，下课以后光靠死记硬背，应付考试，就学习不到真知识。我主张课堂上认真听讲，弄清基本概念；课后多做习题。做习题可以加深理解，融会贯通，锻炼思考问题和解决问题的能力。一道习题做不出来，说明你还没有真懂；即使所有的习题都做出来了，也不一定说明你全懂了，因为你做习题

---

1 本文原刊于《人民教育》1980年第11期。应《红旗》杂志编辑部的要求，修改后，刊于《红旗》杂志1984年第1期。本篇选自《红旗》杂志。

有时只是在凑凑公式而已。如果知道自己懂在什么地方，不懂又在什么地方，还能设法去弄懂它，到了这种地步，习题就可以少做。所谓"知之为知之，不知为不知，是知也"，就是这个道理。

一个学生，通过多年的听课，学到了一些基本的知识，掌握了一些基本的学习方法，又掌握了工具（包括文字的和实验的工具），就可以自己去钻研，一本书从头到尾循序看下去，总可以看得懂。有的人靠自学成才，其中就有这个道理。

再进一步，到一定的时候，你也可以不必尽去看书，因为世界上的书总是读不完的，何况许多书只是备人们查考，而不是供人们读的。一个人的记忆力有限，总不能把自己变成一个会走路的图书馆。这个时候，你就要学会查书，一旦要用的时候就可以去查。在工作中，在解决某个问题的过程中，需要某种知识，就到某一部书中去查，查到你要看的章节。遇到看不懂的地方，你再往前面翻，而不必从头到尾逐章逐节地看完整部书。很显然，查书的基础在于博览群书，博览者，非精读也。如果你"闭上眼睛"，能够"看到"某本书在某个部分都讲到什么，到要用的时候能够"信手拈来"，那就不必预先去精读它、死背它了。

读书这种由听到看，再到用的发展过程，用形象的话来说，就是把书"越读越薄"的过程。我们读一本书应当掌握它的精髓，剩下的问题就是联系实际、反复应用、熟则生巧了。

那么，我们怎样理解对某个问题弄懂与否呢？其实，我们平时所谓"懂"，大有程度之不同。你对某个问题理解得更透彻更全面时，就会承认自己过去对这个问题没有真懂。现在，真懂了吗？可能还会出现"后之视今，亦犹今之视昔"的情形。所以，"懂"有一个不断深入的过程。懂与不懂，只是相对而言的。这也就是"学而后知不足"的道理。

每个人都要摸索适合自己的读书方法，要从读书中去发现自己的长处，进而发扬自己的长处。有的人是早上读书效果最好，有的人则是晚上读书效果最好；有的人才思敏捷，眼明口快，有的人却十分认真严谨，遇事沉着冷静；有的人动手能力强，有的人逻辑思维好。总之，世上万物千姿百态，人与人之间也有千差万别，尽管同一个老师教，上同样的课，但培养出来的人总是各种各样的，决不会是一个模子铸出来，像一个工厂的产品似的，完全一个模样。

归根结底，读书主要还是靠自己，有好的老师当然很好，没有好的老师，一个人也能摸索出适合自己的读书方法，把书读好。我这样说并不是说老师可以不要了，老师的引导是十分重要的。但是，即使有了好的老师，如果不经过自己的努力，不靠自己下苦功，不靠自己去摸索和创造，一个人也是不能成才的。

当今，在科学技术迅猛发展的时期，自然科学和社会科学更是密不可分，相互交叉，出现不少边缘学科。所以理工科的学生，应该读点文科的书。同样，文科学生，也应该读点理工科的书。理工科的学生只有既懂得自然科学知识，又知道一些社会科学知识，既有自己专业的知识，又有其他学科的一般知识，这样才能适应现代社会的要求。

二

搞好教学工作是老师的天职。一个大学老师要想搞好教学工作，除了要有真才实学以外，还必须一要大胆，二要少而精，三要善于启发学生，识别人才。

首先讲要大胆，中青年教师尤其要注意这点。一些教龄较长、教学经验丰富、教学效果较好的同志一定有这样的体会，即从某种意义上来说，讲课是一种科学演说，教书是一门表演艺术。如果一个教师上了讲台，拘拘束束，吞吞吐吐，照本宣科，或者总是背向学生抄写黑板，推导公式，那就非叫人打盹儿不可。一个好的教师要像演员那样，上了讲台就要"进入角色""目中无人"，一方面要用自己的话把书本上的东西讲出来；另一方面你尽可以"手舞足蹈""眉飞色舞"，进行一场绘声绘色的讲演。这样，同学们就会被你的眼色神情所吸引，不知不觉地进入到探索科学奥秘的意境中来。怎样才能做到这一点呢？这就要求你必须真正掌握自己所要讲的课程的全部内容，也就是要做到融会贯通，运用自如，讲课时能详能简，能长能短，既能从头讲到尾，也能从尾讲到头；既能花一年之久详细讲解，也能在一个月之内扼要讲完。到了这种时候，就像杂技艺人玩耍手中的球一样，抛上落下，变幻无穷，从容不迫，得心应手。要做到这一点，必须自己知道的、理解的东西，比你要讲的广得多、深得多。我个人的体会是讲课不能现准备、现讲授，要做到不需要准备就能讲的才讲，而需要准备才能讲的不要讲。

老师对自己所教的课程掌握熟练，又能用自己的话去讲，才能做到毛主席讲的"少而精"，深入浅出。老实说，如果你只会照书本讲，你讲一个小时，学生自己看半个小时就够了。好的老师，虽曾写过讲义，著过书，讲课时也不会完全照着自己写的书或讲义去讲，他只需把最精彩的部分讲出来就行了。这是什么道理呢？可以打个比方，著书类似于写小说，教书则类似于演戏。要将一本小说改编成一出戏，不过是三五幕、七八场。从上一幕末到下一幕初，中间跳过了许多事情，下一幕开始时，几句话一交代，观众就知道中间跳过了什么情节，用不着什么都搬到舞台上来。搬到舞台上的总是最精彩的段落，最能感动人而又最需要艺术表演的场面。

要想教好书，还必须了解学生。下课后和学生随便聊聊，"口试"一下，不消半个小时，就可以从头问到底，学生掌握课堂知识的深浅程度就知道了，老师讲课就有了针对性，效果会好得多。现在有的老师对学生不了解，也分不出自己教的学生的程度来；上课前东抄西抄，上课时满堂灌，虽然教了多年书，效果也不会好。

好的老师要善于启发学生，善于识别人才，因材施教。你到讲台上讲一个基本概念，就要发挥，要启发学生联想，举一反三，这样才能引人入胜。这个问题是怎样提出来的，又是怎样巧妙地解决的，与它类似的有哪些问题，还有哪些问题没有解决？这就是我们常说的"启发式的教学"，它可以一步步地把学生引入胜境，把学生引向攀登科学技术高峰的道路上去，使人的雄心壮志越来越大。现在的大学生素质好，肯努力，男的想当爱因斯坦，女的想当居里夫人，都想为国家争光，为四化多做贡献，我们做老师的应该竭尽全力帮助他们成材。如果一个青年考进大学后，由于教学的原因，一年、二年、三年过去了，雄心壮志不是越来越大，而是越来越小，从蓬勃向上到畏缩不前，那我们就是误人子弟，对不起年轻人，对不起党和国家。这是我们当教师、办学校的人所应当十分警惕的。

三

许多学生准备考研究生，有些学生大学毕业后可能直接分配到研究所参加科学研究工作。大家常问：科学研究工作的特点是什么？从事科学研究的人应该具备什么样的条件？

我认为，科学研究工作最大的特点在于探索未知，科学研究成果的意义也正在于此。恩格斯说过："科学正是要研究我们所不知道的东西。"（《马克思恩格斯选集》第3卷第541页）科学研究工作是指那些最终在学术上有所创见，在技术上有所创造，即在理论上或实验上有所创新的工作。所谓创新，就是你最先解决了某个未知领域或事物中的难题，研究的结果应该是前人从未有过，而又能被别人重复的；得到的看法应该是从来没有人提出来，而又能逐渐被别人接受的。总之，科学研究工作的成果完全是你自己和研究工作的集体在前人的基础上创造出来的。

因此，从事科学研究的人，要经过训练，要有导师指导，在学术上必须具备两条，第一是能够提出问题，第二是善于解决问题。

首先是你要在所从事的领域里，在古今中外前人工作的基础上，提出新的问题，也就是要找到一个合适的研究题目。这个题目应该是经过努力短期内能够解决的,而不是那种经过十年、二十年的努力都没有希望解决的问题。这一点是区分初、中、高级研究人员的重要标志之一。初级人员是在别人给他指点的领域、选定的题目之下完成一定的研究工作;中级人员自己能够找到一个比较合适的研究题目,并独立地去解决它;高级人员除了自己从事创造性的工作外,还应该具有指导研究工作的能力,能为别人指点一个合适的领域或题目。因此,对于一个研究生或刚参加工作的大学生来说,找一个好的导师是很重要的。找怎么样的导师好呢?是年老的,还是年纪稍轻的?我说各有各的长处和短处。年轻的导师自己正在紧张地做研究工作,你该做些什么,导师早已安排好了,也许一年半载就出了成果,这对一个研究生的成长是有利的。但是,由于你只是参加了部分研究工作,虽然出了成果,你和导师联名发表论文,但你可能还不完全知道其中的奥秘,也不完全明白它的深刻意义。如果你是在国外,你的导师也许把你当作劳动力来使用,回国以后你想重复,可能也做不起来。反过来,如果导师是年老的,他很忙,只能给你指点个方向,许多具体困难你只好自己去克服,出成果可能就慢些,但可以锻炼你独立工作的能力。跟这样的导师还有一个好处,就是与他打交道的大都是当代名家鸿儒,你在那里工作,他们来参观,点个头,握个手,问答几句,可以受到启发和鼓舞,增强你克服困难的信心,有助于在研究工作中突破难关。

其次,要求科学研究人员有善于解决问题的能力。创造,实际上是一个克服困难的过程。你能够克服这个困难,你把这个问题解决了,就有新的东西得出来了,也就是说你有所创新了。不管是搞自然科学还是搞社会科学都一样。要做科学研究工作,总会碰到一些困难的,没有困难还要你去研究什么?困难克服得越多,你解决的问题、得到的结果越重要,你所创新也就越大。所以我们讲一个人能不能独立地做研究工作,就是讲他有没有克服困难的能力、决心和信心。一个人的能力,就是在不断克服困难中锻炼出来的。培养人就是培养克服困难的能力。一个人能不能搞科研工作,并不取决于他书读的多少,而在于他有没有克服困难的能力。

怎样才称得上是第一流的科学研究工作呢?首先,研究题目必须是在茫茫未知的科学领域里独树一帜的;其次,解决这个问题没有现成的方法,必须是自己独出心裁设想出来的;最后,体现这个方法、用来解决问题的工具,即实验用的仪器设备等,必须是自己设计、创造,而不是用钱能从什么地方买来的。如果能够做到这些,就可以说我们的科研工作是第一流的。

在大学里,科学研究工作一定要与教学工作密切结合起来。我们现在需要搞好科研,更需要搞好教学。教学与科研两者是相辅相成的。一所大学应该成为以教学为主的教学与科研中心。教书的人必须同时做科研工作,或曾经搞过科研工作。搞科研的人还要教点书,多与青年人接触,这样可以帮助你多思考一些问题。

一个老师把教学工作搞好了,科学研究工作做好了,由于长期的积累,到了一定的时候,就要自己动手写书。可以说,写书是教学和科研工作的总结。写好一本书,特别是写教科书,意义是十分重大的。要写好书,就应该推陈出新,写出自己的风格来,绝不能东抄西摘,剪剪贴贴,拼拼凑凑。写书就好像是蜂酿蜜、蚕吐丝。蜜蜂采的是花蜜,经过自己酿制之后,就变成纯净甘美的蜂蜜。蚕吃的是桑叶,经过自己消化之后,就变成晶莹绵长的蚕丝。采花酿蜜,可说是博采众长,吐丝结茧,真正是"一气呵成"。那么,怎么样才是写出了"自己的风格"?就是要文如其人。除了数字、公式、表格之外,要尽量用自己的话去论述问题。当别人看你写的书时,就好像听见你在说话一样。中青年教师应该大胆写书,朝这个方向去努力。

总之,一个人要有所成就,必须专心致志,刻苦钻研,甚至要有所牺牲。法国小说家莫泊桑说过:"一个人以学术许身,便再没有权利同普通人一样的生活法。"

致 CUSPEA 同学的信[1]

同学们：

你们好！

你们通过参加 CUSPEA 考试已经被美国大学录取为物理研究生，今秋即将离开祖国赴美深造，任重而道远。让我以中国 CUSPEA 委员会全体成员的名义向你们致以热烈的祝贺！我们想，虽然你们尚未成行，但你们从自己的生活中一定可以处处感受到祖国人民、科技教育界的前辈师长、父母兄妹、朋友同学，都在殷切地期望着你们尽早学成回国，为促进祖国的科技现代化，为国家的繁荣富强而贡献你们的聪明才智。希望你们以敬爱的周恩来总理等老一辈革命家、科学家为榜样，身居海外，胸怀祖国，始终以祖国人民的需要为己任，克服困难，刻苦学习，专心攻读，勇攀高峰。你们所去的美国学校，有的是第一次接受来自中华人民共和国的学生，有的还会有不少从台湾去的

---

[1] 本文是严济慈教授写给 CUSPEA（China-United States Physics Examination and Application——中美联合招考赴美物理研究生）同学的信，刊于 CUSPEA 纪念册。严济慈教授是 CUSPEA 委员会主席。

同胞,希望你们时刻维护祖国的尊严,珍视中国人民的荣誉,为促进中美两国人民的友谊、为加强与台湾同胞之间的骨肉情谊而尽责。

我们再次预祝你们学习优良,身体健康,早日学成回国!

严济慈

一九八一年四月十六日

科学是国际的吗?[1]

科学是国际的吗?我提出这个问题,许多人必觉得奇怪,以为这还成问题吗,特别是我们中国人对于近代科学并没有用过功,努过力,做出过多大的贡献,居然亦够得上乘飞机,坐汽车,打电报,用X光治病,间或高谈进化论以及原子构造,这岂不是事实很明显地告诉我们,科学是国际的么。

因为科学好像是国际的,所以有些聪明的学者主张我们今日处在科学这样发达的时代,对于科学毋庸再自己去研究去发明,只需介绍他人的结果来应用,抄袭欧美的方法来制造,大家就能享受科学之赐了。有些政府的领袖更聪明,觉得现在世界交通既然这样的便利,欧美各国工商业的组织既然这样的周到,我们需要什么东西,何苦自己再去设计去制造,远不如到外国去买,又好又快又便宜。科学人才我们自己亦无须急于去设法培养,多请几个外国顾问就行了。呵!科学原来是国际的!

---

[1] 本文原刊于1933年3月24日《大公报》和1933年4月《国风》半月刊第2卷第7期。

有许多人近来觉得无论什么主义到了中国，都改头换尾，失去了它的真面目。但是一架机器到中国，何曾能有它应得的爱护和充分的利用呢？目前中国的新式工人，对于他的工具，可说都是刽子手。这其中一部分的缘故，当然是因为工人知识浅陋，对于他们的复杂工具，不能十分了解，或工具不为工人所有。就是一位手艺不错的工人或厂主，对于他的机器，也没有多大的感情，爱护机器的程度远不能与旧式工人宝贵他们极简单的工具情形相比，这是什么缘故呢？因为机器不是中国的，是外国的，外国人发明，外国人改良，中国人不过用钱买来，中国工人的师傅或祖先，在这机器上没有绞过脑汁，流过血汗，所以他们对它发不出什么感情来，并不觉得怎样可爱或可宝贵，一句话，机器尚不是中国的。

朋友！静心想一下，你们或许也会觉得有些科学，或是某种科学的有些部分确是带有地方性的，例如气象、地质以及动物植物。就植物说，热带所产的植物，与寒带所产的完全不同。朋友！你的意见是对的。因为地土天然的关系，以及社会人士的好尚，国家政府的提倡，都可以使某种科学在某国来得特别发达或不发达。东瀛三岛，注重研究地震；瑞典挪威，便于考察北极，都是极显著的例子。但我所要说明科学不全是国际的，并不在此。

物理学是大家所认为顶国际的一种科学。但我是一个学物理的人，近年来很深刻地感觉到一国有一国的物理，法国人的物理与德国人的物理不同，与英国人的物理亦不同，不过确都是物理。譬如法国的民族性是简单、清楚与严整，在他所做的物理学上，随处都流露出来。我于此很可在物理学上举些实例来说明得淋漓尽致，但怕读者们不尽是物理学家要讨厌。且举一个极浅近的例子,就是所谓质量和重量。质量是国际的,但重量就是国家的。因为同样质量的煤,在广州称起来是一吨,在巴黎称就不止一吨了,要差到三斤多。所以物理也不是普通人所想象那样的国际的。

法儒巴斯德(Pasteur)有言:"科学没有国家,科学家有国家。"朋友!制造科学的科学家既有国家,其制造品之有分别,犹如商标,不过一般外行人不识货,看不出而已。此地所谓国家,当指一个民族,包括它的文化、宗教、历史、地土、政治等而言。

德国人著化学史,竟没有拉瓦锡(Lavoisier)的名字。那气体在一定温度下,体积与压力的关系,英国人叫作玻意耳(Boyle)定律,法国人叫作马略特(Marlotte)定律。究竟是玻氏发现,或是马氏发现,或是两人同时发现,我们无须去考据,因为不管考据的结果如何,英国人将始终称它玻意耳定律,法国人亦将始终称它马略特定律。他们除迫不得已时外,碰到一个外国名字,觉得多少不自在呀!

中国尚无现代科学,更无现代的物质科学。今日中国之所谓现代科学,均来自欧美,其来也又多成死的标本。好像一枝花草,粘在纸上,装在框里,运到中国,束之高阁,并没把它插到土里,设法使它生根发芽,滋长繁殖。假设它能一旦生根的话,以中国之气候,中国之土壤,与欧美均不相同,将来开花结子,自然独放异辉,渐渐成为国产。

近十年来中国于地质生物等科,确做了许多调查的工作,并有极好的成绩。最近二三年来于物理化学等居然亦能开始研究,并有结果可到外国杂志去发表。这是一个很好的现象,而且一年一年地正在那里进步和扩大，但是这还不能说我们中国就有现代科学了。我们黄帝子孙，有很悠久的历史，高等的文化与深邃的潜势力，衣食住行又多与欧美人不同，对于各种科学，自当有我们特殊的贡献。但这种独立而重要的贡献，决不能在中国人用中国话说科学、用中国文写科学、用中国人思想的方式思想科学以前发生。我们于此不必气馁、自甘落后。学术工作，亦无捷径可图，只有加倍的努力与拼命地苦干。

曾经发现过指南针、火药、造纸与印刷术的中华民族，不久当能异军崛起，独树一帜，在各种科学上，占它应有的地位。青年朋友们，大家起来努力建设中国的科学！

附录三:

缅怀师友,垂范学人

悼居里夫人[1]

居里夫人于7月4日晨在凡伦斯[2]逝世，噩耗传来，举世震悼。居里夫妇一世光荣，从此成为科学史上灿烂之一页，其功存宇内，将与日月共垂不朽。今兹殂谢，固不仅法国失一物理学家已也。

玛丽亚·居里夫人（Marie Sklodoveska Curie）于1867年11月7日生于波兰之华沙，系斯克洛道斯卡教授之女。玛丽亚卒业于华沙中学后，深感波兰亡国之痛，且为求知欲所驱使，乃孑身远走法国，入巴黎大学理科攻读，聪慧勤勉，极为物理主任教授李普曼（Lippmann）所赞赏，因获识其高足居里先生。

居里当时为一青年物理学家，头角崭然，英名卓著，时在巴黎理化专门学校任助教职，迨1895年宣读其《在各种温度下物质之磁性》一文于巴黎大学，得科学博士学位，旋升任为理化学校之普通物理学教授。玛丽亚亦适于是岁卒业，两人遂谐凤卜。婚后，玛丽亚得理化

---

[1] 本文原刊于1934年7月20日《大公报》和1934年8月《科学》杂志第18卷第8期。
[2] 即France（法国）。

专门学校当局之特许，遂随其夫共事研究。从兹化晨月夕，暑午雨夜，一对玉人，唱随于天秤玻管旁矣。

两人结缡数月后，巴黎自然博物院贝克莱尔（Becquerel）教授发现铀及其化合物皆能天然不息地放射一种光线，性与光类，能透过黑纸使照片感光，留有痕迹，此系一种异常新奇而重要之事实，亦即今之所谓放射现象也，居里夫人乃自发问，宇宙之内除铀及其化合物外，有无其他物质亦赋此放射特性。

夫人检查许多元素，化合物及矿物，结果发现钍和钍之化合物亦具放射性。1895年4月12日李普曼教授在法国科学院宣读夫人论文，题为《铀和钍的化合物之放射性》。这是居里夫人的处女作，虽短短不过二页，但她一生贡献，可说在此表现无遗，这文之末段说："凡有放射性之矿物皆含放射元素铀或钍；但有两种含铀之矿，一系沥青铀矿，一系辉铜矿，竟比纯粹的铀，放射性尤为强烈，这是一件极堪注意的事。于此吾人不得不推想是该矿物中定含少许新元素，其放射性，要比铀强得多。"

此种设想，旋经事实证实。居里夫妇埋头苦干，昼夜不辍，意图自沥青铀矿中用化学分析法提炼此稀异之元素，方法是将矿物中无放射性的部分去掉，有放射性者留之，如是逐次做去，一二百斤的原料中，竟只提炼得二三两的东西，但这点东西的放射性，却比纯粹的铀要强到400倍。此备尝辛劳的夫妇，乃于1898年7月18日在法国科学院，报告新元素的发现，但措辞仍极谦虚，他们说："假使此新元素的存在，将来能证实的话，我们想叫它做钋，来纪念我俩中一人之祖国波兰。"

钋系附丽于铋而经提炼出来的。居里夫妇另用钡为护身，再事提炼，又得少许东西，其放射性之厉害，比铀要强到900倍。是年圣诞节后一日，居里夫妇遂在法国科学院发表第二新元素的发现，此即脍炙人口的镭。

不数月间，钋镭两新元素相继发现，伟业惊人，闻之汗下。但斯时的钋镭，还是不可捉摸，非如金银之可举以示人而得辨其色之黄白，故居里夫人尤引为憾，爰再努力提炼，历时九载，到了1907年始从几十吨的矿物中提得一分左右的纯粹氯化镭，来测定镭的原子量为226.45。嗣更费时三载，到1910年，纯粹镭的攫得，才庆成功。

科学研究工作，都是很费力而耗时的，一分神来，九分汗下，信然。但科学史乘上很少的发现，堪与镭的发现之重要同日而语；而镭之提取的艰难可贵，更无伦比。苟非以居里卓越的天才，与其夫人细心坚韧的美德，密切合作，相得益彰，科学上恐难有这样美满的结晶呢！

那时居里夫妇工作的所在，是一个破烂的棚子，现代实验室的模样固然谈不到，就在当年法国，亦是远不够格的。居里在理化学校职系普通教授，没有特别研究的经费和地方，他的夫人更不消说，仅是一个既无薪水又无名义的居里助手。不过物质上的困苦，绝不能摧挫他俩的志气。他们要研究，他们不管风寒暑湿，就用那工厂对面久已荒废的破棚来做他们的实验室。棚下仅备旧桌两张，破火炉一具，和居里爱用的黑板一方，此外别无长物。即藏东西的橱柜，也没有一个，他们屡次提炼出来的东西无处放置，只好摆在桌上。每值夜晚，他们入棚工作而未行开灯之先，看见这些一次一次提炼出来的东西，在那儿发磷光,其实他们的光荣,亦正如这些磷光一样,随着他们一天一天工作的进行而继长增高。居里夫人常说,这些年头是她毕生最快乐的时节,那破陋小棚,更是她回忆中最甜蜜的所在,虽皇宫不易也。

居里夫妇的光荣开始了。1900年居里调升为巴黎大学理科助理教授,担任医预科物理课程。越三年,居里夫妇与贝克莱尔合得诺贝尔物理学奖金。翌年巴黎大学增设放射性学讲座,由居里担任。1905年居里被选为法国科学院院士,此系法国学者无上之尊荣。众料居里工作行将一日千里,讵知1906年4月19日居里竟被一辆载重汽车碾死街头。那无知而疏忽的车夫,他知道他刹那间所造成的罪恶么,真百身而莫赎!

居里夫人从此失了家庭的主宰,工作的良伴,青灯独处,悲恸欲绝,但痛定思痛,益自惕厉,期续夫业,以慰逝者。未几得继居里生前讲席而为巴黎大学教授,法国最高学府得由女子担任教职者,实以夫人为嚆矢。夫人于1907年提炼得纯粹的氯化镭,1910年复得纯镭,次年以此获诺贝尔化学奖金。科学家对于科学的贡献,固不因巨款奖金而递增其价值。顾以一身而兼获诺贝尔理化两次奖金如居里夫人者,实不能不推为一个空前绝后的美事。

不错,真正的天才,如居里夫妇是能战胜环境的。即在陋室破桌间,也能做出惊人的科学发明。在我们从事科学研究的人,固应以居里为模范而自慰自惕,但叫居里夫人终日运用极细的头脑,做着极笨重的工作,"有时她须用一个和她等长的大铁棍,不住手地搅动那正烧着的流质,达数小时之久。有时又须把已经试验过的废质,大量、大量地往屋外倾倒,他们既无助手,亦乏仆役……"法国政府和社会或是全世界人类,应否对此惭愧而汗颜呢?

在居里去世的前两年,法国政府赠以勋章,用表功绩。居里却曰:"我所需要者是实验室,非勋章也。"惜夫居里一生,竟未得一像样的工作地而偿其夙愿。故居里殁后,夫人到处呼吁,希能造一镭学研究所,以慰亡者的遗憾。她说:"镭的发现,固是在穷困情况下完成,但此决非成功之条件或理由,只不过弄得我们精疲力竭而已。为科学求进步,为人类造幸福,除血肉的聪明与意志的虔诚外,还得有相当的设备。"

镭学研究所终于1912年由巴黎大学理科与巴斯德研究所合办而决定设立了。欧战期中,建筑完成。内分二部,一系居里实验室,专研究放射性学;一为巴斯德实验室,专研究镭的医学应用,并附设疗养院一所。

镭可疗疾,如那无救的癌,即可用镭治疗。因镭放射出一种光线,能破坏活的肌肉,其伤害有效的程度,对那繁殖愈快的细胞愈厉害,所以可用镭来杀除那繁殖很快的如癌细胞之类。镭在医学上的应用,虽已著成效,其实尚不过是个开端,前途广大,哪能逆料。

镭之发现,在科学上开一新纪元,产生许多研究的新问题,供给许多研究的新工具,以造成今日之近代物理,此固非常人所克了解与欣赏。但使一个已判死刑的癌病患者,得有起死回生之望,这于人类功德如何,哪能不使人尊敬崇拜永志不忘呢!宜乎镭学研究所成立之始,即得公私各方赞助,居里夫人更首先用彼夫妇两人名义,举其十余年来所提炼成的一克多镭,捐给该所。这一克多镭,在当年价近二百万法郎。其用途初年一面供所里做研究，一面用以疗病，区区微物，活人无算！

镭学研究所始行鸠工建筑，欧洲战事不幸爆发，于是夫人报效祖国与服务人类之机会至矣（夫人有祖国二，一系波兰，一系法兰西，两国公敌为德意志）。夫人毅然出任妇女协会治疗组技术主任，亲为伤兵施用X光取弹，镭质治疗，并为医生护士说明那治疗的方法与手续，先后装就治疗器械200份，分18队赴前线任救护工作。

欧战告终，法国胜了，波兰独立了。华沙也成立了一个镭学研究所，请居里夫人做名誉主任，去行开幕典礼。夫人于万众欢呼中，荣返故邦。倘一忆及三十余年前一孤零少女，离乡别父，提负行囊，挤上火车，奔向渺茫的巴黎，去寻求前途，得毋多今昔之感乎！

和平恢复后，夫人从事研究所的布置，躬为一般青年科学家指领研究的途径。那种简朴的起居，谦和的态度，同恬淡韬晦，循循善诱的情况，凡曾亲列夫人之门墙者，类能道之。巴黎镭学研究所是全世界近代物理研究最重要中心之一。

夫人游美，美国妇女群起募款，得资百万美金，以镭一克之代价，敬赠夫人，用表敬仰之忱。夫人受之以为居里基金之一部，不充诸女妆奁之费。

1923年为镭发现之二十五周年，巴黎大学开会纪念，法国参众两院全体议员通过议案，赠给居里夫人以国家酬劳金每年四万法郎，夫人殁后，得由两女分领。这是法国政府和人民对科学家最隆重的敬意。1874年巴斯德获此酬金后，居里夫人一人而已。

夫人有女二：长名伊伦（Irène），生于1897年9月12日；次名伊芙（IVe），生于1904年12月6日。长女幼年即随侍母侧，从事物理研究，于1924年得博士学位，任镭学研究所助教，1927年与同事约里奥（Joliot）君结婚。他俩颇具居里夫妇旧风，亦克同心合作，近数月前发现人造的放射性，是又为物理学辟一新蹊径。伊伦女士克绍箕裘，不愧名门之女，他日延绵夫人之业者，当属斯人。次女伊芙，性好音乐，行年虽稚，现已蜚声于巴黎艺术界了。

居里夫人今日死矣！但在她作古的五六年前，加拿大蒙脱来尔大学科学馆前即造了两个大科学家的石像，左是道尔顿（Dalton），右即居里夫人。当时还请夫人自己去行揭幕礼。科学家去世后博得人们敬仰而造像以志纪念者，固不乏人；但如居里夫人能在生前徘徊俯仰于自家石像的左右，确是创举。不知夫人当时做何感想，其将不惹笑人类之浅薄，只知在他人成功后来捧场喝彩否耶！

居里夫人死矣！她重要的发现，伟大的人格，绝不随其形骸以去，是将长留人间永垂典范的。

在我国一面普罗盛行、一面浪漫雅趣的潮流中，一般青年男女，朝夕留心的是航空奖券，崇拜的是电影明星，也有震于居里夫妇的为人，从此埋首苦干，肆力科学，以拯救我危如累卵的古国，而解放苦苦倒悬的人类否欤！

科学先驱，民主勇士

——纪念杨杏佛先生殉难五十周年[1]

1914年，当现代科学技术在中国尚处于荒漠一片的时候，杨铨（字杏佛）先生与任鸿隽、赵元任、胡刚复、胡明复、竺可桢、周仁、秉志、王琎先生等人正在大洋彼岸的美国留学，他们感奋于要用先进的科学技术唤醒沉睡着的中华祖国，于是在伊萨卡康乃尔大学校园内成立了"中国科学社"。这是我国第一个现代科学技术的学术团体。稍后，由与杨铨先生在中国公学同学、后来留学法国的何鲁先生在巴黎主办的"学群"组织，与在美国的中国科学社联合，而仍保留中国科学社之名。这样，在海外成立的中国科学社便成为现代科学技术在我国传播和发展的先导。杨铨先生等人则不愧为我国科学界的先驱。

1917年，杨铨、胡明复、胡刚复先生等先后回国，把中国科学社迁回上海。中国科学社的社址就设在明复、刚复先生的胞兄胡敦复先生所创办的大同大学内。为了推动我国科学研究的发展，中国科学社在国内出版了我国第一个用中文发表的学术刊物——《科学》月刊。

---

1 本文原刊于上海市委《统战工作史料选辑》（上海人民出版社1983年出版）一书。

杨铨、胡明复先生等为办好《科学》月刊付出了许多辛劳，并积极培养、协助上海华丰印刷厂，使这个原来只以印制名片、贺年片为业的小厂转而承印《科学》月刊。《科学》月刊上主要登载一些论述科学的重要性、探讨科学研究的方法以及科学评论等文章，对推动国内学术研究的发展起了重要作用。《新青年》杂志曾多次对《科学》月刊予以介绍。因此，中国科学社深得社会各界名流孙中山、马相伯、张謇、蔡元培等先生的赞赏。

1920年前后，何鲁、胡刚复、杨铨、竺可桢、周仁、秉志先生等先后到南京高等师范任教。他们为了提供一个学术交流的场所，通过张謇先生出面，在南京成贤街文德里谋得一处官产房屋，办起了一个图书馆和讲演室，这就成为中国科学社的新社址。由于缺少经费（它来源于社员缴纳的会费），图书馆的图书是从各位先生家里的藏书中搜集来的，讲演室也显得十分窄小，无怪乎当时应中国科学社邀请来华访问的英国罗素爵士就只好在这个新社址的院子里露天进行他饶有风趣、颇受欢迎的学术讲演了。

这时，我正在南京高等师范上学。虽然没有听过杨铨先生的课，但我对他的敬重如同对我的老师何鲁、胡刚复等先生的敬重一样。因为在这期间，刚复先生兼任图书馆馆长，他的家眷在上海，图书馆就成为他的工作室和起居室，馆里只有一名普通工作人员。我荣幸地得到刚复先生的信任，经常出入图书馆，帮助整理图书，编目分类，甚至代为《科学》月刊初审稿件，而杨铨、何鲁先生就住在图书馆的附近，他们经常来馆里与刚复先生一起研究社务与教学。所以，在几年时间里，我亲眼见到杨铨、何鲁、胡刚复等先生为中国科学社和南京高等师范做了许多有意义的工作,我也向他们请教了不少知识,学习他们做学问的方法、态度,以及为科学和民主而献身的精神。正因如此,当我1923年刚刚毕业时,就破例地被中国科学社接受为正式社员(当时凡未出国留学人员加入中国科学社的,只能称为"仲社员")。这年秋天我赴法留学深造时,何鲁、胡刚复、杨铨等先生曾在中国科学社为我设宴送行,以示鼓励。

1927年我从法国回国时,中国科学社已迁回上海。1928年,中国科学社在杭州东吴大学召开年会,我与杨铨先生等同时出席,我们都是自带铺盖,利用学校假期,住在大教室里,大家深入切磋学术,认真研究社务,尖锐批评时政的情景,至今仍留下美好的印象。杨铨先生是一位活跃人物,他多次大声疾呼要为创造一个"有饭大家吃,有工大家做"的新社会而奋斗。在这届年会上,我当选为中国科学社的理事。

后来,中国科学社经过杨铨先生等人的努力,又先后在上海法租界亚尔培路开办了"明复图书馆"(为纪念1927年因游泳溺死的胡明复先生而命名),在上海法租界福煦路创办了"中国科学图书仪器公司"。同时,中国科学社还曾几次派出学者到菲律宾等地出席亚洲太平洋地区的学术会议。

1927年5月,中央研究院筹备处成立,推定蔡元培、李煜瀛等先生为筹备委员。10月,大学院成立,中央研究院为其下设机构,即决定由大学院院长蔡元培先生兼任中央研究院院长,杨铨先生则以大学院教育行政处主任的身份兼任中央研究院秘书长。至1928年4月,改"大学院中央研究院"为"国立中央研究院",蔡元培先生仍为院长,杨铨先生则任总干事，协助蔡先生管理院务。虽然限于当时的社会环境条件，但由于蔡先生、杨先生的组织领导，中央研究院后来在机构、人员和科学研究工作上还是有所发展的。这方面的情况，我就不一一赘述了。

所以，我们可以说，中国科学社、中央研究院的各项工作的开展，它们对我国科学事业的重要贡献，都是与杨铨先生等人多年的辛勤努力分不开的。

杨铨先生的难得之处，在于他不仅是一位卓有建树的科学家，而且还是一位为争取民主自由矢志不移的社会活动家。早在青年时代，他就投身于辛亥革命运动。他和任鸿隽、何鲁先生等都是以在青年时代参加辛亥革命有功而被选派出国深造的。北伐时期，杨铨先生跟随孙中山先生到达北京，担任秘书；中山先生逝世后，又回上海任丧事筹备处总干事。从此，他成为孙中山先生的坚定的追随者，国民党中的一员左派。

1932年，日本帝国主义侵略上海，十九路军义士奋起抗战，爆发了"一·二八"抗战。杨铨先生积极协助宋庆龄女士，向人募款，向交通大学商借房屋，为伤兵设立了一所有三百个床位的战时医院。同年12月，为了反对蒋介石对抗日救亡进步人士的迫害，营救被捕的革命志士，宋庆龄、鲁迅、蔡元培、杨铨先生等发起组织了"中国民权保障同盟"，宋庆龄女士任主席，蔡元培先生任副主席，杨铨先生任执行委员兼总干事。在宋庆龄女士的领导下，杨铨先生积极奔走，保护和营救了一批共产党员和反蒋爱国民主人士，如廖承志、陈赓、许德珩、丁玲以及国际友人牛兰夫妇等。12月17日，杨铨先生到北平营救因从事抗日救亡运动而被国民党宪兵秘密逮捕的许德珩、侯外庐、马哲民等先生。当时,我在北平研究院物理研究所任所长,并兼任镭学研究所所长。杨先生住在王府井大街南口路东的交通旅馆(即新中国成立国家海洋局旧址)。他在百忙中还到我们物理研究所以及赵承嘏先生领导的药物研究所参观、了解情况,我也曾去旅馆看望他。他认为我们物理所、药物所尽管人员少,经费缺,设备条件较差,但是办得是很有成绩的,做出了一些很有水平的工作。这件事也说明杨铨先生在从事紧张的革命活动中,还时刻关心中国科学事业的进步。

由于中国民权保障同盟的革命活动抨击了国民党反动派的法西斯统治,揭露了特务机关任意践踏人权、屠杀革命志士的残暴罪行,引起国民党反动派的恐惧和仇恨,于是蒋介石就命令特务头子戴笠派上海行动组组长赵理君(化名陶士能)于1933年6月18日清晨在上海法租界亚尔培路331号中央研究院国际出版品交换处门口公然枪杀了杨铨先生。杨铨先生殉难的地点离宋庆龄女士的住宅不远,蒋介石妄想以此来恐吓宋庆龄女士。杨铨先生殉难时,我为北平研究院镭学研究所迁沪事正逗留上海,惊闻噩耗,痛失先生。20日杨铨先生入殓,我亲往万国殡仪馆吊唁,面对先生遗体,悲愤不已,不禁泪下。呜呼!杨铨先生殉难时,年仅44岁耳!后来,中央研究院将上海原白利南路工学研究所大楼(原工学实验馆)命名为"杏佛馆",以表示对杨铨先生的纪念。

杨铨先生的一生虽然短暂,但却伟哉!壮哉!他的第一大功绩是参与创建中国科学社,兴办现代科学教育,筹组建立中央研究院,实为我国科学界的先驱之一。他的第二大功绩是积极投身于辛亥革命、北伐战争、上海"一·二八"抗战以及参与组织中国民权保障同盟，直至为中国人民的解放事业贡献出了自己的生命，实为争取民主自由之勇士。

伟哉！创学社，兴教育，科海荒漠擎火炬，智慧照人；壮哉！组同盟，争民权，刀丛蒺藜举战旗，肝胆殉国。

纪念杰出的数学家和教育家熊庆来先生[1]

熊庆来先生,字迪之,1893年旧历9月11日生于云南省弥勒县息宰村,其父熊国栋先生曾任赵州府学官。他12岁时即随父亲住于任上,受到革新思想的熏陶,对民众疾苦有所了解。后至昆明,肄业于云南高等学堂及英法文专修科。1913年应云南省留学生考试而被选中派往比利时学习,翌年因欧战爆发而转赴法国,先后就读于格伦诺勃尔大学、巴黎大学、蒙柏里大学及马赛大学,并于1920年获理学硕士学位。回国初,任云南工业学校及路政学校教员;1921年由何鲁先生推荐并接替他担任南京高等师范、东南大学(现南京大学)数学系教授兼系主任;1925年任清华大学数学系教授兼系主任。利用休假期间,1931年重赴巴黎,1933年攻获法国国家理科博士学位,回国后继续在清华大学任职。1937年至1949年,任云南大学校长。1949年夏第三次赴法,初出席巴黎联合国教科文组织会议,后留巴黎做研究工作。不久患脑溢血,此后虽重病缠身,却从未松懈科学研究工作。

---

[1] 本文原刊于《纪念熊庆来先生文集》,由严济慈教授和华罗庚教授1984年6月合写。

1957年，响应号召，回到祖国，任中国科学院数学研究所研究员、函数论研究室主任等职。1959年被选为中国人民政治协商会议全国委员会委员，后又荣任全国政协第四届常务委员。1969年2月3日病逝于北京，时年七十六岁。

先生以毕生精力从事数学教学和研究，勤奋好学，孜孜不倦，几十年如一日。他严谨、刻苦的治学风格，长期以来一直为我国学术界所称道。以第二次去法国为例，当时先生已年近四十，却以顽强的精神，经过两年的艰苦工作，完成了他一生中最重要的研究成果之一，并以此荣获法国国家理科博士学位。他在晚年，由于身患残疾只能用左手写作，仍以惊人的毅力，不分昼夜和假日地坚持科学研究。即使在这种情况下，他对自己的工作也始终一丝不苟，每篇论文总要反复斟酌修改，连标点符号也务求准确。有时为了修改一二处文字，不惜在冬夜入睡之后又重新整衣起坐，这对一位半身不遂的老人来说，又谈何容易。先生一生发表创造性论文计五十多篇，其中大多数是在晚年病残后写出的。当先生达七十高龄之时，还为了科研工作之需，开始学习俄语，并特地请了一位留苏的同志帮他纠正发音，经过他的努力，不久即能阅读俄语专业文献。

熊老的专门研究领域是函数论。在这方面，他最负盛名的贡献是在其博士论文中提出的无穷级亚纯函数的一般理论。熊氏的这一理论，包括了所有的无穷级亚纯函数与无穷级整函数；而就整函数而言，其结果可与Borel关于有穷级整函数的研究相媲美，而优于Blumenthal的工作，因而开创了无穷级整函数与亚纯函数值分布研究中的新局面。他所定义的无穷级在国际上被誉为熊氏无穷级。在

Nevanlinna的亚纯函数学方面，熊老也获得了一些函数结合其导数的基本不等式以及函数结合其原函数（积分）的若干不等式，并据此解决了亏量与惟一性问题，其中一些不等式被国际上认为是这方面最深入的结果。熊老另一有影响的成就是发展了在数学各方面起重要作用的Montel正规性理论。他简化了著名的Miranda定理的证明，并考虑Nevanlinna亏值与正规性的关系而获得了一些新的简单的正规性定则。代数体函数是特殊类型的多值函数，研究难度较大，熊老知难而上，证明了Valiron指出的代数体函数第二基本定理；他还将亚纯函数的无穷级概念推广到代数体函数。熊老对于单位圆内的全纯函数及亚纯函数的研究亦有贡献。他所著《关于亚纯函数及代数体函数，Nevanlinna的一个定理的推广》，为国内外函数论学者所称道。

熊庆来教授在数学方面所取得的重要研究成果，不仅使他本人作为知名的数学家而受到国内外同行的普遍尊敬，而且为我国数学赢得了国际声誉。然而，熊老的贡献远不止此！极为难能可贵的是，他兼卓越的学者与出色的教育家和科研组织家于一身，致力于引进近代数学，推进整个国家的数学研究事业。早在（20世纪）20年代，他先后创办了东南大学数学系和清华大学数学系；30年代，他又参与创办了中国数学学报。熊老在高等学校任课，亲自编写教科书和各种讲义十余种。在东南大学任教时，患有严重的痔症，仍伏床而编写讲义，精心备课。后来升任云南大学校长，他在繁忙的公务中仍然尽可能亲掌教务，甚至帮助附中示范授课。值得一提的是，在清华任职期间，熊老曾主张并主持接待了哈达玛与维纳这两位国际著名的数学家的来访，对于微分方程、调和分析等现代数学理论在我国的传播、发展起了重要作用。直到60年代，熊老还以古稀之年，组织和领导了北京地区函数论讨论班，以促进学术的发展。

熊老善于发现人才、培养人才、爱惜人才，这已是众所周知的。我们两人分别于20年代初在南京高等师范与30年代初在清华大学就受到熊老的悉心帮助与栽培，对他提携后进、知人善任的感人品格体会殊深。熊老痛感旧中国近代科学落后的现实，自早年从事教育工作起，就把培养人才看作是头等大计。他任教南京高师、东南大学时就留下了许多尽心培育有才华的学生的动人事迹。熊老作风平易近人，与同学、同事相处融洽。晚年在数学研究所工作，虽年老身残，仍热心培养青年研究人员和研究生。他指导学生重视基础训练，常指定他们自学一两本经典著作，随时指出其中基本定理的含义、起源及发展历史，阐明其背景及各种理论间的关系。然而熊老也决不把基础训练与研究工作本身截然分开。为了培养学生独立解决问题的能力，他还经常提供一些值得探讨的问题，学生每有心得体会，他总是及时给予热情的鼓励。在方法上，熊老因人施教，在充分了解学生的情况后，根据各人特点定出方向，所以青年人在他的培养下成长很快。熊老从事科研和教育多年，在他直接培养下成长或受过他教益的人不计其数，其中许多都成了国内外著名的科学家，他们在科学研究和教育事业方面对我国乃至世界做出了重要的贡献。

熊老生前深受同事们和学生们的爱戴。记得1957年6月，先生自海外归来，竺可桢、吴有训、叶企孙等和我们曾聚集在北京南苑机场迎候。更令人难忘的是1962年9月，先生七十诞辰，张劲夫、吴晗、楚图南、周培源、江泽涵、许宝騄、钱三强、段学复、庄圻泰等同志和我们共六十余人在全国政协礼堂隆重集会，共同赞颂先生在数学研究与培养人才方面的卓越贡献。

以熊老一生的功绩而言，作为我国现代数学研究和数学教育的先驱人物，他是当之无愧的。熊庆来先生的科学生涯是与他高尚的爱国精神分不开的。他是一位正直、朴实的学者，更是一位热忱的爱国志士。他先后三次出国深造，都是怀着科学救国的宏愿。在他看来，科学家的工作是与国家的命运休戚相关的。他毕生推崇伟大的法国学者巴斯德以自己的科研成果使当时濒于危机的法国蚕丝和酿造业再度繁荣，帮助战败的法国渡过经济难关，他常常以此勉励自己，也教育学生为祖国复兴而勤奋学习。50年代，熊老在国外拒绝了台湾的多次邀请，毅然返回祖国，投身于社会主义的伟大事业。回国后，他一直为共产党领导下的新中国的欣欣向荣的局面而欢欣鼓舞，对祖国科学教育事业的发展有高度的信心。他曾高兴地表示："现在的生活比前几十年有意义，不知老之将至。"即使在十年动乱期间，他也没有丧失信心，在他临终前一天写的一个材料中还表示要"鞠躬尽瘁，死而后已"！

熊先生16岁时与师母姜菊缘女士成婚，在共同生活的60年中，师母对先生的工作十分理解，并给予大力协助。先生三次赴法，前后共计17年，家中赖师母独力支撑。师母的贤惠和勤劳乃是先生能有卓越贡献的一个重要因素。如今师母年逾九十，精神矍铄，常思忖继承熊老遗志，对我国数学教育事业有所帮助。熊老有四子一女，即秉信、秉明、秉衡、秉群及秉慧。他们皆学有专长，并在各自的工作中有所表现。惜秉信过度操劳，恪尽职守，于1974年早逝。

熊庆来先生是在十年浩劫期间去世的，他离开我们已经15年了。他的逝世，对于我国的数学科研和教育事业无疑是莫大的损失。但是，一直到粉碎"四人帮"，特别是党的十一届三中全会以后，熊老的一生功绩才得到了正确评价。

现在我们编辑这部文集，一方面以此来纪念熊先生，另一方面激励自己以及广大中青年，刻苦钻研，严谨治学，为实现我国的社会主义现代化而努力奋斗。

深切悼念德珩同志[1]

2月8日傍晚，从电话中得知许德珩同志去世的消息，不禁悲从中来，不能自已。德珩同志革命一生，又臻百岁高龄，用中国传统的一句话说，真可算福寿全归。然而，老友一旦永别，怎能不悲痛异常！

德珩同志青年时代即以同盟会会员的身份参加辛亥革命，很早就接受了民主主义思想的洗礼。在五四运动中，他是著名的学生领袖之一，迄今七十年来，把毕生精力献给了中国的民族解放、人民革命和社会主义建设事业，是中国知识分子的优秀代表。德珩同志的一生是伟大的一生，光辉的一生，是全国人民学习的楷模。

我和德珩同志是1923年在法国巴黎相识的。在五四运动时期我就了解他是一位反帝反封建和追求民主科学的杰出代表，因此对他十分钦佩。他是一位社会活动家，虽然身居异国，却一直没有停止救国活动。在这种情况下，我们很自然就在振兴中华这一共同目标下相识并结为朋友。1925年，他和劳君展同志在巴黎万花楼举行婚礼，我即席

---

[1] 本文原刊于《民主与科学》1990年第3期。

致贺，从对"爱"字的分析讲起。"爱"字是"受"字头，"友"字尾，中间是一个"心"字。"受"字头表示结婚是人生受用的开始，"友"字尾表示结婚是友谊的尾声，中间这个"心"字表示两个人爱在心中。许、劳两位的结合表示他们从友谊到心心相印，合两心为一，真挚的爱情使他们受用终身。两位同志都是爱国志士，伉俪之爱和对祖国之爱是永远不可分的。

德珩夫妇始终保持着对祖国、对人民和对中国共产党的无限热爱，并为此贡献了自己的一生。

1944年下半年，在重庆，科技界、文教界的一些进步朋友组织民主科学座谈会，呼吁要民主、要团结、要抗战到底。抗日战争胜利后，在毛主席的关怀和指导下，这个座谈会改建为中国的一个民主党派，并为纪念抗日战争胜利的9月3日，定名为"九三学社"。后来，在北京（先称北平）开展九三工作时，我和德珩同志的交往就较多了。

他在担任九三学社中央委员会主席的四十余年间，为九三学社的建设和发展，为团结和帮助广大高级知识分子坚定不移地走社会主义道路做出了卓越的贡献。在每次九三学社中央领导人研究工作的时候，德珩同志总是告诉大家要自觉地接受党的领导，为做好统一战线的工作发挥我社应有的作用。1966年"文革"中，是非颠倒，我社接到"红卫兵"的通牒，勒令取消。8月24日，"红卫兵"来我社中央召开会议，我和德珩同志等站着挨了一个上午的训斥，从德珩的表情和流露出来的一言半语中，我深深体会到他对党对国家的前途深深忧虑。我们两人相对无言，但我理解彼此的心情是完全一致的。及至

1976年，拨云雾而见青天，党的十一届三中全会以后，德珩同志以无比欣喜的心情恢复了工作，党领导的爱国统一战线也进入了一个新的历史发展阶段。德珩同志以年近九旬的高龄，更加精神焕发地参加人大、政协工作，领导社务，真使人有桑榆未晚、夕阳似火之感。

1979年4月，德珩同志实现了多年的夙愿，光荣地加入了中国共产党。由一个爱国的民主主义者，成为一名忠诚的共产主义战士。次年的1月26日我也光荣地入了党。当天晚上我刚睡下，德珩同志就给我打来电话："慕光，你好！刚刚从电台广播里听到你被批准入党，我很高兴，向你祝贺！"我当时连声说："谢谢！谢谢！楚生，我们终于都实现了毕生的夙愿——加入中国共产党。"

我和德珩同志由相识而共同奋斗有半个多世纪，他的高风亮节永远是我心中的仪型。本来还有许多话想说，因悲痛尚未平静，只能写下这些作为对他的悼念。

老友楚生，安息吧！

附录四：

慕光人生，百年伟业

严济慈先生访谈录

一

金涛（以下简称金）[1]：您从一个农家子弟成为世界著名的科学家，童年的生活对您一生的事业、成就无疑是有影响的。请谈谈您的家庭情况和童年生活。

严济慈（以下简称严）：这个问题很难三言两语讲清楚的。我是浙江东阳县[2]下湖严村人。东阳是个丘陵地区，山清水秀，风景很美。但是由于山多可耕地少，人口又多，所以东阳人外出做木匠、泥水匠的很多，全国都有。有的长年累月出外谋生，有的农闲时外出做工。

下湖严村只有30来户人家，不到40户。我家世代务农。到了高祖、曾祖这一辈，他们懂一点书，又会看病，日子逐渐好起来。高祖父开了一间中药铺，叫惠元堂。到我父亲手里还经营这个中药铺，先

---

[1] 原科学普及出版社社长兼总编辑，著名科普作家，中国作家协会会员。
[2] 今东阳市。

是在寿塔头这个地方，后来搬到离下湖严村三华里的后岑山。我父亲也懂中医。

我祖父弟兄三人。到祖父这一辈，在村子里还算好的一家，他们都是读书人。伯祖父是个武秀才。祖父考科举在县里考取了，但到府（金华府）里却屡试不中。他30岁时赴金华府考功名，生病死在路上。当时我父亲才11岁。我的叔祖父严惟纶先生，号清波，也是读书人，一生没有考取功名，就在严家祠堂教蒙馆。

我是光绪二十六年（1900年）阴历腊月初四[1]出生的。父亲严树培排行第二，上有一个姐姐，下有一个妹妹和两个弟弟。祖父一死，父亲的担子很重。他种田、卖药，还要做点小生意，才能让一家人吃饱肚皮。我7岁时，父亲和叔伯分家另立门户。按我们家乡的规矩，分家时祖产不能分光，要留下一部分，其余的才按户均分。我家六口人共分得37秤地，16秤等于一亩地，所以才两亩多地。另外只有一间房，全家人挤在一间房里。为了维持一家人的生活，父亲到杭州向卖火腿的铺子借钱，然后去东阳收火腿。因为东阳家家户户过年都要宰猪，自己腌火腿卖掉。他还从平湖收草籽（紫云英，作绿肥用），运到东阳卖掉，也到诸暨贩棉纱，到杭州贩煤油。他又没有本钱，去借高利贷，二分利，所以赚不了多少钱。有几次，父亲还亏了本。一次是贩煤油，在钱塘江用木排运输，被别人做了手脚，在煤油桶里装了水，连本钱都丢光了，损失几十块大洋；还有一次运草籽，木排翻

---

[1] 严老的出生日期，按老人自己的说法，是清光绪二十六年（庚子，1900年）腊月初四寅时出生。因月份小，若换成公历计，则为1901年1月23日，姑存此说。

了，也把本钱赔光了。

金：您母亲是本村人吗？请谈谈您外祖父家的情况。

严：我母亲姓金，叫金庆龄，是离下湖严村10公里的金宅村人。外公家是个大家族，外公兄弟5人。他本人是廪生，四叔外公也是有功名的。我母亲和父亲同年，25岁生我。我排行第三，上有两个姐姐，下有一个妹妹、一个弟弟。我出生前，两个老人希望有个儿子，所以我的二姐生下来只有一两个月，就送给人家做童养媳。我童年的生活很艰辛。母亲织布拿到集市上去卖，姐姐也上机织布，妹妹也帮忙。我从小就放牛，上山砍柴，下田割禾，天旱车水，什么农活儿都干过。我现在年纪这么大，身体一直很好，主要得益于我从小参加劳动，打下了基础。

小时候，我除了干农活儿，还收过账，是父亲的小帮手。

金：请详细谈谈这方面的情况。

严：当时乡村的中药铺都是赊账，农民看病抓药都记账。到年底，粮食卖了，有了现钱，这才还清欠账。所以到了阴历腊月，快近年关时，多半是腊月二十六日至三十日，有人来还账。我9岁、10岁就在父亲的指导下学会打算盘。7岁时进蒙馆，就是严家祠堂的蒙馆，第一位启蒙老师就是叔祖父严惟纶先生。有一次，父亲到杭州去做生意，在书摊上买了一本从日文翻译过来的《笔算数学》。我从未学过数学，也找不到教师可以求教，就自己一道题、一道题反复演算，弄懂每个定理，硬是把这本书啃懂了。从此我对数学有了浓厚的兴趣。从10岁起我就会管账，这件事对我也是一个训练，培养了我认真仔细、一丝不苟的作风。

金：您的家境贫寒，后来是怎么上的学呢？

严：我的姐姐、妹妹、弟弟连私塾都没有上过，家里生活很艰难。但父母看我聪明好学，还是节衣缩食供我读书。我12岁进了东阳县立宏道小学插班。学校离家30里地。我住在学校里，自己做饭吃。那时小学不读四书五经了，有语文、算术、常识等科目。因为我学过算术，学起来不觉得吃力。1913年冬，父亲做生意被坏人坑骗，蚀了本钱，家里生活更加艰难，但父母还是鼓励我考中学。我报考了东阳县立中学，考试发榜，我考取第一名，成绩最优等。父亲很高兴，但也很犹豫。因为上中学的开销大，何况那时我是父亲的帮手，我一走他就少了个人手。但是父母亲是理解我的志向的，他们没有只顾眼前，决定就是省吃俭用也供我继续求学。

金：东阳县立中学在您的求学阶段占有很重要的位置，甚至可以说是您迈出人生的第一步。您从中国一个封闭的农村走向世界，是以东阳县立中学为起点的，可以这样说吗？

严：在东阳县立中学四年的学习，对我打下知识的基础是十分重要的。我是1914年考进东阳县立中学的。学校一边是县衙门，一边是城隍庙。学校是1913年（民国二年）开办的。我上第三期，一班有三四十人，四年毕业。当时校长是程品文。国文教师是一位年纪较大、旧学功底造诣很深的嵊县[1]人。我对各门功课都有兴趣，成绩都很好，尤其是在数学方面表现得更加突出。一些令大家头疼的难题，我很容易就迎刃而解。所以到了三四年级，有的难题教师解答不了，

---

1 今嵊州市。

也拿来找我解答。历史、地理这些科目，最难的就是年代、人口、面积等数字，我也记得一清二楚。

当时给我印象最深的一位教师，是教英文的傅东华先生。傅东华，字则黄，浙江金华人，毕业于南洋公学。当时30多岁。据说是因为反袁世凯而遭到通缉，逃到东阳来教书的。他思想活跃，英文底子又好，上课采用《泰西五十轶事》《莎士比亚故事集》作课本，还鼓励学生读英文原著小说，以提高英语阅读能力。他后来在商务印书馆翻译出版过小说《飘》。我受傅东华先生的影响，订阅了上海出版的英文《密勒氏评论报》，还经常阅读商务印书馆的《英文月刊》和《英语周刊》。当时《英文月刊》经常刊登小测验征文、问题解答等，傅先生就鼓励我们去投稿。我把自己的答卷投寄杂志社，答对了还有奖励，可以免费订刊。我还用英文写一些短文投寄《英文月刊》，也在刊物上发表过。这些对我的英语水平的提高很有帮助。还有，我的字"慕光"是傅东华先生给取的，意思是希望我一生追求光明和真理。

金：1917年您以全校第一的优异成绩，在东阳县立中学毕业，而且在报考高等学校时，您被两所大学同时录取，是怎么回事？

严：当时是春季开学。1917年底我中学毕业回到家里，又到私塾读书。1918年夏天，我从东阳走路走了两天，走到诸暨下面几十里的一个渡口，然后坐舢板船沿钱塘江而下到杭州，准备报考大学。当时，大学没有现在这么多，只有北大和六所高等师范，即南京、北京、沈阳、武昌、成都和广州六所高等师范。每所高等师范分头到各省招生，有一定名额。浙江就在杭州报考，由浙江省教育厅出题主持入学考试。我的家庭经济不富裕,高等师范不仅不需要交学费,还提供食宿,又可以读书,我就报考了离家最近的南京高等师范。考试结束,等发榜要一个月,我就住在凤凰山下一家公寓里。这个简陋的公寓是一个东阳木匠开的,一个月食宿五块钱。我没有事就跑到清波街的商务印书馆看书。不久我看到南京河海工程学校招生,这所学校由江苏、浙江、福建、山东四省合办,有预科和本科。我反正闲着无事,就去杭州第一师范的考场报考。

后来,考试揭榜,我以全省第一的成绩考上了南京高等师范,同时也考上了南京河海工程学校正科生。当时高师考试科目有数学、国文、英文、历史、地理、物理、化学,我考了第一名。当时在杭州,我一下出名了。因为东阳县立中学开办以来共三届毕业生,第一、第二届没有人考上全国的高等学府,只有考上了省立法政学校的。加上我名列全省之冠,浙江省教育厅特地破例拨给东阳县立中学一笔教育经费,以资奖励。后来,我到南京高等师范进行复试,又名列第一。河海工程学校食宿要自己花钱,所以我选择了南京高等师范。为了我上大学,叔祖父卖掉祖产,为我筹措川资,同窗好友也解囊相助,使我如愿上了大学。

金:1988年6月,南京工学院更名为东南大学,您作为老校友专程到南京出席了东南大学校庆大会。您在1918年考入南京高等师范,但是1923年是以东南大学第一届毕业生毕业的,这中间有些什么变化?

严:南京高等师范和所有师范一样是培养中学师资的,包括文史地学部和数理化学部。1918年,南京高等师范受黄炎培先生提倡职业教育的影响，除两个学部以外，又办了专修科，有农业、工业、商业、教育、体育、英文等六个专科，但专修科和各系不是每年都招生。

1918年，我报考南京高等师范时，学校只招收商业、农业、体育、教育四个专修科，我就考入商业专修科。专修科是三年毕业，还有国文、伦理等科目。但我对商业没兴趣，还是喜欢科学。第二年我转入工业专修科，还是从一年级读起，但又感到工科没意思。1920年，我又改学数理化学科，学制四年，这次是从二年级读起。所以，我是主张学生可以转系的，反对不准转系的做法，而且我也赞成留级。我在一篇文章里讲过，读书主要还是靠自己，有好的教师当然很好；没有好的教师，一个人也能摸索出适合自己的读书方法，把书读好。我这样说，并不是说教师可以不要了，教师的引导是十分重要的。但是，即使有了好的教师，如果不经过自己努力，不靠自己下功夫，不靠自己去摸索和创造，一个人也是不能成才的。

1920年，就在我转入数理化学科时，东南大学成立，与南京高等师范合在一起。东南大学实行学分制，我因为头两年在商科和工科学习时，普通公共课程被我学完了，所以许多课程可以免修，上课的时间很少，有充裕的时间攻读数学和物理，涉猎别的书籍。当时没有第二外国语，我买了一本美国人写的法文文法书，就自修法文。毕业时我的学分大大超过东南大学规定的学分数，所以我在得到南京高等师范的文凭的同时，又是东南大学第一届惟一的毕业生。

二

金：在南京高等师范和东南大学，对您影响最大的教师有哪几位？

严：南京高等师范的校长是郭秉文，教务长是陶行知。不过，对我影响最大的，堪称恩师的是何鲁先生，还有一位是熊庆来先生。何鲁先生是四川广安人。他夫人的哥哥，即他的大舅子叫朱苕煌，是袁世凯的红人，担任夔关监督。他夫人的三个弟弟都是留法的。何鲁1919年从法国回国，应聘到南京高等师范教数学。他讲课所用的教材实际上是法国中学的课本，但学生都反映听不懂，反对他，罢课，结果只有两个人听他的课，其中一个就是我。法国中学教育程度，在欧美国家中比所有国家都高，有力学课、宇宙课，分文科（哲学班）、理科（数学班）。中学毕业可直接进入大学。

这样一来，既然学生都抵制他上课，何鲁先生就说：“我们不要上了吧，有什么问题到我家来找我。”第二年，即1920年何鲁离开南京高师，到上海中法通惠工商学院教书去了。这个学校是法国人办的，在法租界。何鲁是惟一的中国教授。每个教授都有一幢洋房。他当时刚结婚，没有孩子。他叫我暑假到他那里去。所以从1920年到1922年三年的暑假，何鲁和他的夫人去北京度夏，我就住在他在上海的寓所。他从法国带回的大批法国大学的教科书，我都看过。我读三年级时看四年级的书。我的法文就是那时打下了基础，会读、会写、会听。何鲁离开南京高师，就推荐熊庆来担任南京高师、东南大学数学系教授兼系主任。

我在南京，大学未毕业时写了两本书，是商务印书馆王云五约的稿。我怎么会认识王云五呢？

我是在何鲁先生家里认识王云五的。原来王云五和何鲁是师生之交，曾在中国公学（校址在吴淞口）教过何鲁英文。当时正值中学改制，由初中四年改为初中、高中各三年，急需编写新的教科书。王云五听何鲁先生介绍我的情况，就提出约我编写初中算术的教科书。我是大学三年级写《初中算术》的，大学没有毕业就由商务印书馆出版了。现今中国60岁至80岁的知识分子，差不多都读过我这本书。另外一本由商务印书馆出版的书是《几何证题法》。我从1920年起，就在南京高等师范附中兼职教书。当时内地有不少高中毕业生到上海、南京等地报考大学，南京高师办了暑期学校，我应聘在暑期学校讲课，给这些学生补习几何。当时学生很多，阶梯式的大教室，有几百人。我在暑期学校的讲稿也在1923年出版，这就是《几何证题法》。这本书后来多次再版，许多人看了这本书还以为我是数学家。

金：我国最早的科学团体是中国科学社。您在南京高等师范读书时就是它的正式会员。您能否讲讲关于中国科学社的历史情况？

严：中国科学社是1914年由一些留美的学生任鸿隽、赵元任、杨铨、胡明复、秉志等发起的。他们感奋于要用先进的科学技术唤醒沉睡的祖国，在美国康奈尔大学校园内成立了"中国科学社"。稍后，与留学法国的何鲁在巴黎的"学群社"联合。何鲁与杨铨（即杨杏佛）是中国公学的同学。联合后仍保留中国科学社之名。这是我国第一个现代科学技术的学术团体。

1917年，胡明复、胡刚复、杨铨先生等先后回国，把中国科学社迁回上海，社址设在大同大学。这所大学是胡刚复、胡明复先生的胞兄胡敦复先生创办的。中国科学社当时创办了我国第一个用中文发表的学术刊物《科学》月刊，主要刊登一些论述科学的重要性、探讨科学研究方法以及科学评论的文章。1920年前后，何鲁、胡刚复、杨铨、竺可桢、周仁、秉志先生等先后到南京高等师范任教。为了提供一个学术交流的场所，通过张謇先生出面，在南京成贤街文德里谋得一处官产房屋，办起了一个图书馆和讲演室。这就是中国科学社的新社址。由于缺少经费，图书馆的图书是从各位先生家里的藏书中搜集来的，讲演室也十分窄小。当时英国哲学家罗素爵士应中国科学社邀请访华，只好站在院子里演讲。

我这时正在南京高师上学。那时胡刚复先生兼任图书馆馆长。因为他的家眷在上海，图书馆就成了他的工作室和起居屋。我受胡刚复先生的信任，经常出入图书馆，帮助整理图书，编目分类，我还有幸受教师的委托代为《科学》月刊初审稿件。那时，杨铨、何鲁先生也住在图书馆附近。他们经常来馆里与胡刚复先生一起研究社务与教学。我有机会向他们求教，受益匪浅。1923年当我刚刚毕业，就破例地被中国科学社接受为正式社员。之所以说"破例"，是当时有规定，凡是未出国留学人员加入中国科学社的，只能称"仲社员"。1923年秋天，我赴法留学前，何鲁、胡刚复、杨铨等先生还在中国科学社为我设宴送行，以示鼓励。

金：杨杏佛先生1933年在上海被国民党特务暗杀。您自1923年以后，和杨杏佛先生有些什么交往？

严：杨杏佛先生殉难50周年时，我写过一篇纪念他的文章。我说他的难得之处，在于他不仅是一位卓有建树的科学家，而且还是一位为争取民主自由矢志不移的社会活动家。早在青年时期，他就投身于辛亥革命。他和任鸿隽、何鲁都是以青年时期参加辛亥革命有功被选送出国深造的。北伐时期，他跟随孙中山先生到达北京，担任秘书。中山先生逝世后，又回到上海任丧事筹备处总干事。1927年我从法国回国时，中国科学社迁回上海。1928年中国科学社在苏州东吴大学召开年会，我与杨杏佛先生等人同时出席。我们都是自带铺盖，利用学校假期，住在大教室里。大家深入切磋学术、研究社务、批评时政的情景，至今印象仍很深。杨杏佛先生是一位活跃人物，他多次大声疾呼要为创造一个"有饭大家吃，有工大家做"的新社会而奋斗。

1932年12月，为了反对蒋介石对抗日救亡进步人士的迫害，营救被捕的革命志士，宋庆龄、鲁迅、蔡元培、杨杏佛等人发起组织"中国民权保障同盟"，杨杏佛先生任执行委员兼总干事。12月17日，他到北京营救因从事抗日救亡运动被国民党宪兵秘密逮捕的许德珩、侯外庐、马哲民等先生。我当时在北平研究院物理研究所任所长，并兼镭学研究所所长。杨先生住在王府井大街南口路东的交通旅馆里。他在百忙中还到我们物理所，以及赵承嘏先生领导的药物所参观，了解情况。我也曾到旅馆看望他。他认为我们物理所尽管人员少、经费缺、设备条件差，但是办得很有成绩，做出了一些很有水平的工作。不料这是我们最后一次见面。1933年6月18日清晨，杨杏佛先生在上海法租界亚尔培路331号中央研究院国际出版品交换处门口被国民党特务枪杀。我当时为北平研究院镭学研究所迁沪正逗留上海，惊闻噩耗，痛失先生。6月20日杨先生入殓，我亲往万国殡仪馆吊唁。面对先生遗体，悲愤不已。杨杏佛先生殉难时，年仅44岁。

三

金：1919年的五四运动，对您有什么影响？

严：我是1918年考入南京高师的。第二年，北京爆发了轰轰烈烈的五四运动，很快传到南京和全国其他地方。我是从偏僻农村来的。一到南京这个中国南方的文化中心，立刻感受到新文化运动正在冲击着封建古国的旧文化。我所在的南京高师，1919年前后有一批从欧美留学回来的教授。他们带来了科学与民主的思想，而且做了很多切实而有效的工作。所以，五四运动发生后，南京高等师范的学生立即响应，走出校门，举行了声势浩大的游行。这也是我生平第一次参加游行。

谈到五四运动，我的夫人张宗英不仅是参加者，而且是积极的组织者。她当年是南京第一女子师范学生评议会的议长，很出名的学生运动领袖之一。她曾经领导第一女子师范的同学驱赶保守落后的校长。1920年夏，她考取北京女子高等师范，结识了李大钊、瞿秋白以及其他青年运动的领导人。

金：能否谈谈您和您夫人是怎样认识的？几年前我第一次采访您时，张宗英女士身体还很好。她很热情地谈起你们过去的生活，谈起北平物理研究所那一段生活，说您连礼拜天也到实验室去工作，"除了吃饭、睡觉在家里，其余的时间都在研究所里"。你们的相识一定是有一段罗曼史吧？

严：我爱人的父母是浙江绍兴人，我的岳父张绎墨（鹤龄）先生是位老教育家，在南京两江师范任教。张宗英才貌出众，当时有很多人追求她，包括一些达官贵人、豪门子弟也托人做媒。她从南京跑到北京去读书，也是为了摆脱这些人的纠缠，但是在北京还是受人瞩目，一年没有读完又回到南京。当时是1921年，东南大学已正式开办。她打算报考东南大学。这年夏天，她拉着一个女生来找我，这个女生是个特别生。特别生是指那种没有参加考试而入学的学生，多半是女生。她是慕名而来，找我给她讲课，补习数学等功课，我们就是这样认识的。张宗英是东南大学第一个女学生。后来，她的父母约我到梅庵正式见面。1923年暑期去法国留学之前，我们正式订婚。订婚仪式是在秦淮河边一家餐馆举行的。请了两桌客人，介绍人是何鲁先生、胡刚复先生，张之高教授代表我的父辈，有二十多位知名教授出席。当年冬天，我用两本书的稿费以及岳父和老师慷慨相助的一笔钱，到法国留学。张宗英到上海送我上船，她说："等着你的好消息！"我去法国后，她病了整整两年，只好改学文科。一直到1927年我回国，她等了我四年。我们于1927年11月11日在上海结婚。

金：法国是20世纪20年代中国青年向往的地方，就像今天的青年热衷到美国留学一样。那时候，许多有志于社会变革的青年纷纷到法国勤工俭学，也有许多渴望将西方的文化艺术和现代科学移植到中国大地上的青年到法国去深造。请您谈谈在法国留学的情况。

严：我是在何鲁、熊庆来先生的支持下到法国留学的。我没有官费，是靠自己（在商务印书馆出版）的两本书的稿费和暑期学校教课的酬金，再就是岳父和老师的资助，自费留学的。

1923年11月，我从上海坐船到法国马赛。邮船在海上走了五个星期。我先到巴黎近郊默伦乡村的一所中学补习法文，主要是口语。几个月后，我就可以听、说法语了。我在补习法语的同时，到巴黎大学参加高等数学的考试，结果成绩是优等。我还没在巴黎大学上过一天课，就考取了一张文凭。

巴黎大学五个学院，即理学院、文学院、法学院、医学院和药学院。其中理学院号称十万学子，入学不用考试，学校不分系，也不分年级，只要中学毕业有毕业文凭，到注册登记处注册，就算是巴黎大学的学生。课程也是公开的，每年11月的第一个星期一开学上课，任何人都可以去听。但是巴黎大学考试制度很严。按巴黎大学规定，二十几门主课，考试通过一门即可得到一张文凭，考取三张文凭即可毕业，获得硕士学位。但要考取一张文凭很不容易，每门功课必须经过笔试，笔试通过，还要进行实验课的考试，考察实际操作的能力和掌握知识的熟练程度。数学的第二次考试侧重应用题。因此每次参加考试的人往往有八九百人，经过第一轮笔试能获得第二轮资格的不超过二三百人。然后是口试，由两位学识渊博的教授和考生面对面地口试。口试范围更加广泛，要求学生对一门功课全面掌握，靠侥幸取胜是很难的。巴黎大学规定，学生登记注册后，10年内都可随时参加考试。一年举行两次考试，一次在夏季，一次在秋季。但有人读了七八年也没有考取一张文凭。

金：您当时住在巴黎的什么地方，离巴黎大学远吗？

严：从默伦到巴黎后，我在拉丁区冈姆路一家小旅馆——伏尔泰旅馆的五层楼上租了个房间。这里离巴黎大学走路不过五分钟的路程。1924年夏天进巴黎大学，我选择了三门主课：微积分、理论力学和普通物理。这三门课在当时实际就是整个数学、物理和力学，由巴黎大学理学院最著名的六位教授主讲。巴黎大学有两种教授，一种是讲座教授，另一种是副教授。我听了一年课，基本上每天都是从旅馆到教室、图书馆、实验室，又回到旅馆。半年工夫没有去过塞纳河。只有很少几次到埃菲尔铁塔、卢浮宫参观游览，是陪朋友不得不应酬。到了1925年夏天，我顺利通过了普通物理和理论力学的考试。普通物理考得很难，在三百多名考生中，我名列第二。口试是很隆重的，通常考生的家长，考生的未婚妻或未婚夫，以及等待口试的其他考生都在场旁听。主持物理口试的主考官是著名物理学家夏尔·法布里教授。我走到法布里教授面前时，他对我说："先生，你的作文是最好的一篇。"他说的"作文"是指第一轮笔试考卷。接着他逐一提问，我当即作答。当他看出我能应答时，就不让我再说下去，而另提新的问题。这样他越问越高兴，我也越答越大胆，口试持续了半个多小时就结束了。

我在一年之中得了三张文凭，获得数理教学硕士学位。这在巴黎大学的校史上是没有过的，所以一时传遍了巴黎大学。按法国教育部规定，只有获得大学教学硕士学位的人，才能担任中学教师，可见他们对中学师资是要求很高的。

金：夏尔·法布里教授对您走向物理学的研究具有很大的影响。您能否详细谈一谈你们师生的交往和您对他的印象？

严：夏尔·法布里教授在光学史上是很有名的。他是法布里干涉仪的发明者。法国南部人。当时他已63岁。我在物理考试中获第二名，所以在我从巴黎大学毕业后，才有勇气立即给他写了一封信。

这封信的内容大意是这样的——

尊敬的夏尔·法布里教授：

我很荣幸通过了您主持的普通物理考试。我还要很高兴地告诉您，这次我同时还考取了数学分析和理论力学两张文凭。我想向您请教，下一步我该怎么办？

不久我就收到他的回信。7月底我去见他，他首先问我："你是什么时候来法国的？"我回答是一年多前从中国来的。他接着问："你在中国什么学校念的书？"我说在南京高等师范。他又问："你在中国念过法文吗？"我说没有，只是到法国后念了几个月的法文补习班。他再问道："你在中国做过研究工作吗？"我回答道："没有，我刚大学毕业。"法布里教授对于我的这些回答很感兴趣，更感到惊讶。最后，他对我说："中国的大学很不错呀。你就到我的实验室来工作吧。"就这样，我在巴黎大学理学院夏尔·法布里实验室开始了为期两年的研究工作。

金：您能否通俗地讲一讲您当时主要研究什么？您后来因为这项研究而获得法国国家科学博士学位，在巴黎成为轰动一时的新闻。可否谈谈这项研究的科学价值？

严：夏尔·法布里教授给我的研究题目是《石英在电场下的形变》。早在1880年，法国著名物理学家比埃尔·居里（居里夫人的丈夫）和他的哥哥，也是物理学家的雅克·居里共同发现了晶体压电效应。他还研究了晶体和各种物理现象因果之间的对应关系，提出了世所公认的居里对称原则。比埃尔·居里发现，石英（水晶片）加压后两面即可产生正电和负电，这就是晶体受压生电的压电现象。他还进一步发现，在一定面积的水晶片加诸一定压力，产生的电量是一个常数。反过来，如果在水晶片的两面通上电，水晶也会拉长或缩短而改变它的厚薄。这就是晶体压电效应的反现象。在1927年以前，比埃尔·居里、伦琴等科学家都测量到晶体压电效应正现象的系数。按比埃尔·居里的老师李普曼的看法，正现象和反现象都是客观存在的，而且两个系数应该相等。但是晶体压电效应的反现象都仅仅是从理论上预测到的，还没有一个物理学家取得过实验数据。自从比埃尔·居里提出晶体压电效应以来，各国物理学家都在探索水晶片这一特殊性质的实际应用价值。比埃尔·居里和居里夫人在发现镭放射性时，曾经用水晶片制成一台测量放射量的天平。第一次世界大战期间，法国著名物理学家郎之万教授利用水晶片通电后发出的超声波，作为深测水下障碍的手段。这一发现后来在测量海底深度及军事上有广泛用途。

我的研究课题就是从实验上测量晶体压电效应反现象的数据。夏尔·法布里实验室为我的研究提供了一切方便条件。我可以在任何时候出入实验室。按规定，实验室下班后，水电煤气停止使用，大门的钥匙由看门人保管。但对我是例外。我可以随时去取实验室的钥匙，即使是夜间做实验，水电和煤气也照常供应。我做实验必需的化学药品、感光材料，填一张申报单，马上就有人送来。

石英（水晶片）两面通上电后，它的厚薄变化是微乎其微的，通常只有一个厘米的百万分之一、千万分之一和万万分之一。用机械手段测量不行，所以我经过反复实验，最后用单色光作为"尺子"，测量晶体通电后的体积变化，揭开了晶体压电效应的反现象的秘密。我的博士论文比夏尔·法布里教授指定的题目有一些发展，包括三部分内容，即石英在电场下的形变，还有石英在电场下的伸缩和石英在电场中光学性质上的改变。论文题目是《石英在电场下的形变和光学特性变化的实验研究》。

　　还有一件很有趣的事。我的论文完成后，交给我的老师夏尔·法布里教授。按照规定，法国国家科学博士一级的论文，必须在公开答辩以前一个月交给学校，由巴黎大学印一百本交给专家教授审查。我当然心里很焦急，不知道能不能顺利通过，但只得耐心等待，每天仍在实验室里工作。有一天，夏尔·法布里教授来了，把我叫到一旁问道："你的论文是否急于发表？可否等一两个星期？"我摸不清他的话是什么意思，只是说："当然可以……"夏尔·法布里教授对我的回答似乎很满意，转身走开了。我就问实验室的同事："这是怎么回事？"后来才知道，夏尔·法布里教授新近当选为法国科学院院士。法国科学院在每星期一下午举行的院士例会上，照例要宣读论文。不过，夏尔·法布里教授决定在他首次出席法国科学院的例会上，宣读我的这篇论文，这当然是给我极大的荣誉。所以，当夏尔·法布里教授就职法国科学院院士的消息发布时，《巴黎时报》等各大报纸登了夏尔·法布里教授的照片，也登了我的照片。当天下午，一些新闻记者采访我。和我在一个实验室工作的法国科学家也纷纷祝贺，他们说："我们的教师是以你的工作开始他的院士生涯的。"到了6月，在巴黎大学一间大礼堂举行了论文答辩，我成为第一个获得法国国家科学博士学位的中国人。夏尔·法布里教授很高兴地祝贺我。他说："你得了博士学位，我很高兴，但是我也很惭愧，因为我不能给你任命……"他为什么说这番话呢？因为，按法国政府规定，荣获国家科学博士学位的人将同时得到高等职务头衔的任命，但这一规定只限于取得法国国籍的人。

我从东阳考上南京高等师范，以后东阳的很多学生到了南京高师，多的时候有十几个学生，大概是鼓起了他们的勇气吧。同样的道理，我第一个到法国留学，从此南京高等师范毕业的学生和来自东阳中学的学生也纷纷到法国，有十多个人吧。

四

金：您的客厅里挂的这幅速写是徐悲鸿的手笔。徐悲鸿当年也在法国留学，你们是怎么认识的？他在什么地方给您画这幅画的？

严：1927年我得了法国国家科学博士学位后，立即启程回国。在回国的船上，有一天在甲板上有个人叫我的名字。我见他有30岁左右，是个斯斯文文的读书人，又是中国人，就很高兴地问："您怎么会认识我？"他回答道："您的相片登在《巴黎晨报》上，使所有在法国的中国人都兴奋极了！"说罢，他又告诉我，他叫徐悲鸿。

后来，他提出要给我画张像，我同意了。这幅画一直挂在我的书房里，至今已有六十多年了。我和徐悲鸿从此成为至交。回国后，我介绍他到南京我的母校东南大学创办艺术系。他给我的信还有很多封。在南京时我们常有来往,悲鸿一直不得志。他原来的老婆蒋碧薇是跟悲鸿跑出来的。蒋碧薇的父母亲在她很小的时候给她订了婚,她跟悲鸿跑了以后,男家来闹,蒋碧薇的父母只好当做女儿死了,"葬"了女儿,挽回男家的面子。后来蒋碧薇又跟张道藩好了。悲鸿去了南洋,回来后到广西桂林。我那时在昆明,他来昆明到过我家里。他当时也想到昆明来,我劝他不要来,因为我听说龙云的一个儿子不高兴他来。解放初,他住在北京火车站东边,我住后椅子胡同,两家挨得很近,也常有来往。他一共给我画了三幅画,一幅就是这张素描,一幅是马,一幅是喜鹊登梅。这最后一幅是1935年我当选法国物理学会理事时他赠送的。

还有一个人也是在回国的船上认识的。他是对我国社会进步做出很大贡献的李石曾先生。

金:您曾在一篇文章中将李石曾先生和蔡元培先生并列,称赞他们一生只做事、不做官,在传播新文化方面有很大功绩。特别是办教育,培养了不少人才。能否详细谈一谈您所知道的李石曾先生,以及你们之间的友谊。

严:李石曾是在西贡上船的,他住头等舱。当时船上有回国的中国留学生四五十人。因为他很有名望,有人提出要去看他。李石曾问船上管事的:"船上有什么人?"得到回答之后,他就约我和徐悲鸿去看他。我就把我的论文和论文发表时巴黎的报纸送给他,他看了很高兴,称赞了一番。

李石曾,字煜瀛,河北高阳人。他是清朝丞相李鸿藻的儿子。因为他是小老婆生的,在家里受到排挤,不到10岁,李相国就让清朝驻法国公使把他带到法国读书。他是学生物的,思想是无政府主义,一生不做官,但一生做了很多好事。李石曾一生吃素,提倡惟生观。他早年在巴黎开豆腐公司。他说欧洲文明是从牛奶中来的,欧洲人的食品以牛奶为主;而中国文明是从豆腐中来的,中国食品以豆腐为主。他企图把豆腐介绍到欧洲,但没有得到推广。后来他在北京大学教过食品化学和生物化学。第一次世界大战时,招了很多华工到欧洲参战,挖战壕。欧战结束后,针对很多华工在法国定居,语言不通、生活无着,李石曾提倡勤工俭学,帮助他们一边做工,一边学到一技之长。中国老一辈革命家,像周恩来、蔡畅、聂荣臻、李富春、邓小平都是到法国勤工俭学的。这件事究其根由当归功于李石曾。李石曾是国民党的元老。冯玉祥与蒋介石合作,是李石曾促进的。1931年张学良在东北易帜也是李石曾的功劳。张作霖被日本人炸死,李石曾到北戴河说服了张学良,促成了此事。李石曾最重要的贡献是办教育,兴科学。他早年在河北高阳办过法文学校。北伐成功后,蔡元培在南京成立中央研究院,李石曾在北平成立北平研究院。他当院长,副院长是李书华。李书华当过南京临时政府教育部长。另外还办了中法大学。中法大学几所学院都用法国历史上有名的文学家、科学家的名字命名,理学院叫居里学院,文学院叫伏尔泰学院,生物系叫拉马克学院(就在三贝子花园)。中法大学附中叫孔德中学。孔德是法国著名哲学家。当时北平研究院办公地点在中南海怀仁堂的西四所和怀仁堂后面的福禄居。蒋介石北平行辕所在地是中南海居仁堂。

再说我从法国回到上海,不知是北伐军攻入南京,还是孙传芳打进南京，沪宁线火车不通。1927年11月11日，我和张宗英在上海举行婚礼，证婚人是李石曾、郑洪年。男方介绍人是我的恩师何鲁、胡刚复，女方介绍人是陈中凡、胡肖石。

金：您回国后仅仅一年就再次赴法国深造，而且当时您结婚不久，生活很安定。您当时是出于怎样的考虑？

严：我回国后在四所大学当教授。这四所大学是上海的大同大学（校长是胡敦复）、中国公学（校长是何鲁）、暨南大学（校长是郑洪年，原交通部副部长）和南京第四中山大学（校长是张乃燕）。这四所大学分别在上海和南京，大同大学在上海南市，中国公学在吴淞口，暨大在真如。我担任大学一年级至四年级的物理和数学，每周的课时是27小时，包括8—10门课程，所以我每两周便往来于沪宁线，连星期天也不得休息。有时一天讲课达7小时之多。当时我很有地位，工资也高。每月880大洋，是我一辈子工资最多的时候。但我只教了一年书（从1927年10月到1928年10月），还清了第一次留法时所欠的债。1928年年底又到法国深造了。

我再次去法国留学，一方面是因为当时时局很不稳定；另一方面，我认为，在（20世纪）20年代末期，中国的科学研究还没有开头。中国最有发展的是地质，但那时地质主要是调查的工作。生物学多是采集标本。我第二次出去，是要使自己更充实，使科学在中国的土地上生根。临行前，在欢送我的会上，我这样说："我这次是替我的儿子出去的，科学在中国的土地上生了根，到了我的儿子这一辈，中国科学水平提高了，他们就用不着出国了。"就是这个意思。第二次到法国可算"博士后"，还是做研究工作。当时用庚子赔款办的中华教育文化基金会甲种补助金第一次给了四个人，我是其中之一，其余三人有丁文江，他原是淞沪督办，他用这笔钱到贵州调查地质；再一位是刘树杞，他原是湖北省教育厅厅长，到美国留学，后来是北大理学院院长；还有一位是上海教会学校——沪江大学校长，叫郭任远。他是第二次到美国，回国后任浙江大学校长。我这次是和我爱人张宗英一道去。我们的第一个孩子在出国前已经诞生了，交给我岳父母照顾。我们在巴黎第五区，租了一套有客厅、书房、卧室、厨房的公寓。这儿离巴黎大学很近，离我第一次在巴黎住的伏尔泰旅馆不远。我先在巴黎大学法布里物理实验室做研究。1929年，我来到居里夫人实验室。居里夫人当时买了一架新的显微光度计，让我帮她安装。我很快将仪器装妥后，就利用这台仪器做了干涉现象的测量。1930年8月，我到法国科学院大电磁铁实验室做研究。这个实验室就是戈登（Cotton）实验室，拥有世界上最大的电磁铁。戈登教授很欢迎我到他的实验室工作，他交给我一项研究题目，重新检验美国芝加哥大学理学院院长安利森的研究成果。安利森发表的论文《X光通过磁场在一种液体中的两种效应》，戈登教授要我检验安利森的结论能否成立。我经过测定，发现安利森的论点不能成立。我写的论文仅仅一页纸，戈登教授的评价却很高。

五

金：请您谈谈您对居里夫人的印象。

严：很多人不知道居里夫人不是法国人，她是波兰人。她结婚前的名字是玛丽·斯克洛多费斯卡（Marie Sklodoveska）。

玛丽·斯克洛多费斯卡，1867年11月7日生于沙皇俄国统治下的波兰华沙。父亲是中学教员。她是兄弟姐妹五人中最小的一个。她9岁丧母，16岁时以金质奖章毕业于华沙中学。父亲无力供她继续读书，她不得不去担任家庭教师，先后达六年之久。靠自己的一点积蓄和姐姐的帮助，她于1891年到巴黎求学。经过四年艰苦努力，于1894年以优异成绩毕业于巴黎大学理学院。毕业后，她接受波兰国家实业委员会的委托，留在巴黎研究钢铁淬火后的磁性，因而认识了比埃尔·居里。1896年，也就是居里夫妇结婚后几个月，巴黎自然博物馆柏克勒尔教授发现镭和它的化合物能够天然不息地放出一种射线，和X射线一样，可以透过黑纸使照相片感光，留有痕迹。居里夫妇对这个发现十分重视。居里夫人测定了许多元素、化合物和矿物，结果发现钍和钍的化合物也具有放射线，并且有几种含铀矿物的放射性比纯粹的铀还要强得多。这个发现使他们不得不相信，在这些含铀矿物中，除了铀之外，还含有放射性强的新元素。他们废寝忘食，昼夜不辍，从沥青铀矿中提炼这种稀罕的元素，终于在1898年一年之内发现了两种新元素——钋和镭。居里夫人用钋命名其中一个新元素，是为了纪念她的祖国——波兰。

1900年，居里被提升为巴黎大学理学院医预科的物理讲师，居里夫人被聘任为赛佛尔女子高等师范的物理讲师。他们的工作条件很艰苦，没有实验室，只能在理化专门学校的一间破棚里工作。1903年，居里夫人以测定镭的原子量这一成果获得博士学位。1904年，居里夫妇和柏克勒尔一起，荣获诺贝尔物理学奖。巴黎大学提请国会通过设立放射性学讲座，聘请居里为教授，并聘任居里夫人为实验室主任。1905年居里当选为法国科学院院士。不幸的是，比埃尔·居里在1906年4月19日从理科教授联合会参加会议出来，被一辆疾驰的载货卡车撞倒，头骨轧碎而死。时年还不满47岁。当时居里夫人只有39岁。居里夫人化悲痛为力量，继承居里生前主持的放射性学讲座，做了巴黎大学教授，把书教好，并把他们两人共同的研究工作继续下去。1911年，居里夫人又以制成金属纯镭这一成果而获得诺贝尔化学奖。此前，诺贝尔奖是从没有人领过两次的，居里夫人是惟一的例外。1922年，居里夫人当选为法国医学科学院院士。1923年12月26日，法国总统亲自授予居里夫人以年俸四万法郎的国会决议批准书，作为法国人民对她的热爱、敬仰和感激的表示。居里一生企求而未能见到的镭学研究所，在居里夫人的努力下，终于在巴黎以比埃尔·居里命名的街上建筑完工。这时爆发了第一次世界大战。在大战期间，居里夫人组织了医疗队，自己担任队长，冒着炮火，用她的镭和X射线来保全受伤士兵的生命。战争结束后，居里夫人恢复了她的教学和研究工作。在镭学研究所里，她每天在那里工作，从不间断，直到1934年逝世，15年如一日。经居里夫人培养出来的许多科学家中，有她自己的女婿和女儿约里奥-居里夫妇。他们因发现人工放射性而获得1935年的诺贝尔物理学奖。居里夫人一家，父亲、母亲、女婿、女儿四人三次获得诺贝尔奖奖金，不仅在世界科学史上创造了奇迹，也说明他们对科学的重大贡献。

我在（20世纪）20年代、30年代时与居里夫人以及她的女儿和女婿约里奥-居里夫妇有过几次交往，对他们印象很深。我的博士论文就是精确测定比埃尔·居里和他的哥哥雅克·居里发现的压电效应的反现象的系数。1925年,我做博士论文,曾到居里夫人的实验室,向她借用比埃尔·居里早年用过的石英晶体片。她在实验室接待了我,带我到小花园里。我们在草坪中的绿色长椅上进行了长谈。居里的老师李普曼教授推断,石英晶体压电效应的正、反现象的两个系数应该相等。可是,在1927年以前,居里、伦琴等几位科学家都只能测出正现象——石英受压后产生的电量的数据;至于反现象,比埃尔·居里只能通过实验证明它的存在,而无法测量其数据。我经过一年半的摸索和实验,采用单色光干涉测量石英通电后的厚度变化的方法,终于攻克了难关。

1928年年底再次赴法,我曾到居里夫人的实验室去工作。她刚好买到一架显微光度计,让我帮她安装调试。后来,我还用这台光度计做了测量工作。1930年年底,我第二次离开巴黎回国前,居里夫人向我表示,愿意送给我一些放射性氯化铅,以支持在中国开展放射学研究工作。1931年年初,我出任北平研究院物理研究所所长,后来又兼任镭学研究所所长。为筹建镭学研究所,我于1931年给居里夫人写信,向她请教购买标准含镭盐以及如何更好地开展研究工作的问题。居里夫人收到信不久,就给我回了信,给予了热心的指导,并对筹建中的镭学研究所致以良好的祝愿,希望它"旗开得胜,并逐步发展成为一个重要的镭学研究所"。另外,1929年秋,我曾向居里夫人推荐正在法国留学的郑大章到她的实验室去工作。在居里夫人的指导下,郑大章于1933年获得法国国家科学博士学位。他回国后,成为北平研究院镭学研究所的主要科学家之一。

我和约里奥-居里夫妇的交往更多些。1935年，我、约里奥-居里和苏联的卡尔查教授，一起被选为法国物理学会理事。1936年，我给约里奥-居里写信，向他推荐我在北平研究院物理研究所的助手钟盛标到他的实验室工作。1937年5月，我应邀去巴黎出席国际文化合作会议、法国物理学会理事会，以及法布里院士的退休庆祝会，有机会与约里奥-居里在一起探讨科学文化交流合作问题。这一次，我还带着钱三强来到居里实验室，把他推荐给居里夫人的女儿伊雷娜·居里，即约里奥-居里夫人。钱三强作为她的研究生，做出了很大的成就。

金：您1931年回国，筹办北平研究院物理研究所和镭学研究所，担任这两个所的所长。这个时期也是您一生科学研究成就最辉煌的时期。当时担任南京中央研究院院长的蔡元培，也邀请您到南京负责物理研究所，您是出于怎样的考虑选择了北京呢？

严：第二次从法国回来，是坐火车经过苏联西伯利亚回来先到北平（后来叫北京）的。当时北京给我的印象非常好，很安静，又有这样的规模。北京人大半保持旗下遗风，待人接物彬彬有礼。我是第一次到北京，觉得北京是可以安定下来做工作的地方。那时的北京，所有要做官的人都往南京跑了，所有要赚钱的人都往上海跑了。所以我决心留在北京，不再南下。当时困难还是有的，所址设在东黄城根42号。这里过去是李石曾读书之处，院内盖一座三层小楼，每层16个房间，由物理、化学、镭学、药物四个研究所均占。盖房时装电灯都是我自己装的。药物研究所所长兼研究员赵承嘏先生，1922年在南京高等师范和东南大学任化学教授。1928年我第二次赴法，他也在巴黎，在巴斯德研究所工作。北平研究院有10多个研究所，当时经费也很可怜，一个月仅有3万块钱的经费；中央研究院好一点，10多个研究所一个月有10万块钱。我担任所长的物理研究所，一个月的经费是2000块钱。但好处是人员精干，4个研究所只有一个办事员。每个所不到10人，都是大学刚毕业的年轻研究人员。四合院的平房就是他们的宿舍。我当时家住在弓弦胡同，每天步行上班，我每天晚上和星期天都在研究所工作。所以有时星期天有朋友来找我，我爱人就讲："他除了吃饭、睡觉在家，星期天也在实验室里。"

从1930年定居北平一直到1938年，这七八年的确是我一生安心搞科学研究的重要阶段。我自己发表科学研究论文是从1925年到1938年，不过14年。1938年之后，我就再没有发表过一篇科学研究工作的论文，因为1937年抗日战争开始了。这个时期，我一共发表了53篇论文，除两篇在中国物理学报上发表，其余的都在法国、英国、美国、德国的权威学术刊物上发表。所以我常常说，一个人最能干、最好的时间还是30岁前后。我自己的经历告诉我，绝不应该压制年轻人。当时我的年龄也只是30来岁，我的助手钟盛标、钱临照、陆学善、顾功叙、吕大元等都不过二十二三岁，刚刚大学毕业。我带着他们做研究，教他们外语和专业知识。等他们能独立做研究工作，我就把他们送到欧洲去留学深造。整个30年代，北平各大学物理系考选出国留学生，抗战期间在昆明西南联大，差不多都是由我命题主考的。为什么由我命题主考呢？因为考生来自各个大学，有清华的，有北大的，还有其他大学的。如果由某个大学的教授命题，那个学校的考生就自然而然地占便宜了。于是，就让我这个不在大学教书，而在研究所工作的教授来命题。据我忆及,经我命题主考录取的一批留学生有:中英庚款考试录取者钱临照、李国鼎、朱应洗(1934年),余瑞璜(1935年),彭桓武、王大珩(1936年),郭永怀、钱伟长、傅承义(1939年);中美庚款考试录取者龚祖同、顾功叙、吴学蔺(1933年),方声恒(1936年);中法庚款考试录取者钱三强(1936年)等。他们后来大都成为优秀的科学家。

六

金:您第三次到法国一共待了多长时间?在此期间,发生了"七七事变",抗日战争爆发对您的研究工作产生了怎样的影响?

严:1931年"九一八事变"以后,担任北平研究院院长的李石曾感到时局不稳,开始活动将北平研究院南迁。他的助手、北大教授顾孟馀先生到上海成立世界社,在法租界办起中医医院,准备把镭学研究所和赵承嘏任所长的药物研究所迁到上海,放在世界社里。李石曾当时估计,日本人只能占领华北,他想利用上海的法租界保存中国的科学力量,所以1933年我去了一趟上海,就是为镭学研究所搬迁的事。

1937年我去法国,李石曾也去巴黎。他坐意大利的船,25天就到了法国;我坐法国船,用了35天。我这次去法国,一则是文化合作会议,本来中国代表是吴稚晖,他不愿意去,由李石曾代表他出席,李石曾又让我去当他的助手。另外,1935年我被法国物理学会选为理事,我要出席法国物理学会理事会,加上我的导师夏尔·法布里教授退休的庆祝会，几个会议凑在一起，所以我才第三次动身赴法。我到巴黎一个星期，震惊中外的"七七事变"爆发了。国际文化合作会议有一个保护各国古代文物的议案，讨论这项议案时，我走上讲坛说："各位先生，请大家注意一个现实问题。此刻，就在我们神圣的会议正在讨论保护各国文物古迹的时候，日本侵略者却已扬言，威胁要轰炸北京。"我接着说："北京是闻名于世的千年古都，我提请世界舆论公开谴责日本侵略者这一毁灭文化的罪恶性企图！"开完了几个会，我打算立即回国，每天打听开往中国的船期，筹划回国的日程。南京沦陷的消息传来时，李石曾对我说，这个仗恐怕要拖很久，可能回不去了。当时许多法国朋友也劝我留下，把家眷接到法国来。他们劝我："你现在回去干什么呢？"但我一想，国家处在生死存亡的关头，作为一个中国人，我不能袖手旁观。我虽然不一定能拿起刀枪，但我有自己的岗位，可以用自己的知识为国家、为抗战效力。

有一天，李石曾跑来找我，说是中共的一位负责人从莫斯科到巴黎来，要会晤法国著名物理学家郎之万教授，让我去帮忙联系。郎之万教授是我的老师，1931年访问中国，在北平期间是我接待的。他在法国的威望很高，与居里夫人齐名。他还是著名的社会活动家。通过他可以在巴黎召开各进步团体参加的群众大会。这位中共负责人就是前来法国宣传中国抗战的吴玉章。我找到郎之万教授，安排他和吴玉章会面。由于郎之万的大力支持，吴玉章多次在巴黎举行的公共集会上宣传中国正在进行的抗日事业，揭露日本帝国主义的侵略面目。我陪着吴玉章出席这些集会，有时还替他当翻译。

1938年，我动身回国，从巴黎前往马赛，中途经过里昂。里昂天文台台长杜费教授邀请我参观天文台，请我吃饭。饭后，《里昂进步报》的记者前来访问杜费教授，他却把我吹了一通。记者当即要我就中国的抗战形势发表看法。我表示中国是绝不会灭亡的。中国人民的抗战是正义的事业。不管战争要持续多久，情况多么险恶，最后的胜利必将属于中国人民。我说，作为我个人来说，我将和四万万同胞共赴国难。我虽一介书生，不能到前方出力，但我要和千千万万中国的读书人一起，为神圣的抗战奉献绵薄之力。第二天，《里昂进步报》第二版刊登了我的抗日言论，但又误解了我的意思，消息中说我要带多少中国留学生一道回去抗战。第二天上火车时，一些同学说报上有你的消息。到马赛一上船，就收到一封电报，还寄来一封信。关心我的朋友们提醒我，千万不能在上海登岸。同船有一位安南医生，他是到法国开国际社会党会议的。他听说我准备去上海，就把那天的《里昂进步报》给我看，对我说："你不能到日本占领的中国土地去，你的家在北京也会受到监视的。"

我临时决定在香港上岸。在香港待了两个多月，其间我由越南到昆明去了一趟。熊庆来先生这时已回到云南大学当校长。我到昆明看了看，决定把北平研究院搬迁到云南。然后又回到香港，并托人带信给我的妻子张宗英，嘱咐她带全家南下。我后来才知道，我在北京的家这时已受到日本人的监视。"七七事变"后，我家住在安定门内永康胡同（清末太监小德张的房子）。胡同口经常有日本特务出没。张宗英一个同学的丈夫在路透社工作，他看了有关我发表抗日言论的电讯，把消息告诉我家里，说："慕光不知道在外面干了什么事。"当时我家里有八口人，有我的岳父母、我爱人和五个孩子，公开搬家很危险。我爱人就到清华大学去找当年东南大学的老师张子高教授。回家后不动声色,连夜收拾细软东西。过了几天,张子高教授用一辆插着英国国旗的汽车,扬言接老人孩子去郊游,将一家人送到东交民巷。然后,他们从北平到天津,辗转来到香港。

金:抗战时期,您一直在昆明。请谈谈在这个时期您的工作情况。1946年夏天,抗战胜利后,国民政府向我国科学界一些人颁发了勋章,以表彰他们对抗日战争的卓越贡献,其中一人是您。能谈谈这枚勋章的来历吗?

严:我在香港迎接我爱人和一家人,然后坐船到安南的海防,再坐火车由老街到昆明。那时到昆明要走安南。路很难走。安南是法国的属地,所以是很难去的。

我们到昆明后,先是住在一家法国人开的旅馆里,然后四处奔波,到处找房子。起初我在昆明住家,北平研究院办公室也在城里。物理研究所在城里找不到地方,这时植物学家蔡希陶在黑龙潭有个昆明植物研究所,蔡希陶也是浙江东阳人,我的同乡。云南四季如春,气候很好,植物种类很多,蔡希陶的植物研究所在黑龙潭有一座小房子。我看中了黑龙潭一座古庙,是一座多年无人居住的破庙,略微打扫收拾,就在这座庙里办研究所。当时日寇的飞机经常空袭昆明,我的家眷也搬到庙里面住下。后来我们在植物研究所对面的山坡上买了一块地皮造房子。后来从昆明回北京,房子给了蔡希陶。

从昆明城里到黑龙潭有20来公里,沿途有很多村庄。虽然在黑龙潭安顿下来,但北平研究院的仪器、书籍,有的无法搬运,有的在逃难中丢失,所以物理所搬是搬来了,但无法做研究。这时军政部兵工署有个署长，名字记不起来了，湖南人，可能是德国留学的（新中国成立后他也到了北京）。他提出要我们做显微镜，先给一笔钱。附近的一个村子有一家无线电厂，也要求我们提供无线电通信用的压电水晶振荡器。我们接受了这些为战时服务的仪器生产任务。在昆明招了一些中学毕业的年轻人做学徒，训练他们。我自己也和大家一起磨玻璃，磨镜头。在几年时间里，我们为前线制造了500架1500倍的显微镜，以供医疗和科研教学的需要；还有1000多具无线电发报机稳定波频用的水晶振荡器，300多套军用五角测距镜和望远镜，供我国抗战军队和盟国英国驻印度军队使用。这是我国第一批自己制造的光学仪器，以前都要靠进口。更重要的是，我们因此培养了一批光学仪器和精密仪器制造的骨干。抗战胜利后，这批人到了东北、西安、上海，还有十多人到了北京等地办光学研究所，他们都是骨干。

抗战胜利后，国民政府给我和林可胜大夫颁发勋章，没有举行什么仪式，只是报上发了消息。林可胜大夫是协和医学院的。他通过美国医学界同行和美军的医生，为解决抗战急需的药品做了很大贡献。

金：抗战胜利后，您是否很快又回到北京？

严：我是在美国听到抗战胜利结束的消息的。1945年6月，美国国务院邀请我，还有中央研究院社会科学研究所所长陶孟和等五人，作为访问教授赴美国考察访问。我由重庆经加尔各答、开罗、卡萨布兰卡，西渡大西洋到美国。到华盛顿，我们目睹了欢迎艾森豪威尔将军胜利归来的场面。当时我住在华盛顿由法国工程师拉法叶设计的一家旅馆。后来到威斯康星大学和罗彻斯特大学讲学。在纽约，我最后一次见到李石曾。他那时在纽约搞吴稚晖中心，有一套机构。他娶了一个犹太夫人。他的英文这时已讲得很好。

我直到1946年2月才回国。回国后，立即着手北平研究院的恢复和重建工作。当时我一个人在北平，大儿子严又光在清华大学，二儿子严双光在南开大学。"龙云事变"[1]时，我爱人张宗英带着三个孩子还在昆明。可是那几年国内物价飞涨，内战又起，北平研究院缺乏设备，研究工作无法进行。1948年9月上旬，我在北平研究院第二届全国学术会议上说："目前能做研究而要做研究的，比十年前要多六七倍，比二十年前或许多三四十倍。但是研究的设备，没有十年前多，研究的环境，比十年前坏得多。这个严重的问题，希望诸公注意，希望诸公引起政府和社会的注意。目前坏的情形，倘再继续五年、十年的话，过去三四十年的努力，都要前功尽弃了。"我的讲话，北平《民办日报》等报都登了，而且都加了所谓"分量很重"的按语。

金：新中国成立前夕，有不少知名学者去了台湾，但您却留了下来，并且立即投入到新中国的科学事业。您能否谈谈这方面的情况？

严：1948年3月25日，我被评选为第一届中央研究院院士，共有81个院士。九月二十几号，中央研究院在南京开院士会，我从北平去天津坐船到了南京。会议期间，蒋介石在总统府请大家吃饭。到总统府去时，前面是几部小车，我们这些院士坐大卡车。我们在车上开玩笑说："大人坐小车，小人坐大车。"开完院士会，我立即动身去了昆明。当时的确有很多人跑了，有的去了台湾。如果国民党找到我，我

---

[1] 即五华山事件，又称昆明事变。1945年10月，蒋介石突然派兵攻入昆明城，包围云南省主席龙云于昆明五华山，迫使其交出云南政权。

也脱不了身。我的姐夫早年是杭州法政学校的,后来历任江苏省高等法院院长、上海高等法院院长。台湾光复后,任台湾高等法院院长。他去了台湾,但我姐姐一直没有去。我弟弟跟他走了,后来死在台湾。我到昆明后,我的大儿子严又光有一天在清华大学意外地遇到多年不见的舅舅张宗麟。那是1948年年底,北平已经解放。张宗麟是我爱人张宗英的叔伯哥哥。他当时任北平市军管会教育接管部副部长。他对严又光说:"赶快打电报叫你父亲回来⋯⋯"我接到又光的电报,电文是"麟舅盼晤"四个字,马上从昆明到香港,在香港等了一个多月,和胡愈之等人一道坐船到天津。

回到北京后,1949年5月6日,我应邀出席全国民主青联第一次代表大会。我在会上做了题为《青年与科学》的报告。随后,我参与中华全国自然科学工作者代表会议(简称科代会)筹委会的工作。科代会筹委会的主任委员是吴玉章,我担任筹委会促进会的干事、会议召集人,稍后又担任筹委会的秘书长。吴玉章住在东四五条胡同,他找我来筹备科代会。第一次筹备会议在北京饭店举行,有17位同志出席,我参加了这次会议。会议决定由中国科学社、中华自然科学社、中国科学工作者协会、东北自然科学研究会四个科学团体发起,邀请国内理、工、农、医各界知名人士以及有关学术机关团体的代表,共同组成科代会筹备委员会。

1949年7月13日,科代会在北平灯市口路南的工程师学会会所里举行会议。有205名筹委会成员及各党派负责人、各界知名人士周恩来、徐特立、李济深、郭沫若、茅盾、叶剑英等出席。会议产生了科代会筹委会常委;讨论了筹备科代会的有关事项;推选了出席中国人民政治协商会议第一届全体会议的正式代表15名、候补代表2名。我也是其中一名正式代表,后来在第一届政协参加"宣言起草委员会"的工作。

经过一年多的筹备,科代会于1950年8月18日至24日在清华大学礼堂正式举行。出席会议的代表共469人。周恩来、朱德、李济深、黄炎培等出席了开幕式并先后讲话。毛泽东接见了全体代表。这次会议决定成立两个机构,一个叫中华全国自然科学专门学会联合会,简称科联;另一个叫中华全国科学技术普及协会,简称科普,两者是分开的。科联由李四光任主席,我作为秘书长参与科联的领导工作。一直到1958年,在筹备同时召开科联、科普全国代表大会过程中,许多人感到这两个组织有必要合并起来,统一开展学术交流和科普工作。这样在1958年9月23日,成立了统一的全国性的科技社会团体——中国科学技术协会。由李四光任主席,梁希等任副主席,我担任书记处书记。

就在1949年9月初,郭沫若到北平研究院物理研究所来看我,这是我们第一次握手。郭老和我畅谈了新中国发展科学事业的宏伟前景,继而提出要我参加中国科学院的组织领导工作。我当时很犹豫,还想在科研第一线做些实际工作。所以我对郭老说:"一个科学家一旦离开实验室,他的科学生命也就从此结束了。因此我希望您另觅人选,我也不擅长这方面的工作……"但郭老却说:"你的话是对的。不过倘因我们的工作而能使成千上万的人进入实验室,岂非是更大的好事!"

从此,我就长期从事科研的组织工作了。

七

金：1958年，中国科学技术大学成立，您又重新登上讲台。您的讲课受到师生普遍欢迎，至今许多您当年的学生对此记忆犹新。请谈谈您是怎样教书的，您对教学有些什么见解。

严：我先谈谈中国科学技术大学的成立经过。

1958年年初，中国科学院的许多科学家和领导同志提出，要改变我国过去采用的办教育的方式，把教育和科学研究密切结合起来。利用科学院的科学力量比较雄厚、各研究所实验设备条件较好的特长，创办一所新型的理工科大学。这就是中国科学技术大学诞生的由来。郭老亲任校长，他明确提出"全院办校，所系结合"的方针。这样，我和吴有训、华罗庚、钱学森、贝时璋等科学家都到学校去讲课了。我1927年第一次从法国回来教了一年书，以后再没有到大学里教书，现在是过了31年又上讲台。中国科技大学有13个系，我给8个系500多学生讲力学和物理。每周6小时，3次课，每次2小时，在礼堂里讲课。但是来听课的人有六七百人，附近一些大学的助教和学生也跑来听课，我一共讲了6年。

金：再问一个问题，"文化大革命"对您和您的家庭有些什么冲击？

严：1966年，"文革"一开始，我们"九三学社"就接到"红卫兵"的通牒，被勒令取消。8月24日，红卫兵来九三学社召开会议，我和许德珩同志站着挨了一个上午的训斥，我们俩相对无言。从德珩的表情和流露出来的一言半语中,我深深体会到他对国家的前途和命运的深深忧虑。我和德珩同志是1923年在法国巴黎相识的。在五四运动时期,我就了解他是一位反帝反封建和追求民主科学的杰出代表,对他十分钦佩。

"文革"一开始,就有人来我家里把电话撤了,门口还安排了人站岗。我那时是抽香烟的,我生气地把烟一丢,等着他们来抄家。但第二天,那个撤电话的人又来了,把电话装了上去,站岗的也撤走了。我想,可能是周恩来或者别的什么人把我保护了。具体情况我不知道。"文革"期间我基本上待在家里。最要命的事情是我的二儿子双光,他在成都132厂担任技术总负责人,是副总冶金师(没有总冶金师)。132厂是苏联帮助建的,设备都是苏联提供的。据说他是看不惯厂里的造反派的所作所为,给周总理写了一封信,造反派对他恨之入骨。他有一阵子逃了出来,在外面流浪了一年半,也不敢回家。后来回家,造反派半夜三更来抓他,他又从火车上跳车跑了回来。后来他以为形势好些了,自己又回到厂里,结果被造反派关起来活活折磨而死。1971年9月7日,我们接到双光已死的电话,我同四光火速赶到成都,双光躺在一领芦席下面,遍体鳞伤,嘴里只剩下一颗牙……造反派不让我们看尸体……那时赵紫阳在四川,我在成都见了赵紫阳,希望他过问此事。直到1981年双光的事才得以解决,给他开了追悼会。

金:您今年90多岁,身体还这么好,有什么养生之道?您年轻时喜欢体育锻炼吗?

严:我身体好,主要是因为我是从农村来的,从小什么农活儿都做过，打下了很好的基础。我一辈子没有打过球，也不会打扑克和下棋，仅仅在上中学时上过体操课。我以前也吸烟，现在不吸了。我有时饮一点酒。生活很有规律，早睡早起。现在早晨起来练练哑铃，主要活动就是在院子里散散步。

金：几年前，我第一次采访您的时候，我印象很深的是您说过的一句话。您说您不是新闻人物，而是书本人物。您能否进一步解释一下这句话的含义。我觉得这句话涉及您对自己一生的评价，不知这样理解对不对？

严：我认为作为一个科学家，如果你发表的论文，10年之内没有人引用过（因为科学研究总是有连续性的），这就是说，你这个工作可做可不做，是可有可无的，与整个科学丝毫没有发生关系。

科学是没有国界的。以物理学来说，物理杂志很多，还有许多专门杂志，每月一本，一年就是12本，很厚一大摞。全世界科技发达的国家十几个，能把你研究的结论引用到书本上去，那是很少很少的。从杂志上能"跑"到书本上，甚至"跑"到文摘上也寥寥可数。所以我说，一个科学家成为杂志、报纸上的新闻人物并不难，但要成为一个书本人物，至少是几十年中书本上都要提到他的研究成果，这就很不容易。1930年我从法国回来，在北平研究院物理研究所工作。那时我自己做什么工作呢？是做了个连续光谱的研究。氢气的、氢分子的、氢原子的连续光谱。这个光谱伸得很长，到了紫外线很远，比太阳的光谱还要远。在太阳的光谱中，后边紫外线这部分衰减得很快。最早是我的法国老师夏尔·法布里知道有臭氧层吸收了的关系。大气里有臭氧，臭氧层在大气中高度是多少？这里面的许多工作他做了。

我回国前在法国刚刚弄了一个氢气的连续光谱，回到中国我就拿它来做吸收的底子，研究太阳光通过氢气的连续光谱，它有个不连续的线谱区。这样在实验室内重新测量了臭氧吸收光谱的吸收系数，用这个返回去测量大气中的臭氧层。我的这项研究成果，在外国、在气象界差不多用了30年，到后来才被新的测量结果替代了，因为又有人研究了臭氧的吸光系数同温度的关系，而高空的温度实际上是变化的。

另外，还有更重要的科学家，更杰出的，他们是科学史上的历史人物，像牛顿。对于这些对科学做出重大贡献的历史人物，愈浅显的教科书愈是提到他们的名字。

正是从这个意义上，我认为做学问的人不能满足于做新闻人物，而要扎扎实实做研究工作，对科学的发展做出成绩来，争取做一个书本人物。

（原载于中国科学院内部刊《院史资料与研究》1995年第4期。略有改动）

美丽的爱情始于心心相印，贵在天长地久

——关于我爷爷奶奶的爱情故事

严进英

我的爷爷奶奶是我这一生中看到的最幸福、最美好的一对情侣。他们的爱情，真诚、专一；他们的生活，和谐、美好。他们相知、相爱、相恋、相伴，携手六十多个春秋，成就了他们美丽的一生，也成为我们理想的爱情和家庭的一个楷模。

爷爷奶奶都出生于1901年，爷爷大奶奶几个月。五四时期，他们正是18岁的少男少女。虽然生在晚清末年，但他们都得风气之先，在家乡的中学受到了良好的新学教育，后来又都在南京就读高等院校。爷爷是东南大学的第一个毕业生，奶奶是东南大学的第一个女学生。

奶奶的父亲是个开明的教育家，给她提供了最佳的读书机会。奶奶从小就有主见。她勤奋努力，积极向上，德才兼备，品貌双全，曾在18省女子联考中获得第一，还在五四运动期间担任过南京女子师范学校学生会主席。她可以用一口漂亮的英语进行演说，还带动同学们一起把陈腐守旧的校长轰走。

奶奶读完女子师范学校以后，还想继续进大学深造。她不仅想上大学，而且想学理科，她想考东南大学数学系。当时奶奶的二哥在北

大读书，跟我爷爷是好朋友，他就介绍我爷爷帮他妹妹补习数学。奶奶说，爷爷说话带着一口浓重的浙江东阳家乡口音，但是他的讲解思路敏捷，条理清晰，深入浅出，简明易懂。这赢得了奶奶的认可和好感。奶奶确定爷爷是一个聪明、勤奋的人，心里不由产生了欣赏和爱慕之意。

在爷爷的辅导下，奶奶顺利地考进了东南大学，成为东南大学第一个女学生。

奶奶是个有主见、有魄力的女子。她看上爷爷勤奋好学、聪明能干、踏实专一，是个值得托付终身的人。于是说通自己的父亲，请他向爷爷家提亲。这在当时是绝无仅有的超前见识和大胆行为，直至一百年后的现代社会，仍然值得称道，甚至令今天的许多人自叹不如。

爷爷得知奶奶对他情有独钟的选择，万分欣喜。可惜，他在东阳老家有个从小订下的娃娃亲。为了争取跟心爱的人自由恋爱，缔结美满的婚姻，爷爷终于说服了他的父母，退掉那门娃娃亲。

爷爷跟奶奶的亲事定下后，两个人就一起商量学业前途，决定给爷爷创造留法学习、继续深造的机会。尽管未来的岳父主动奔走，四处申请留学公款未果，爷爷靠着他在22岁这年出版的第一本数学书《几何证题法》的稿费和他的几个老师的倾囊相助，促成了1923年去法国留学的旅程。

这本《法兰西情书》就是爷爷赴法期间写给奶奶的信件汇集。其中的要点和内容，我就不重复了。当时爷爷奶奶彼此思念，两个人每三四天就写一封信，四年下来，有三百多封信，奶奶后来把它们分别精装成三大本集子,可惜奶奶写的那本书信集子在动乱的年代中丢失了。所以,这本《法兰西情书》里都是爷爷写的信,这可能是这本书的一个遗憾吧。

爷爷1927年在法国拿到了物理博士后即回国和奶奶完婚。他们组织了一个非常幸福美满的大家庭,前后生了八个孩子,七个男孩一个女孩。其中五个男孩长大成人,并且都读了大学,成家立业,在各自领域有所建树。至(20世纪)60年代,又有我们10个孙辈相继出生。我们是赶上了好时机,有机会留学美国,进一步在各个领域发挥作用。

爷爷和奶奶两个人是一生的知心朋友和至深亲人,他们互相扶助,平等友爱,凡事都是商量着办。"文革"期间奶奶的腿摔断了,有的时候请不到保姆,爷爷就把家务活大包大揽起来。那时还年幼的我,看着爷爷洗衣、做饭、扫院子、生锅炉,心里头特别不是滋味儿。一个70多岁的古稀老人,一辈子没有干过家务,在无奈期间却什么都要做。

"文革"期间,我的二伯被迫害致死。二伯的一双儿女——我的堂哥晓雄和堂妹慧英就被爷爷奶奶接到身边抚养成人。爷爷奶奶不光养育了自己的子女,在我们孙辈身上也花费了很多的心血。他们正直明理,充满大爱,对我们只有付出,从不索取。这些让我想起来心里就暖洋洋的,觉得自己能生长在这样一个家庭,非常幸运,无比幸福。

奶奶对爷爷永远是坚定的支持者,爷爷对奶奶也永远一往情深。70年代末,爷爷有机会到全国各地出差视察,他每天都要给奶奶写一张明信片，汇报每一天的旅行状况。有机会他还给孙子孙女们也写张明信片。

1984年，和爷爷携手走过大半个世纪的奶奶溘然长逝，爷爷从此在刻骨的追念中，孑然度过年迈的晚境。爷爷专门给奶奶做了一个祭室，挂上奶奶的照片，摆上奶奶的骨灰盒，每天早上第一件事就是去看奶奶，对着奶奶的遗照鞠躬，默默地给奶奶请安；然后静静地站上一段时间，和奶奶进行心灵的沟通。爷爷这样的日常生活，持续了12年，直到1996年离世。

爷爷奶奶都走了以后，我曾经多次梦见过他们。我梦见他们在天堂的日子依然幸福和谐，依然相知相爱。我想，人的一生啊，就在于选择，选择好了，就是幸福，就是光明；美丽的爱情啊，始于心心相印，贵在天长地久。

希望年轻的朋友喜欢这本科学家的爱情浪漫史。

2020年10月4日

写于美国洛杉矶

后记

1923年10月12日早晨，我的爷爷严济慈在上海辞别亲友，登上了开往法国的轮船，开启了赴法求学继而一生的科学家、教育家生涯；也正是在这一年稍早的8月8日，爷爷这个从小放牛、家境贫寒的青年学子，与奶奶——当时东南大学中文系的高材生、名门闺秀张宗英订下了百年之约。

爷爷和奶奶相识不久即约定终身，订婚不久即天各一方。一对情浓意暖的热恋爱侣，有多少缠绵不舍、多少刻骨相思……无奈间，只能鸿雁传书，互诉衷肠。奶奶在幸福地阅读情书之后，悉心保存了这些书信。奶奶和爷爷相继去世以后，我的叔叔们整理了爷爷奶奶恋爱时的书信，取名《法兰西情书》，交给解放军出版社，作为"中国院士笔谈录"丛书之一，于2002年11月正式出版。当时，我正忙于旅美留学回国后的事业打拼，并没有真正阅读这本书。2019年2月，中央电视台策划大型纪录片《留法百年》时，节目组的褚金萍女士找到我，让我协助提供爷爷的资料。交谈中，我惊讶地发现，金萍对爷爷早年在法国留学的情况比我了解得还多、还详细。原来，她早就仔细研读了《法兰西情书》。金萍告诉我，这是一本很有价值的图书，令她受益匪浅，他们制作纪录片大量参考并吸收了这本书的内容。金萍的话让我想起，我曾在女儿的大学宿舍里，看见她的床头也摆放着这本书。女儿告诉我，她独自一人在美国上学，每当感到孤独或心烦的时候，她就翻看这本书，尤其是太爷爷在赴法轮船上写的小诗《我心似水志如舟》："月儿！你若有意，/为我传语；/那鸡鸣山下，/伊人怎样？/把我看顾他，/曾否酣卧入梦；/告诉他，/我心似水志如舟。"女儿说，反复念几遍，愁肠烦意便烟消云散。我当时就想，爷爷的这些书信无论对中央电视台的工作人员，还是对我自己的孩子，都影响至深，我岂能错过！于是，我开始认真看这本书。阅读中，我无数次被爷爷感动得热泪盈眶、感慨万千。我被爷爷的精神所感动，他在情书里表达的许多思想，是那么超前而睿智。爷爷在那个时代就提倡男女平等，他尊重奶奶的志向，不以"贤妻良母"期望于奶奶；他告诉奶奶法国的妇女是怎样地生活、怎样地学习；他还告诉奶奶，他要学成以后回国办教育，使以后的孩子们不用出国门，就可以得到良好的教育。让科学和教育在中国生根，这是爷爷的梦想。他一生都在为这个梦想努力着、奋斗着。

回想我小时候在爷爷身边长大，印象中的爷爷，说话带着浓重的浙江东阳口音，威严而不失亲切。他总是认真地工作着，或者安静地坐在那里，蹙眉思考。我以为他的脑子里装的都是压电晶体学、光谱学、大气物理学、应用光学和光学仪器之类的深奥知识，以及科学、教育等国家大事。虽然目睹了爷爷晚年悉心耐心照顾病榻上的奶奶，看到爷爷在奶奶过世之后，每天都会对着挂在墙上的奶奶照片问安，十多年如一日，直至病倒去世。但我没想到情书中所展示的爷爷竟是那样浪漫俏皮、妙语连珠。爷爷的国学功底深厚，有着丰富的文科知识。他在信中与奶奶谈《西厢记》、谈莫里哀、谈巴尔扎克、谈伏尔泰、谈莎士比亚、谈苏格兰民谣《Long, long Ago》；他也向奶奶报告世界时政，汇报自己的学习情况、思想动态、财务支出细目，等等。他对奶奶说的情话热烈坦白、细致周全、缠绵悱恻、文采斐然；他还把1923年8月8日订婚的日子作为他跟奶奶独享的"双八节"。而每到"双八节"，他不论多忙，总是放下手中的一切事务，精心而隆重地举行"仪式"，远隔重洋，与奶奶遥相共度这个只属于他们两个人的"盛大节日"……从这本书里，我看到了一个原来不那么熟悉的温柔和煦的爷爷，我这才感到自己对曾经朝夕相处的爷爷并不那么了解。直到有一天我在家里整理东西时，翻到了爷爷奶奶在"双八节"互赠的手绢，我一下子觉得时空穿越了，我仿佛触摸到了爷爷留学的那些日子。

于是，2019年5月，我带着两个女儿和侄女，飞往法国，用了几周的时间，亲自到爷爷待过的大学、宿舍、博物馆、图书馆等，去探寻爷爷的足迹。我们查阅并搜集了许多爷爷当年学习、生活、工作的许多资料和图片。在巴黎大学，我看到爷爷住过的房舍，如今仍是学生宿舍，依然明亮而温暖；在法国国家图书馆，我看到了爷爷1927年的博士毕业论文，上面端端正正地写着"献给父母、未婚妻、恩师"；在居里夫人研究所，我看到了爷爷当年的求职信和工作证原件……所到之处，无不映射着爷爷学习、工作、生活的痕迹，我感到亲切而震撼。我仿佛跟爷爷有一种时空交错的相遇，他的经历和举止一一浮现在我的眼前和脑中；我仿佛体验到了爷爷当年的困难、窘迫、孤独和坚强、发愤，历经艰难的困境和复杂的环境，却始终坚持追求一生的梦想。我想，爷爷的努力和奋斗何尝不是那些开拓和发展中国近现代科学事业的先辈的缩影呢？何尝不是有着许多留法革命家一样的责任情怀呢？

于是，我想重新出版这本《法兰西情书》，让更多的人了解老一辈科学家的家国情怀和奋斗轨迹。这个想法得到了原书编辑、著名军旅作家罗来勇先生和科学普及出版社原社长兼总编辑金涛先生的赞许和支持。罗来勇先生同意我继续使用他在书前所写的《思考严济慈》一文，金涛先生把他珍藏的1995年采访爷爷时的三盒录音带（即本书的附录四内容）和一张录有爷爷照片的光盘提供给我。

我拿着书和图片，咨询商务印书馆的冯爱珍编审该找哪家出版社再版这本书。冯大姐翻阅了书和图片后建议：何不在商务印书馆出版呢？冯大姐告诉我，爷爷跟商务印书馆也有很深的渊源。早在爷爷还是东南大学的大四学生时，就在商务印书馆出版了他编写的《初中算术》和《几何证题法》。这两本书后来多次重印，几乎成了那时的数学教科书。出身贫寒的爷爷，正是靠着在商务印书馆拿到的稿费和恩师何鲁、胡刚复、熊庆来等人以及准岳丈的资助，走出国门，自费留学。

冯大姐把书稿交给了责任编辑龚琬洁女士。她们以商务印书馆编辑的严谨态度和专业水平，重新排版设计，重新编辑加工、斟酌每一篇书信的小标题，并对一些名词和事件做了适当的注释，使得这本书以崭新的面貌呈现于世。

今年是爷爷120周年诞辰。这本书的再版是我们后人表达对爷爷的敬仰和纪念的最好方式之一。回想我跟爷爷奶奶在一起生活的日子，他们身体力行、言传身教，留给我很多精神财富，影响了我的一生。我始终牢记爷爷的教诲：真诚做人，踏实做事；尊重科学，尊重他人。我也在以自己的行动努力传递着爷爷留给家族后辈的"精、气、神"，为国家发展、民生福祉尽一份力量，为民族精神添一份光彩。

严慧英

（全国政协委员、九三学社中央委员会委员）

2021年3月1日于北京

图书在版编目（CIP）数据

法兰西情书 / 严济慈著. — 北京：商务印书馆，2021
ISBN 978 – 7 – 100 – 19826 – 4

Ⅰ.①法… Ⅱ.①严… Ⅲ.①严济慈（1900-1996）—书信集 Ⅳ.①K826.11

中国版本图书馆 CIP 数据核字（2021）第064588号

权利保留，侵权必究。

法 兰 西 情 书

严济慈　著

商 务 印 书 馆 出 版
（北京王府井大街36号　邮政编码 100710）
商 务 印 书 馆 发 行
山西人民印刷有限责任公司印刷
ISBN 978 – 7 – 100 – 19826 – 4

2021年5月第1版　　　开本 889×1194　1/32
2021年5月第1次印刷　　印张 14　插页 6

定价：78.00元